Patrick Baum
Stefan Höltgen (Hg.)

Lexikon der Postmoderne

Patrick Baum
Stefan Höltgen (Hg.)

Lexikon der Postmoderne

Von Abjekt bis Žižek

Begriffe und Personen

projektverlag.

Bibliografische Information der Deutschen Nationalbibliothek

Die Deutsche Nationalbibliothek verzeichnet diese Publikation in der Deutschen Nationalbibliografie; detaillierte bibliografische Daten sind im Internet über http://dnb.d-nb.de abrufbar.

ISBN 978-3-89733-209-6

www.projektverlag.de

Redaktion und Lektorat: Miriam-Maleika Höltgen MA

Umschlaggestaltung: punkt KOMMA Strich, Freiburg
www.punkt-komma-strich.de

Vorwort

Das vorliegende *Lexikon der Postmoderne* richtet sich vor allem an Studenten der Geistes- und Kulturwissenschaften und andere Interessierte, die sich einen ersten Überblick über das weite Feld der ›Post‹-Theorien verschaffen wollen. Die Theoretiker der Postmoderne haben eine ganze Reihe produktiver Thesen und Begriffe entwickelt, die mittlerweile fester Bestandteil des kulturwissenschaftlichen Diskurses sind; Termini wie *différance*, *Dispositiv* oder *Widerstreit* gehören zum unverzichtbaren methodologischen Repertoire diverser Disziplinen – von der Geschichtswissenschaft über die Soziologie, die Literaturwissenschaft und die Medienwissenschaft bis hin natürlich zur Philosophie.

Die Texte, in denen diese Termini entwickelt werden, sind allerdings durchweg – gerade für Einsteiger – keine leichte Lektüre. Diesen Einsteigern soll unser Lexikon einen ersten Weg in die Werke der hier verhandelten Autoren bahnen: Die wichtigsten Theoretiker der Postmoderne werden in biografischen Artikeln vorgestellt und ihre zentralen Begriffe in kurzen, konzisen Artikeln erklärt. Auch bislang wenig diskutierte Aspekte kommen zur Sprache, mehrere Artikel befassen sich mit der Institutionengeschichte postmoderner Philosophie. Ein umfangreiches Personen- und Sachregister erschließt zusätzlich die Begriffe, die nicht mit einem eigenen Lemma bedacht wurden.

Der Versuch, Wissensgebiete und Themenbereiche lexikalisch zu erfassen, geht notwendig mit – zum Teil durchaus didaktisch gebotenen – Verkürzungen einher. Schon der Titel unseres Lexikons ist eine solche Verkürzung, denn die hier verhandelten Theoretiker haben sich mitnichten alle selbst *expressis verbis* als Vertreter der Postmoderne verstanden. Mit dieser Verkürzung begeben wir uns aber in gute Gesellschaft, denn Wolfgang Welsch rechnet in seiner Überblicksdarstellung *Unsere postmoderne Moderne* (1988), die längst als Standardwerk gilt, Denker wie Derrida, Foucault, Deleuze oder Baudrillard umstandslos der Postmoderne-Diskussion zu. Ein eher breiter Fokus ist dem Gegenstand auch angemessen, denn zum einen ist die Postmoderne ohnehin kein absolut trennscharfes Phänomen und zum anderen hat sie von den weiteren hier verhandelten Positionen, etwa dem Poststrukturalismus oder der Diskursanalyse, entscheidende Impulse erhalten.

Aus dem Anliegen, vor allem Anfängern einen Einstieg in die diffizilen Theorien zu ermöglichen, ergeben sich bestimmte editorische Entscheidungen: Die Literaturangaben sind stark ausgewählt und verstehen sich als Anregung zum Weiterlesen. Bei der Literaturauswahl zu den hier verhandelten Autoren haben wir in der Regel deutschen Ausgaben, soweit verfügbar, den Vorzug gegeben. Zwar erlaubt häufig erst der Blick ins Original ein tieferes Verständnis, er kann aber am Anfang auch eher eine Hürde darstellen.

Wir danken den beteiligten Autoren für ihre Mitarbeit und Geduld und Miriam-M. Höltgen (Berlin) für das Lektorat.

Bonn/Berlin, im April 2010

Patrick Baum
Stefan Höltgen

A

Abjekt Der von ↗ Julia Kristeva im Rahmen der poststrukturalistischen Psychoanalyse (↗ Poststrukturalismus) geprägte Begriff (lat. *abiectum:* das Verworfene), ein im narrativen Gestus verfasstes, eklektisches Konzept, bezeichnet das Produkt einer körperlichen Ablösung des Individuums von der Mutter. Die Loslösung vom mütterlichen ↗ Körper geschieht über dessen Verwerfung *(abjection)*, da die Subjektkonstitution die Setzung eines eigenen, abgegrenzten Körpers erfordert. Das werdende Subjekt leitet über diese Form der Primärverdrängung den Übertritt vom undifferenzierten Kontinuum mit dem mütterlichen Körper in die symbolische Ordnung einer klaren Differenz ein.

In diesem Prozess der Trennung von Subjekten und Objekten nimmt das Abjekt eine Zwischenstellung ein. Es ist kein Objekt und kann demnach das Subjekt nicht in seiner Konstitution vergewissern. Das Abjekt ist daher mit Ängsten, Abscheu und Ekel besetzt. Die Abjektion ist ein stetig auftauchender Prozess, der die Erfahrung der Subjektgenese wiederholt und das Subjekt mit seinem Ursprung und seiner Fragilität konfrontiert. Das Abjekt wird nicht nur mit dem mütterlichen Körper gleichgesetzt, sondern kann spezifische Formen annehmen, die von Blut, Eiter, Urin oder Erbrochenem bis hin zu Nahrungsmitteln reicht; diese Formen verdeutlichen die Fragilität der Differenz zwischen Innen und Außen (Kristeva wählt als Beispiel die Milchhaut). Kritisiert wird an Kristevas Abjektbegriff vor allem die Naturalisierung der Abjektion. Insbesondere ↗ Judith Butler argumentiert gegen die Vorstellung, der mütterliche Körper sei etwas Vordiskursives (↗ Diskurs), sieht in der Abjektion dennoch die Möglichkeit einer Subjektkonstitution jenseits von Phallozentrismus und Logozentrismus. (↗ Dekonstruktivismus)

Literatur: Kristeva, Julia: *Pouvoirs de l'horreur. Essai sur l'abjection*, Paris 1980. – Butler, Judith: *Das Unbehagen der Geschlechter*, Frankfurt am Main 1991.

EW

Agamben, Giorgio (* 1942 Rom) Der italienische Philosoph Giorgio Agamben lehrt an der European Graduate School in Saas Fee und an der Universität IUAV in Venedig. Er gilt als eklektischer Denker, unübersehbar sind die Einflüsse von Walter Benjamin, dessen Werke er zeitweilig in Italien herausgab, und von Martin Heidegger, bei dem er als Student zwei Privatseminare besuchte. Er wurde mit seinem Werk *Homo Sacer* (1995) zum international breit rezipierten Theoretiker des Politischen. In eigenwilliger Verbindung von Theorieansätzen Heideggers und Benjamins, aber auch Carl Schmitts, ↗ Michel Foucaults und Hannah Arendts entwirft er darin die vergessene römische Rechtsfigur des *Homo Sacer*, der straffrei getötet, aber nicht geopfert werden kann, als paradigmatische Figur für jenes neue Verhältnis von ↗ Macht und Individuum, das Foucault als ↗ Biopolitik beschrieben hat. Das Subjekt wird im Zugriff des Staates auf das bloße Leben reduziert. Weiter entfaltet wird dieses Konzept in den Bänden *Was von Auschwitz bleibt. Das Archiv und der Zeuge* (1998) (↗ Archiv) und *Ausnahmezustand* (2003), die ausdrücklich als Fortsetzung von *Homo Sacer* gedacht sind. Stark von Martin Heidegger beeinflusste anthropologische Überlegungen zum Verhältnis von Mensch und Tier entwickelt Agamben in dem Band *Das Offene. Der Mensch und das Tier* (2002). In seinen unter dem Titel *Profanierungen* (2005) gesammelten kurzen Texten fasst er ein Denken der Religion ins Auge, das Figuren der Entheiligung und des »reinen Mittels« gegen die Übermacht von Spektakel und Konsum ins Spiel zu bringen sucht. Hier wie in vielen weiteren Aufsätzen zu Literatur und Philosophie der Antike und der Moderne, aber auch zu Film und Fotografie erweist sich Agamben als Denker von stupender Gelehrsamkeit und großer Originalität. Bei aller Nähe zum ↗ Poststrukturalismus bleibt seine modernistisch-kulturpessimistische und damit pointiert anti-postmodernistische Grundhaltung unverkennbar. (↗ Postmoderne/Postmodernismus)

Ausgewählte Werke: *Homo Sacer. Die souveräne Macht und das nackte Leben* (1995), Frankfurt am Main 2002. – *Was von Auschwitz bleibt. Das Archiv und der Zeuge* (1998), Frankfurt am Main 2003. – *Das Offene. Der Mensch und das Tier* (2002), Frankfurt am Main 2003. – *Ausnahmezustand* (2003), Frankfurt am Main 2004. – *Profanierungen* (2005), Frankfurt am Main 2005.

EK

Aisthesis Charakteristisch für postmodernes (↗ Postmoderne/Postmodernismus) und poststrukturalistisches (↗ Poststrukturalismus) Denken ist das Primat der Ästhetik. Durch die Anknüpfung an den von Aristoteles entlehnten Begriff der *Aisthesis* (gr., Wahrnehmung) betonen postmoderne Denker wie ↗ Jean-François Lyotard und ↗ Wolfgang Welsch, dass die Ästhetik aus dem engen Rahmen einer bloßen Kunstphilosophie, als die sie lange vorrangig verstanden worden ist, herausgelöst werden muss. Als »Aisthetik« ist sie nicht lediglich »Philosophie der schönen Kunst« (Hegel), sondern eine kritische Wahrnehmungslehre mit erkenntnistheoretischen, ethischen und politischen Implikationen. In diesem Sinne spricht Lyotard etwa von Ästhetik als »transzendentaler Prä-Logik« (1991, S. 43) oder Welsch von »aisthetischem Erkennen« (1995, S. 68). Siehe auch ↗ Anästhetik.

Literatur: Lyotard, Jean-François: »Die ästhetische Reflexion«, in: *Die Analytik des Erhabenen. Kant-Lektionen*, München 1991, S. 11–62. – Welsch, Wolfgang: *Aisthesis. Grundzüge und Perspektiven der Aristotelischen Sinneslehre*, Stuttgart 1987. – Welsch, Wolfgang: *Ästhetisches Denken*, Stuttgart 1995.

PB

Alterität Im Gegensatz zu einer Andersheit, die ein sich aus sich heraus verstehendes Selbst aus eigener Setzung behauptet, meint Alterität, vor allem prominent bei dem französischen Philosophen Emmanuel Lévinas und in der Rezeption bei ↗ Jacques Derrida und ↗ Jean-François Lyotard, eine »konstitutive Andersheit«, eine Andersheit, die dem Selbst vorgängig ist und es ihrerseits konstituiert. Populär ist der Begriff der Alterität überall dort, wo eine selbstmächtige, möglicherweise unberechtigte und auf Abwertung zielende Zuschreibung von Andersheit gesehen wird. Alterität dient in solchen Zusammenhängen als kritischer Terminus, der auf den Zuschreibungscharakter des Verfahrens hinweist und anmahnt, das fragliche Gegenüber in seiner wirklichen Beschaffenheit zu würdigen.

Literatur: Lévinas, Emmanuel: *Die Spur des Anderen*, Freiburg/München 1983. – Lévinas, Emmanuel: *Humanismus des anderen Menschen*, Hamburg 2005.

JB

Anästhetik Das Begriffspaar »Anästhetik« und »Ästhetik« beschreibt in ↗ Wolfgang Welschs ästhetischer Theorie den wissenschaftlichen Zugriff auf und die Strukturbeschreibung von Wahrnehmungen aller Art, seien sie sinnenhaft, geistig, alltäglich, sublim, lebensweltlich oder künstlerisch. Welsch knüpft damit an Aristoteles' ↗ Aisthesis-Begriff an und verbindet ihn mit der ästhetischen Theorie zu einer »Aisthetik«. In einem solch weiten Verständnis beschreibt Anästhetik denjenigen Zustand, in dem die Empfindungsfähigkeit (als Bedingung von ästhetischer Wahrnehmung) aufgehoben ist – analog zum medizinischen Begriff der Anästhesie.

Welsch sieht Anästhetik und Ästhetik aber nicht als sich diametral ausschließende Begriffe; vielmehr verursache erst ein Zuviel an Ästhetik die Anästhesierung – hervorgerufen etwa durch die Medienübersättigung oder die konsequente Durchästhetisierung der Lebenswelt: »Je mehr Ästhetik, desto mehr Anästhetik« (1996, S. 16). Anästhetik und Ästhetik leitet Welsch als Begriffsdoppel philosophiehistorisch her. In der vormodernen Metaphysik habe das Ziel der Philosophie in der Anästhetisierung, der Empfindungslosigkeit, gelegen. Die Philosophie der Stoa und der Mystik werden hier als Beispiele angeführt. Im Gegensatz dazu habe sich die Moderne ab dem 19. Jahrhundert durch die vollständige Ästhetisierung der Lebenswelt ausgezeichnet. Baumgarten, Hegel und Schiller werden als Protagonisten einer solchen Philosophie angeführt.

Der gegenwärtige Zustand schließlich sei durch eine Verflechtung von Anästhetik und Ästhetik ausgezeichnet. Anästhetische Züge fänden sich etwa in der Überbetonung des Sehens gegenüber dem die anderen Sinne marginalisiert würden. Als weiteres Beispiel führt Welsch die kulturell tradierten Geschlechterverhältnisse an, deren Ästhetisierung nicht mehr als solche wahrgenommen wird. Im Gegenzug entwickele sich jedoch eine Kunst, die auf solche Problematiken hinweise und das Verhältnis von Ästhetisierung und Anästhetisierung in ihre Sujets aufnehme (zum Beispiel feministische Kunst, Surrealismus): »Gegen die moderne Utopie einer total-ästhetischen Kultur käme es heute darauf an, eine Kultur des blinden Flecks zu entwickeln.« (ebd., S. 38)

Literatur: Welsch, Wolfgang: *Ästhetisches Denken*, Stuttgart 1996. – Marquard, Odo: *Aesthetica und Anaesthetica. Philosophische Überlegungen*, Paderborn 1989.

SH

Antihumanismus Von Luc Ferry und Alain Renaut geprägter Begriff, mit dem das ›68er-Denken‹ auf einen gemeinsamen Nenner gebracht werden soll. ↗ Michel Foucault, ↗ Jacques Lacan, ↗ Jean-François Lyotard, ↗ Jacques Derrida und Louis Althusser hätten die »Wertschätzung des Menschen als solchen [...] entscheidend in Frage gestellt«. Der Begriff wird von Ferry und Renaut in kritischer und entlarvender Absicht verwendet: Es wird suggeriert, dass ein Denken gegen den Humanismus ein Denken der Zerstörung der Kultur und des Menschen ist. (↗ Posthumanismus)

Literatur: Ferry, Luc/Alain Renaut: *Antihumanistisches Denken*, München/Wien 1987. – Seubold, Günter: *Die Freiheit vom Menschen. Die philosophische Humanismusdebatte der Nachkriegszeit. Darstellung – Analyse – Dokumentation*, Alfter/Bonn 2001.

GS

Archäologie Als Archäologie bezeichnet ↗ Michel Foucault das von ihm entwickelte Verfahren zur Untersuchung historischer Systeme oder »Formationen« des ↗ Wissens. Dieses Verfahren hat Foucault zunächst in mehreren historischen Studien exemplifiziert und danach in seinem 1969 erschienenen ›Methodenbuch‹ *Archäologie des Wissens* auch systematisch expliziert. Ähnlich wie Foucaults Begriff des »historischen Apriori« geht der Begriff der Archäologie zurück auf die Arbeitsweise des Phänomenologen Edmund Husserl, der in seinen späten *Krisis*-Texten die historischen »Sedimentierungen« von Sinn untersucht.

»Wie kommt es, daß eine bestimmte Aussage erschienen ist und keine andere an ihrer Stelle?« (1973, S. 42) – anhand dieser Leitfrage konzipiert Foucault die Archäologie als Analyse der nicht de jure, sondern im Gegenteil faktisch gegebenen Aussage-Zusammenhänge. Solche tatsächlich gegebenen Zusammenhänge sind die so genannten ↗ Diskurse – ihre »Formation«, die Realitätsbedingungen ihrer Entstehung, gilt es in der Aussagenanalyse zu ermitteln. Nach Foucault müssen vier »Achsen« der Analyse und damit vier Ebenen von Formationsregeln eines Diskurses berücksichtigt werden: Die Formation der (1) Gegenstände, (2) Äußerungsmodalitäten, (3) Begriffe und (4) Strategien, durch die sich ein Diskurs konstituiert.

Foucault hat das Verfahren der Archäologie in bewusster Pointierung als »positivistisch« bezeichnet. Zulässig ist allein die vergleichende Sichtung der existierenden Aussagen. In der *Archäologie des Wissens* wird dieses Verfahren insbesondere der Ideengeschichte *(History of Ideas)* und der hermeneutisch arbeitenden Geschichtswissenschaft entgegengesetzt. Anders als die Geschichtsschreibung herkömmlichen Typs verzichtet die Archäologie, soweit dies nur überhaupt möglich ist, auf die Vorannahme einer Sinn-Kontinuität im überlieferten Material. Insbesondere die Vorstellung historischer »Ursprünge« und »Wirkungen«, der Begriff der »Quelle« sowie die Einheit eines »Subjektes« in der Geschichte werden zurückgewiesen. Durch das von Nietzsche inspirierte Motiv einer diachronen ↗ Genealogie (also ›Herkunftsforschung‹) der Wissensformen wird der synchrone Ansatz der Archäologie in Foucaults späten Arbeiten ergänzt.

Literatur: Foucault, Michel: *Archäologie des Wissens*, Frankfurt am Main 1973.

PG

Archiv Die Begriffsmetapher des Archivs bezeichnet im Werk ↗ Michel Foucaults die Totalität aller Aussagen und Aussagenzusammenhänge, die es im Rahmen einer ↗ Archäologie zu untersuchen gilt. In der *Archäologie des Wissens* (1969) wird das Archiv als eine abstrakte Grenzfigur eingeführt: Es ist »das allgemeine System der Formation und Transformation der Aussagen« (1973, S. 188) (↗ Wissen). Damit ist das Archiv nicht ein Aufbewahrungsort, an dem etwas für künftige Zeiten physisch aufbewahrt würde; es ist auch nichts, das irgendwo der Entdeckung harrte oder der Gegenwart Sicherheit böte. Es ist vielmehr etwas, das konstruiert werden muss beziehungsweise freigelegt wird – und zwar im Zuge einer historischen Untersuchung, die sich auf die kleinste Einheit der Foucault'schen Archäologie, das Sosein von Aussagen, konzentriert.

Foucault gibt unterschiedliche Definitionen für das Archiv. Entscheidend ist, dass es letztlich einen praktischen Charakter hat, es ist »das Gesetz dessen, was gesagt werden kann«, die Ebene des Archivs ist also »die einer Praxis« – einer Praxis, die vielfältige Aussagen wie auch regelmäßige Ereignisse wie auch »der Bearbeitung und der Manipulation anheim gegebene Dinge auftauchen lässt« (ebd., S. 187 f.).

Literatur: Foucault, Michel: *Archäologie des Wissens*, Frankfurt am Main 1973. – Gehring, Petra: *Foucault – Die Philosophie im Archiv*, Frankfurt am Main 2004.

PG

Ästhetik der Existenz Ein von ↗ Michel Foucault in seinem dreibändigen Spätwerk *Sexualität und Wahrheit* eingeführter Begriff, der aus der Einsicht gewonnen ist, dass Fragen der individuellen Lebensführung nicht Fragen einer universalistischen Moral, sondern Fragen einer Kunst, der Lebenskunst, sind. Der Versuch, sein individuelles Leben zu einem gelingenden Leben zu gestalten, orientiert sich an spezifisch ästhetischen Kriterien.

Unter »Ästhetiken« oder »Künsten der Existenz« habe man »gewußte und gewollte Praktiken zu verstehen, mit denen sich die Menschen [...] zu transformieren und aus ihrem Leben ein Werk zu machen suchen, das gewisse ästhetische Werte trägt und gewissen Stilkriterien entspricht«. Durch Analysen von philosophischen und medizinischen Texten der griechischen und römischen Antike will Foucault zeigen, wie hier das Sexualverhalten im Rahmen von »Selbstpraktiken« problematisiert worden ist, »die den Kriterien einer ›Ästhetik der Existenz‹ folgen«. Die Texte, so Foucault, wollen durch Erörterung spezifischer Techniken und Umgangsformen den Individuen helfen, ihr Verhalten zu formen und sich als »ethisches Subjekt« zu gestalten. Ihnen komme eine »›etho-poetische‹ Funktion« zu. Für Foucault ist es an der Zeit, eine Ästhetik der Existenz in Angriff zu nehmen, um die individuelle Autonomie gegen die sie bedrohenden gesellschaftlichen ↗ Disziplinarmächte zu stärken.

Literatur: Foucault, Michel: *Der Gebrauch der Lüste (Sexualität und Wahrheit 2)*, Frankfurt am Main 1986. – Foucault, Michel: *Die Sorge um sich (Sexualität und Wahrheit 3)*, Frankfurt am Main 1989. – Schmid, Wilhelm: *Auf der Suche nach einer neuen Lebenskunst. Die Frage nach dem Grund und die Neubegründung der Ethik bei Foucault*, Frankfurt am Main 2000.

GS

Aufschreibesysteme Der von ↗ Friedrich A. Kittler geprägte Begriff beschreibt historische Medien-Formationen, also epistemische Voraussetzungen der Speicherung und Verarbeitung von Daten – mit Brüchen zwischen schriftlichen, technischen und digitalen Medien. Kittler grenzt sich im Anschluss an ↗ Michel Foucault und ↗ Jacques Lacan scharf von hermeneutischen Perspektiven ab und betont das technische Apriori aller Aufschreibesysteme.

Literatur: Kittler, Friedrich: *Aufschreibesysteme 1800/1900*, München 1985. – Kittler, Friedrich: *Grammophon Film Type Writer*, Berlin 1986.

EK

Autor Als Autor (lat. *auctor:* Schöpfer, Förderer) bezeichnet man gemeinhin den Verfasser eines literarischen, wissenschaftlichen oder philosophischen Werks. Im ↗ Poststrukturalismus ist der Begriff des Autors vor allem von ↗ Roland Barthes und ↗ Michel Foucault thematisiert und problematisiert worden.

Barthes Autorentheorie ist im Stil eines Pamphlets verfasst (Barthes 2000), dessen Ziel es ist, dem Leser die Souveränität über die Deutung des Textes zurückzuerstatten, die ihm vor allem die Literaturkritik entzogen hatte: »Die Geburt des Lesers ist zu bezahlen mit dem Tod des *Autors*.« (S. 193) Diesen »Tod« sieht Barthes durch die »Schreiber« (S. 191) der Moderne ausgelöst – Balzac, Valéry, Proust, Mallarmé, die Surrealisten –, deren Werk nicht mehr biografi(sti)sch als Aussage zu interpretieren ist, sondern nur noch als Text, der sich von einer eindeutigen Instanz des Sprechers/Autors gelöst habe und nun (für sich) selbst spreche. Barthes sieht hierin Bezüge zu linguistisch-pragmatischen Theorien, welche die Äußerung vom Äußernden trennen. Bedeutung entsteht schließlich nicht mehr im Nachvollzug einer Autorenintention, sondern im Akt des Lesens. Der Leser destilliert seinen je eigenen Sinn aus der Vielfalt an ↗ Diskursen, die sich im Werk schneiden: »Der Text ist ein Gewebe aus Zitaten aus unzähligen Stätten der Kultur« (S. 190). Aufgabe des Lesers ist es nun nicht mehr, *die* Bedeutung des Textes zu entziffern, sondern im Akt der Lektüre mögliche Bedeutungsstrukturen zu »entwirren« (S. 191).

Neben Roland Barthes hat sich auch Michel Foucault mit dem Begriff des Autors auseinandergesetzt; er betrachtet den Autor als »Prinzip der Gruppierung von Diskursen« (1991, S. 20), nicht als »sprechendes Individuum« (ebd.), sondern gewissermaßen als »Autor-Funktion« (2001, S. 1016). Diese Autor-Funktion gehört zu den von Foucault im Rahmen seiner Diskursanalyse untersuchten Mechanismen, die der Organisation und Kontrolle von Diskursen dienen. Sie vereinheitlicht den Diskurs, macht ihn einer Person zurechenbar und verschafft ihm dadurch Autorität. Gleichzeitig macht sie den Diskurs aber auch beherrschbar: »Der Autor ist dasjenige, was der beunruhigenden Sprache der Fiktion ihre Einheiten, ihren Zusammenhang, ihre Einfügung in das Wirkliche gibt.« (1991, S. 21)

In einem 1980 der Tageszeitung *Le Monde* gewährten Interview, das seinerzeit ohne Nennung seines Namens veröffentlicht wurde, plädiert Foucault für die zeitweilige Suspendierung der Autor-Funktion: »Ich möchte hier ein Spiel vorschlagen: das Spiel des ›Jahres ohne Namen‹. Ein Jahr lang werden alle Bücher ohne Angabe der Autoren veröffentlicht. Die Kritik müsste sich an einer vollkommen anonymen Produktion abmühen.« (2005, S. 130) Zu diesem Zeitpunkt ist sein Name durch die Autor-Funktion selbst bereits zu einem Markenartikel geworden, was die Rezeption seiner Schriften in bestimmte Bahnen lenkt. Mit der Suspendierung des Namens verbindet sich die – wie Foucault selbst ironisch einräumt, trügerische – Hoffnung, die den Diskurs beherrschenden Mechanismen zumindest temporär auszuhebeln.

Die poststrukturalistische Autorentheorie ist nicht ohne Folgen für den Literaturbetrieb geblieben. So hat etwa ↗ Umberto Eco in seinem Roman *Der Name der Rose* versucht, die Spuren der Autoreninstanz so weit zu verwischen, dass sie nicht mehr nachvollziehbar sind und – im Sinne Barthes' und Foucaults – eine Verkreuzung unterschiedlichster (historischer, literaturhistorischer, philosophischer, theologischer, ...) Diskurse zu einer ›neuen‹ Erzählung zu formen. In seiner *Nachschrift zum ›Namen der Rose‹* diskutiert und verteidigt er dieses Vorgehen mit Bezug auf die Autorentheorien von Barthes und Foucault.

Literatur: Barthes, Roland: »Der Tod des Autors« (1968), in: Jannidis, Fotis et al. (Hrsgg.): *Texte zur Theorie der Autorschaft*, Stuttgart 2000, S. 187–197. – Foucault, Michel: »Was ist ein Autor?« (1969), in: *Schriften 1*, Frankfurt am Main 2001, S. 1003–1041. – Foucault, Michel: *Die Ordnung des Diskurses* (1971), Frankfurt am Main 1991. – Foucault, Michel: »Der maskierte Philosoph« (1980), in: *Schriften 4*, Frankfurt am Main 2005, S. 128–137. – Eco, Umberto: *Nachschrift zum ›Namen der Rose‹*, München 1986.

PB/SH

B

Barthes, Roland (* 1915 Cherbourg, † 1980 Paris) Der Literaturwissenschaftler und Semiologe Roland Barthes war ab 1960 Mitarbeiter, ab 1962 Direktor an der École Pratique des Hautes Études; von 1977 bis zu seinem Tod war er Professor am Collège de France.

Wesentliches Kennzeichen der Schriften von Roland Barthes ist nach Übereinkunft der Kommentatoren gerade die Schwierigkeit, eine allgemeine Kennzeichnung vorzunehmen. Immer wieder wird in älteren wie in neueren Darstellungen (Röttger-Denker 1989, Ette 1998) die Unklassifizierbarkeit seines Œuvres betont. Das Spektrum der Bereiche, die Roland Barthes in seinen Texten durchquert, reicht von der Semiologie über Soziologie, Kulturtheorie und -kritik, bis hin zu Rhetorik, Linguistik, Literaturwissenschaft und Medientheorie; das Spektrum der Gegenstände von der Romanliteratur des 19. Jahrhunderts über Werbeplakate, Historiografie, die Mode, das Theater, Japan, diverse Ikonen der französischen Alltagskultur bis hin zu Fotografie, Filmstandbildern, Schubert, um nur einige zu nennen. Eine relativ repräsentative Vorstellung von der Vielseitigkeit der Ansätze wie der Interessen von Barthes gibt die Aufsatzsammlung *Der entgegenkommende und der stumpfe Sinn* (1982). Als Literat, Autobiograf, Komponist und Maler betätigt er sich ebenfalls, was die Kategorisierungsprobleme über die Grenzen disziplinärer Abgrenzung hinaus erweitert.

Der Versuch der Klassifizierung ist von Barthes in seinen Schriften immer wieder aufgegriffen worden, in der Tendenz ironisierend, doch nie ohne eine gewisse Ernsthaftigkeit. In *Über mich selbst* findet sich eine Übersicht der »Phasen« und »Einflüsse«, denen er seine Publikationen bis 1975 zuordnet (siehe Tabelle auf Seite 17).

Neben den beiden letztgenannten Titeln sind es vor allem die in den folgenden Jahren verfassten *Fragmente einer Sprache der Liebe* (dt. 1984) sowie sein letztes Buch, *Die helle Kammer* (dt. 1985), welche Barthes' Ruf als Protagonist einer dezidiert unkonventionellen Schreibweise begründen. Bei näherer Betrachtung finden sich entsprechende Ansätze jedoch bereits in den frühen Publikationen, und die Entwicklung des ↗ Autors wäre in erster Linie als sukzessive, durch alle Schriften fortgesetzte Distanznahme zu bestimmten Konzeptionen des Wissenschaftlichen zu beschreiben: von der Studie *Mythen des Alltags* (dt. 1964), die noch von der Zweiteilung zwischen den essayistischen Vignetten des ersten Teils und dem von Saussure inspirierten Analysemodell des zweiten geprägt ist, über den Flirt mit Klassifikations- und Ordnungssystemen in *Die Sprache der Mode* (dt. 1985), das fragmentierte System in *S/Z* (dt. 1976) und anderen mehr bis hin zur Kultivierung des Partikularen und Skizzenhaften in späteren Werken wie *Das Reich der Zeichen* (dt. 1981) und *Die Lust am Text* (dt. 1974).

Einflüsse	Phasen	Schriften
Sartre, Marx, Brecht	soziale Mythologie	*Am Nullpunkt der Literatur* *Mythen des Alltags*
Saussure	Semiologie	*Éléments de sémiologie* *Système de la mode*
Sollers, Kristeva Derrida, Lacan	Textualität	*S/Z ; Sade, Fourier, Loyola;* *L'empire des signes*
(Nietzsche)	Moralität	*Die Lust am Text, Über mich selbst*

Während Barthes in Frankreich in den 1970er-Jahren zum durchaus prominenten *enfant terrible* des akademischen Milieus avanciert, ist die Rezeption in Deutschland durch eine lang andauernde Ausgrenzung aus dem Bereich der Wissenschaft geprägt. Der Vorwurf der ›Unwissenschaftlichkeit‹ und der begrifflichen Unschärfe, ein Gemeinplatz vor allem in der ersten Phase der deutschen Auseinandersetzung mit dem französischen ↗ Poststrukturalismus, wird auf seine Schriften mit besonderer Nachdrücklichkeit angewandt. In den USA hingegen verläuft die Rezeption, unter anderem befördert durch die Vermittlung Susan Sontags, deutlich weniger konfrontativ und wirkt sich indirekt auch auf die akademische Anerkennung des Autors in Frankreich aus. Tatsächlich nimmt die Kanonisierung von Barthes als einem geistigen Vater der Postmoderne-Diskussion ihren Ausgang an US-amerikanischen Universitäten

(↗ Postmoderne/Postmodernismus), wo der von Sontag 1982 herausgegebene *Barthes Reader* nach wie vor zur theoretischen Standardlektüre gehört.

Gerade angesichts dieser Kanonisierung ist zu betonen, dass Barthes selbst in seinen Schriften zwar häufiger den Begriff der Moderne und des ›modernen Textes‹ verwendet, den Begriff der Postmoderne indessen nicht (vergleiche Ette 1998, S. 29 ff. und 475 ff.). Ebenso wenig gehört er zu den Autoren, mit deren Namen eine spezifische Terminologie oder ein besonderes Konzept innerhalb der Postmoderne-Debatte verbunden ist, wie dies etwa für ↗ Jacques Derrida (↗ Dekonstruktivismus) oder ↗ Michel Foucault (Diskursanalyse) geltend gemacht werden kann. Barthes' wesentlicher Beitrag zum Poststrukturalismus besteht weder in einer neuen Programmatik noch in einer neuen Begriffsbildung, sondern in seinem Versuch, dem dogmatischen ↗ Diskurs auszuweichen, und in den Praktiken und Prinzipien, die sich aus diesem Anliegen entwickeln. Nicht von ungefähr notierte Tzvetan Todorov: »Wenn es irgendwo auf der Welt Barthesianer gibt, so erkennen sie sich nicht an einem Vorrat gemeinsamer Begriffe.« (1988, S. 131); entsprechend befasst er sich, wie viele andere Kommentatoren, vor allem mit den Finessen und Idiosynkrasien des Barthes'schen Diskurses. Die Schreibweise steht im Vordergrund: Dies gilt für die Nachrufe in der Barthes gewidmeten Ausgabe der Zeitschrift ↗ *Tel Quel* von 1981 ebenso wie für die in Deutschland erschienenen Übersichten (neben Ette 1998 vor allem Kolesch 1996 und 1997).

Barthes selbst benennt in seinem letzten Buch als zentrales Prinzip seines Schreibens den »leidenschaftlichen Widerstand gegen jegliches reduzierende System« (1985, S. 16). Eine Form dieses Widerstandes besteht – scheinbar paradox – darin, das reduzierende System der Klassifikationen und Kategorien durch andere Systeme zu ersetzen, die zum einen offenkundig arbiträr sind, zum anderen eine offene, nicht-hierarchische Gliederung erlauben. Sowohl in *Die Lust am Text* als auch in *Fragmente einer Sprache der Liebe* und in *Über mich selbst* ist das bestimmende Gliederungsprinzip das Alphabet: Die Vignetten und Skizzen sind von A nach Z sortiert und im Aufbau zitationell an die Gestaltung von Lexikoneinträgen angelehnt. Die jeweils entstehende Abfolge lässt sich in den Übersetzungen nur mit bestimmten Einschränkungen wiedergeben (Henschen 1988, S. 11); was indes bestehen bleibt, ist das gerade für das Spätwerk von Barthes kennzeichnende Prinzip, mit einer Reihung von Miniaturen und stetigen Wechseln der Perspektive zu operieren.

Die kleine Form der Vignette oder Skizze bestimmt auch das Japan-Buch *Das Reich der Zeichen* und die Auseinandersetzung mit der Fotografie in *Die helle Kammer* und scheint dort den Gegenständen – dem Foto, dem Haiku, dem Detail – besonders angemessen. Ausdrücklich assoziiert er in seinen Selbstauskünften das Fragment mit der Präzision, die Miniatur mit einer besonderen Genauigkeit, die erst unter den Bedingungen des Ausschnitthaften herstellbar scheint. Zugleich bedeuten Fragment und Miniatur auch eine Absage an die Fiktion der ›umfassenden Darstellung‹ und jeglichen autoritativen Gestus. Nicht ohne Pathos wird schließlich in den späten Schriften der ↗ Körper als Instanz des Begehrens adressiert und zur Chiffre einer wesentlich über das Moment der Lust bestimmten Beziehung zum Text und zum Schreiben stilisiert: »Er versucht einen Diskurs zu halten, der nicht im Namen von Gesetz und/oder Gewalt zur Aussage kommt: dessen Instanz weder politisch, noch religiös, noch wissenschaftlich ist; der gewissermaßen das Übrigbleibende und der Zusatz aller dieser Aussagen wäre. Wie werden wir diesen Diskurs nennen? *Erotisch* sicherlich, denn er hat es mit der Wollust zu tun; oder vielleicht noch *ästhetisch*, wenn dafür gesorgt wird, dass diese alte Kategorie allmählich eine leichte Drehung erhält, die sie von ihrem regressiven, idealistischen Grund entfernt und dem Körper annähert, der Abschweifung.« (Barthes, 1978, S. 91)

Ausgewählte Werke: *Am Nullpunkt der Literatur* (1953), Frankfurt am Main 1982. – *Mythen des Alltags* (1957), Frankfurt am Main 1964. – *Das Reich der Zeichen* (1970), Frankfurt am Main 1981. – *Die Lust am Text* (1973), Frankfurt am Main 1974. – *Über mich selbst* (1975), Frankfurt am Main 1978. – *Fragmente einer Sprache der Liebe* (1977), Frankfurt am Main 1984. – *Die helle Kammer* (1980), Frankfurt am Main 1985.

Literatur: Ette, Ottmar: *Roland Barthes. Eine intellektuelle Biographie*, Frankfurt am Main 1998. – Henschen, Hans Horst (Hrsg.): *Roland Barthes*,

München 1988. – Kolesch, Doris: *Das Schreiben des Subjekts. Zur Inszenierung ästhetischer Subjektivität bei Charles Baudelaire, Roland Barthes und Theodor W. Adorno*, Wien 1996. – Kolesch, Doris: *Roland Barthes*, Frankfurt am Main/New York 1997.

SD

Baudrillard, Jean (* 1929 Reims † 2007 Paris) Der französische Theoretiker Jean Baudrillard hat vor allem durch seine Medientheorien und seinen wortgewaltigen Abgesang auf die Realität Berühmtheit und Relevanz erlangt. Dabei bedient er sich in seinen Schriften einer Sprache, die häufig Begriffe aus dem naturwissenschaftlichen Umfeld umdeutet und in neuem Zusammenhang auf die Phänomene der Philosophie, Soziologie, Politik, der Medien und des Alltags (Sexualität) anwendet. Diese Methode wird häufig kritisiert, ihr wird unterstellt, dass sie nahe am Unsinn gebaut ist, was Baudrillard selbst nicht abstreitet, sondern im Rahmen einer mitunter paradox argumentierenden Schreibweise bewusst thematisiert: »Wir müssen uns im Paradox halten, ohne in den Unsinn zu geraten«. Im Sinne ↗ Jean-François Lyotards kann man Baudrillard eine parodistische Destruktion von Theorie unterstellen, die nach seinen eigenen Worten »ein perfektes Verbrechen« sein sollte. Seine Methode nennt er selbst mitunter pataphysisch (↗ 'Pataphysik) – in Anlehnung an Alfred Jarry. Dieser bezeichnete damit eine »Wissenschaft von den imaginären Lösungen«, die in etwa demselben Verhältnis zur Metaphysik steht wie die Metaphysik zur Physik. Die Themen Baudrillards reichen von aktuellen Phänomenen bis hin zu nahezu metaphysischen (beziehungsweise pataphysischen) Überlegungen; sein Standpunkt wird als oszillierend zwischen Kritik und Affirmation, sein Stil zwischen konkret und paradox eingeordnet.

Der ehemalige Deutschlehrer, der unter anderem Werke von Bertolt Brecht ins Französische übersetzt hat, war Assistent bei Henri Lefebvre, lehrte zwischen 1968 und 1987 an der Universität Nanterre (Paris X) Soziologie und war danach wissenschaftlicher Direktor am IRIS der Université Paris IX Dauphine. Er war Kommentator großer französischer Tageszeitungen wie *Libération* oder *Le Monde* und seit 1985 auch – zunächst unter Ausschluss der Öffentlichkeit – als Fotograf tätig. Mit der Veröffentlichung eines Bildbandes und begleitenden Ausstellungen trat er auch in dieser Funktion 1998 an die Öffentlichkeit. Im März 2007 verstarb er nach längerer Krankheit.

Sein 1968 erstmals erschienenes Frühwerk *Das System der Dinge* ist noch eine phänomenologische Analyse der Konsumgesellschaft, die der Strukturierung der Alltagsgegenstände in der modernen kapitalistischen Gesellschaft einen größeren Einfluss auf die Menschen zubilligt als den industriellen Produktionsverhältnissen. Seine darauf folgenden Polemiken gegen ↗ Michel Foucault (*Oublier Foucault,* 1977) und die französische Linke (*Die göttliche Linke,* 1985) entwickeln bereits elementare Thesen seines späteren Werkes: Die Wertvorstellungen der Linken seien veraltet, da sie übersehen habe, dass Politik nur noch auf Zeichen und Simulationen beruhe (↗ Simulation/Simulationstheorie), dass die ↗ Macht implodiert sei und nur noch als totale Halluzination fortlebe.

Das Theorem der Simulation ist dabei Baudrillards folgenschwerste Idee in den 1980er-Jahren. Die Realität verschwindet, und die verbleibende Simulation ist nicht einmal mehr ein Spiegel oder Modell der Realität. Die simulierte ↗ Hyperrealität generiert sich vielmehr ohne Referenz im Realen. Wertbestimmungen oder Gesetzmäßigkeiten lösen sich aber nicht einfach auf, sondern überleben als ↗ Simulacra, die in der Gesamtheit die Fiktionalisierung einer universellen Simulation bilden. Das System der politischen Ökonomie zum Beispiel existiert nur noch als Zeichen, als »Als-ob« und täuscht seine eigene Realität vor. In seinem Buch *Der symbolische Tausch und der Tod* (1982) setzt Baudrillard noch auf subversive Kräfte, die der politischen Ökonomie gefährlich werden könnten: das Todesprinzip und den symbolischen Tausch. In Anlehnung an Marcel Mauss' »Gabe ohne Gegengabe« könne dessen Prinzip der Umkehrbarkeit den Gegensatz zwischen Realem und Imaginären auflösen. Radikale Formen des symbolischen Tauschs sind Selbstmord und Geiselnahme, da beide der betroffenen Gesellschaft keine angemessene Reaktion erlauben. Damit greift Baudrillard Batailles Anti-Ökonomie auf und billigt dem Tod allein die Kraft zu, die politische Ökonomie zu vernichten.

Nach seiner Schrift vom symbolischen Tausch wendet sich Baudrillard weitgehend von einem herkömmlichen kritischen Theoretisieren ab und einer narrativ-paradoxen Methode der Radikalisierung aller Hypothesen zu. Das bringt ihm Etiketten wie jenes des »Walt Disney der zeitgenössischen Metaphysik« (Douglas Kellner) oder »high priest of postmodernism« (Mike Gane) ein (↗ Postmoderne/Postmodernismus), führt aber zu einer konsequenten Vertiefung und Weiterentwicklung seiner Hypothesen und Analysen.

So ist sein Konzept der ↗ Verführung als Trägerin von Geheimnissen und als sozialer Austausch auf der Basis von duellartigen Spielregeln ebenfalls das Ergebnis der Suche nach Gegenkräften gegen die Simulation: Die Verführung erzeuge eine Herausforderung auf dem Schlachtfeld der Illusion; sie sei reiner Schein und eben keine Zeichenwelt. Verallgemeinernd spricht Baudrillard in der Folge von Fatalität als einem Phänomen, das jede Sinnproduktion und Funktionalität beseitigt. Dazu gehören »das unmoralische Prinzip des Spektakels« und »das ironische Prinzip des ↗ Bösen«. Dabei geht Baudrillard von der Überlegenheit eines verführenden Objekts aus und stellt dessen jeder Dialektik und symbolischen Ordnung widersprechende fatale Strategien über jene des Subjekts. Zu den so genannten fatalen Strategien gehören dabei neben der Verführung, die Wiederkehr und die Ekstase als amoralische, wuchernde Übersteigerung des Wesens der Dinge: die Simulation, die falscher ist als das Falsche, die Mode, die schöner ist als das Schöne oder das ↗ Obszöne, das sichtbarer ist als das Sichtbare. Der Entwurf der fatalen Strategien mündet in Baudrillards Werk schließlich in einer Hinwendung zum »Prinzip des Bösen«, das dabei sowohl eine Metapher geistiger Subversion als auch endgültiger Abgesang auf jede Dialektik ist.

In seinem Spätwerk *Der unmögliche Tausch* (2000) greift Baudrillard seine Thesen zur politischen Ökonomie folglich noch einmal in radikalisierter Form auf. Die Referenzlosigkeit sei unentrinnbar, eine Metaebene der Ökonomie habe nie existiert; und weil auch die Welt selbst kein Äquivalent besitze, sei nicht nur die Illusion des Tauschwerts gleichbedeutend mit dessen Auslöschung, sondern auch die Realität entpuppe sich weiterhin als Schwindel. Mangelnder Austausch bedingt unbegrenzte Wucherung, jeder Versuch, »der Welt als Wert Bedeutung zu verleihen, ihr einen Sinn zu geben« (Baudrillard 2000, S. 14), ist gescheitert. Nicht nur

Politik und Ökonomie, auch Ästhetik und Metaphysik versagen angesichts der Kraftlosigkeit der Zeichen. Aus diesem Nihilismus des Werts zieht Baudrillard radikale Schlussfolgerungen: Da wir die uns gegebene Welt nicht einmal zurückgeben können, gelingt es auch nicht, sie anzunehmen. Wir müssen sie zwangsläufig liquidieren und durch eine virtuelle ersetzen. Somit ist auch das kritische Denken obsolet, und nur der Unsinn schützt uns vor dem Ende der Welt, mit der auch der Theoretiker nur noch in einen spielerischen Austausch treten kann. Auf diesen Umstand scheint Baudrillard endgültig mit reiner Poesie zu reagieren, wenn er schreibt: »Die Welt ist uns als rätselhaft und unerkennbar gegeben; es ist Aufgabe des Denkens, sie, wenn möglich noch rätselhafter und unerkennbarer wiederzugeben. Da sich die Welt auf einen Zustand des Deliriums hin entwickelt, muß man ihr gegenüber einen delirierenden Standpunkt einnehmen.« (Baudrillard 2000, S. 205) Dieses Delirium sollte aber keineswegs als verzweifelter Endpunkt interpretiert werden. Es ist eher die Ekstase des Denkens und damit die angemessene Reaktion auf das Verschwinden und immer wieder unvermutete Wiederauftauchen der Realität.

Ausgewählte Werke: *Kool Killer oder Der Aufstand der Zeichen*, Berlin 1978. – *Simulacres et simulation*, Paris 1981. – *Der symbolische Tausch und der Tod*, München 1991. – *Die fatalen Strategien*, München 1991. – *Transparenz des Bösen*, Berlin 1992. – *Im Horizont des Objekts, Photographies 1985–1998*, Graz 1999. – *Der unmögliche Tausch*, Berlin 2000.

Literatur: Blask, Falko: *Baudrillard zur Einführung*, Hamburg 1995. – Gente, Peter/Barbara Könches/Peter Weibel (Hrsgg.): *Philosophie und Kunst. Jean Baudrillard. Eine Hommage zu seinem 75. Geburtstag*, Berlin 2005.

FB

Bio-Macht In der Machtgeschichtsschreibung ↗ Michel Foucaults ein nicht auf Todesdrohung gestützter, sondern auf die Verwaltung und stoffliche Nutzbarmachung des »Lebens« abzielender Machttyp. Nach Foucault formieren sich die Bio-Macht und eine ihr korrespondierende ↗ Biopolitik im 19. Jahrhundert – im Zuge der zunehmenden politischen Bedeutung von Sozialwissenschaften einerseits, Biologie und Biomedizin andererseits.

Bio-Macht – als »Macht zum Leben«, als ↗ Macht, »leben zu machen« (Foucault 1997, S. 285) – entwickelt zwei Pole: Auf der einen Seite den ↗ Körper und die Sexualität des Individuums (respektive des Paars), auf der anderen Seite den »Gattungskörper«, also das generative Überleben und Besserleben der Population (als ein statistisches Konstrukt). »Zum ersten Mal in der Geschichte«, diagnostiziert Foucault für die Bevölkerungspolitik im 19. Jahrhundert, »reflektiert sich das Biologische im Politischen. [...] Anstelle der Drohung mit dem Mord ist es nun die Verantwortung für das Leben, die der Macht Zugang zum Körper verschafft« (Foucault 1977, S. 170).

Literatur: Bertani, Mauro: »Zur Genealogie der Biomacht« (1998), in: Stingelin, Martin (Hrsg.): *Biopolitik und Rassismus*. Frankfurt am Main 2003, S. 228–259. – Foucault, Michel: *Der Wille zum Wissen. Sexualität und Wahrheit 1* (1976), Frankfurt am Main 1977. – Foucault, Michel: *In Verteidigung der Gesellschaft* (1996), Frankfurt am Main 1997.

PG

Biopolitik Der Begriff der Biopolitik wird in Deutschland seit den 1960er-Jahren für denjenigen Bereich der Politik verwendet, dessen Gegenstand die Erhaltung und Entfaltung des Lebens (gr. *bios*) bildet. Stand dabei zunächst die Gefährdung des biologischen Gleichgewichts im Mittelpunkt, rückte später die Schaffung eines ordnungspolitischen Rahmens für die Möglichkeiten der Biowissenschaften und -technologien *(life sciences)* ins Zentrum. Gegenstände der Biopolitik in diesem Sinne sind: Stammzellenforschung, Klonen, Gendiagnostik und -therapie, Reproduktionsmedizin, Biopatente oder auch Sterbehilfe (Geyer 2001). Dies schließt in den 1970er-Jahren auch bevölkerungspolitische Probleme ein (Gunst 1978).

↗ Michel Foucault entwickelt seinen Begriff von »Bio-Politik« und ↗ Bio-Macht ab Mitte der 1970er-Jahre. Am Collège de France hält er 1978/79 eine Vorlesung über die »Geburt der Biopolitik«. Foucault versteht darunter »die Weise, in der man seit dem 18. Jahrhundert versuchte, die Probleme zu rationalisieren, die der Regierungspraxis durch die Phänomene gestellt wurden, die eine Gesamtheit von als Population konstituierten Lebewesen charakterisierten: Gesundheit, Hygiene, Geburtenziffer, Lebensdauer, Rassen [...]« (2003, S. 1020). Er betont den wachsenden

Raum, den diese Probleme seit dem 19. Jahrhundert einnahmen und bis heute (das heißt hier: 1979) einnehmen. Entwickelt wird der Begriff im Rahmen von Foucaults Kritik am Liberalismus und der Analyse der ↗ Gouvernementalität.

Im letzten Kapitel von *Sexualität und Wahrheit 1* (1977) spricht er von der »Bio-Politik der Bevölkerung« als einer von zwei Hauptformen der »Macht zum Leben«, die seit dem 17. Jahrhundert das alte Recht des Souveräns »sterben zu machen oder leben zu lassen« ablösen. Die zweite Form ist die »politische Anatomie des Körpers« (Disziplinen), wobei diese beiden Formen »keine Gegensätze bilden, sondern eher zwei durch ein Bündel von Zwischenbeziehungen verbundene Pole bilden.« Der Begriff der Biopolitik markiert dabei »den Eintritt des Lebens und seiner Mechanismen in den Bereich der bewussten Kalküle und die Verwandlung des Macht-Wissens in einen Transformationsagenten des menschlichen Lebens« (↗ Wissen). Auch die Widerstand leistenden Kräfte beziehen sich zum Teil auf »das Leben und den Menschen als Lebewesen«, was nach Foucault auch die politische Bedeutung der Sexualität als »Scharnier zwischen den beiden Entwicklungsachsen der politischen Technologien des Lebens« erklärt. Deswegen warnt er auch vor einer Rhetorik, welche die Befreiung der Sexualität in den Mittelpunkt stellt: »Gegen das Sexualitätsdispositiv kann der Stützpunkt des Gegenangriffs nicht das Sex-Begehren sein, sondern die Körper und die Lüste.« (↗ Dispositiv, ↗ Körper)

In *Empire* (2002) entwickeln Michael Hardt und Antonio Negri zunächst in Anschluss an Foucault einen kritischen und für ihre Arbeit zentralen Begriff der Biopolitik und Bio-Macht. Da es ihnen aber »um das Verhältnis von gesellschaftlicher Produktion und Biomacht« geht, wenden sie sich dann kritisch gegen Foucault, da dieser die »wirklichen Antriebskräfte der Produktion in der biopolitischen Gesellschaft […] nicht in den Griff bekommt« (Hardt/Negri 2002, S. 43). Nach Thomas Lemke (2002) »gründet sich diese Kritik […] auf einer systematischen Fehllektüre und einer äußerst selektiven Rezeption Foucaults«, gleichwohl betont er die Notwendigkeit zu untersuchen, »welches Verhältnis zwischen Bio-Politik und Thanato-Politik, Produktion und Zerstörung besteht – nicht als äußerliche Relation zweier unabhängig voneinander existierender ontologischer Einheiten, sondern als

Produktionsverhältnis, das diese zwei Effekte hervorbringt.« Dabei kann wiederum kritisch an die Foucault'sche Position angeknüpft werden, welche »Leben« nicht als »eine ursprüngliche und überhistorische Größe«, sondern als ein gesellschaftliches Konstrukt beziehungsweise als Element einer historischen Wissenspraxis begreift.

Literatur: Foucault, Michel: *Der Wille zum Wissen. Sexualität und Wahrheit 1* (1976), Frankfurt am Main 1977. – Foucault, Michel: »Die Geburt der Biopolitik«, in: *Schriften 3*, Frankfurt am Main 2003, S. 1020–1028. – Foucault, Michel: *Geschichte der Gouvernementalität II: Die Geburt der Biopolitik*, Frankfurt am Main 2004. – Geyer, Christian (Hrsg.): *Biopolitik. Die Positionen*, Frankfurt am Main 2001. – Gunst, Dietrich: *Biopolitik zwischen Macht und Recht*, Mainz 1978. – Hardt, Michael/Antonio Negri: *Empire*, Frankfurt/New York 2002. – Lemke, Thomas: »Biopolitik im Empire«, in: *Prokla. Zeitschrift für kritische Sozialwissenschaft* 32 (2002), S. 619-629.

MN

Das Böse In seinem Buch *Die Transparenz des Bösen* (1990) setzt sich ↗ Jean Baudrillard, auf Georges Batailles »verfemten Teil« anspielend, mit dem »Prinzip des Bösen« auseinander. Das Böse ist dabei nicht im moralischen Sinne als Gegenteil des Guten zu verstehen. Baudrillard meint damit vielmehr eine diabolische Energie gegen die totale Vereinheitlichung einer scheinbar dem Guten verpflichteten Welt und zwar im Sinne einer »Tücke des Objekts« und einer geistigen Subversion gegen Kausalität und Repräsentation.

Literatur: Baudrillard, Jean: *Transparenz des Bösen. Ein Essay über extreme Phänomene* (1990), Berlin 1992.

FB

Butler, Judith (* 1956 Cleveland) Die amerikanische Philosophin Judith Butler ist Professorin am Department of Rhetoric and Comparative Literature der University of California in Berkeley. Sie promovierte 1984 an der Yale University mit der philosophischen Arbeit *Subjects of Desire. Hegelian Reflections in 20th-Century France* (1987). Schlagartig berühmt wurde sie mit ihrer Studie *Gender Trouble. Das Unbehagen der Geschlechter* (1990), einer Dekonstruktion binärer Geschlechterdifferenzen. Seitdem ist Butler eine nicht unumstrittene, aber wohl die prominenteste Galionsfigur der ↗ Gender Studies. Es gibt inzwischen mehrere Einführungen in ihr Werk und ein Fanzine namens *Judy!* (1993). Ein *Judith Butler Reader* erschien 2004.

Gender Trouble kann als paradigmatische Wende in der Bewegung des Feminismus und in den Wissenschaften der Gender Studies sowie als eines der Gründungsdokumente der Queer Studies gelten. In klarer Kritik eines positiven Feminismus, der die distinkte Identität der ›Frau‹ in den Vordergrund stellt, und verschiedener psychoanalytischer Theorien des Feminismus (↗ Jacques Lacan, ↗ Julia Kristeva, Monique Wittig), schafft Butler in *Gender Trouble* mit und gegen ↗ Michel Foucaults Diskursanalyse (↗ Diskurs) und John L. Austins Sprechakttheorie ein neues Paradigma in den Gender Studies. In Übernahme des Performanz-Modells aus der Sprechakttheorie und Praktiken, die Foucault für eine ↗ Ästhetik der Existenz bestimmt, definiert sie Geschlecht *(gender)* als einen diskursiven Effekt serieller Handlungen und lehnt damit jede essenzielle Bestimmung ab. Das biologische Geschlecht *(sex)* wird dabei nicht negiert, wie oft behauptet. Es bleibt allerdings fast ohne Relevanz für die (immer kulturelle) Perspektive auf die jeweilige Geschlechtlichkeit. Es gibt keine Geschlechtsidentität jenseits des Ausdrucks von Geschlecht. So ist Identität performativ durch seinen Ausdruck konstituiert, der gewöhnlich erst als das Ergebnis von Geschlechtlichkeit betrachtet wird. Eine positiv zu identifizierende Kategorie ›Frau‹ in Ähnlichkeit zu anderen Frauen und im Gegensatz zum ›Mann‹, wie sie zuletzt vor allem in der feministischen Bewegung herausgestellt wurde, wird durch diese Perspektive vollständig desavouiert. Diese Auflösung der Binäropposition von ›männlich/weiblich‹ kann als eine Dekonstruktion (↗ Dekonstruktivismus) der Geschlechter betrachtet werden.

Im Sinne Foucaults analysiert Butler anhand der Geschlechterperformanz auch die diskursive Beschaffenheit der normativen »heterosexuellen Matrix«, die ausschließlich zwei differente Geschlechter mit jeweils heterosexuellem Begehren unterscheidet. Nach Butler ist die Figuration von Geschlechtskörper, Identität und Begehren nicht kontingent, sondern strikt durch Normen reglementiert, die die Subjekte in ihren seriellen und zitierenden Performanzen immer wieder ausüben und dadurch bestätigen. Die wichtigste Norm ist dabei die Heterosexualität (»Heteronormativität«) und ihre Evidenzrhetorik der Kongruenz von *sex* und *gender*, die wiederum für die diskursive Kopplung von Sexualität und Reproduktionsfunktion zuständig ist. Butlers positiver Vorschlag eines Weges aus diesem heteronormativen Netzwerk erscheint allerdings schwach: Allein in der Travestie oder Parodie, wie sie zum Beispiel in den als subversiv proklamierten Maskeraden der lesbischen »butch/femmes-Identitäten« bei Butler aufscheint, kann das heteronormative Machtverhältnis (↗ Macht) weder vollständig aufgedeckt noch erschüttert werden. Der Übergang von der Parodie zur Politik bleibt deshalb nur theoretisches Desiderat in ihrem Entwurf.

Mit dem Folgeband *Körper von Gewicht* (1993) reagiert Butler auf die vielstimmige Kritik an ihren nicht-essenzialistischen Thesen in *Gender Trouble* und nimmt sich der Materialität des geschlechtlichen ↗ Körpers an. So gibt sie zwar zu, dass auf einen irreduziblen biologischen Körper zurückgegriffen werden muss, um den sozialen Körper ins Blickfeld zu nehmen. Nach Butler ist aber auch »Materie«, so einer ihrer zentralen Begriffe, der Effekt eines Gerinnungs- oder Sedimentierungsprozesses von Diskursen. Jede Phänomenalität ist deshalb das Ergebnis einer Materialisierung, die zunehmend an Stabilität und damit an Begrenzung, Festigkeit und Oberfläche gewinnt. Mit dieser Definition von Materialität verwirft sie einerseits den theoretischen Strang eines substanziellen Begriffs von Materie und kritisiert andererseits die auch im Feminismus prominente Koppelung von Materialität mit Weiblichkeit und Mütterlichkeit. Dieser Begriff von Materie ist bei Butler nicht mehr als der Sekundäreffekt eines kreativen männlichen Formungsprozesses, der auf die weibliche Materie als ungeformtem Stoff einwirkt. Weibliche Identität als Ergebnis solch einer Materialität des Körpers entspränge aus diesem Modell deshalb wieder einem männlich dominierten Dualismus. Körperliche Irreduzibilität ist nach Butler deshalb ein Ergebnis von Wiederholung und ↗ Zitat und damit ein weiterer Machteffekt. Auf diese Weise entkräftet Butler die Vorwürfe, die jeder poststrukturalistischen Theorie (↗ Poststrukturalismus) begegnen, alles in monistischer Manier als Text zu verhandeln, indem sie Materialität und Körperlichkeit noch enger an die serielle Performanz von Sprache und andere kulturelle Praxen koppelt. So ist auch die körperlich-biologische Geschlechtlichkeit *(sex)* nicht von ihrer historischen Kulturalisierung *(gender)* unterschieden und damit irreduzibel, sondern ebenso Effekt kultureller Normativität, die iterative Performanz einer bestimmten Möglichkeit, den Körper zu leben und damit material werden zu lassen.

Mit dem Konzept der »Resignifikation« beschreibt Butler in *Haß spricht* (1997) entlang ihres Vorschlags einer sprachlichen Verschiebung und Subversion neben den Queer-Identitäten ein weiteres wichtiges Modell des Widerstandes gegen die heteronormative Matrix. Sie beruft sich dabei auf Austins Sprechakttheorie und auf Louis Althussers Konzept der Anrufung. Zunächst aber verwirft Butler die Ansicht einer lückenlosen Verbindung zwischen einer pejorativen und verletzenden, speziell einer sexuell unterwerfenden Anrufung und einem unweigerlich festschreibenden und subjektivierenden Effekt, wie er zum Beispiel in der Pornografie-Debatte vertreten wird. Ihr Konzept hingegen impliziert die Möglichkeit der Erwiderung und Ermächtigung durch den Akt einer neu kontextualisierenden Aneignung. Dieses »resignifizierende Sprechen« wird durch das Modell der Iterabilität von Sprechakten möglich: Die oder der sprachlich Angegriffene kann mit dem Mittel des Zitats und der Neukontextualisierung eine verletzende Aussage zugleich vorführen und ihr entgegentreten. Ein popkulturelles Beispiel dafür wäre der Gangsta-Rap als resignifizierende Aneignung rassistischer Termini. Politische Handlungsfähigkeit bleibt deshalb in der Möglichkeit der Bloßlegung sprachlich sedimentierter Machteffekte durchaus bestehen.

Jüngere Texte Butlers beschäftigen sich mit verschiedenen politischen und vor allem ethischen Problemen. So etwa in *Psyche der Macht. Das Subjekt der Unterwerfung* (1997), in dem sie die Subjektwerdung des Menschen als Vollzug im Rahmen gesellschaftlicher Machtstrukturen betrachtet. Dementsprechend muss jede Identität mit diesen soziokulturellen Verhältnissen zusammengedacht werden. Das Generalthema von Butlers Schriften, so kann man zusammenfassen, bleibt bisher die enge Verzahnung von Körper, Identität, Psyche, Sprache und Kultur durch einen Prozess der Materialisierung von Diskursen, der als eine Folge iterativer und damit serieller Performanzen betrachtet wird. Widerstand und Handlungsermächtigung gegen die sprachlich-kulturell sedimentierten Normen kann deshalb auch nur als sprachliche Verschiebung innerhalb dieser ritualisierten Prozesse stattfinden.

Ausgewählte Werke: *Gender Trouble. Das Unbehagen der Geschlechter* (1990), Frankfurt am Main 1991. – *Körper von Gewicht. Die diskursiven Grenzen des Geschlechts* (1993), Frankfurt am Main 1997. – *Haß spricht. Zur Politik des Performativen* (1997), Frankfurt am Main 2006. – *Psyche der Macht. Das Subjekt der Unterwerfung* (1997), Frankfurt am Main 2001.

AM

C

Cavell, Stanley (* 1926 Atlanta) Der amerikanische Philosoph Stanley Cavell ist ein Schüler von John L. Austin, dem Begründer der Sprechakttheorie *(How to do Things With Words),* und bedeutender Vertreter der von Wittgenstein beeinflussten *Ordinary Language Philosophy*. Bis zu seiner Emeritierung 1997 lehrte er an der Universität Harvard. Cavells gesamtes Denken kreist um das Problem der Skepsis als der Kraft des Zweifels, die den Menschen in Distanz zur Welt setzt. Die der Philosophie gestellte unbeendbare Aufgabe ist es für Cavell, das Alltägliche gegen den argumentativ nie überwindbaren Skeptizismus wie gegen jede philosophische Überspannung von Ansprüchen ins Recht zu setzen. In seinen vielseitigen und gegen den ersten Anschein stets sehr komplexen Texten sucht er die konstruktive Auseinandersetzung mit kontinentalen Denkern (↗ Jacques Derrida, Martin Heidegger), mit Philosophen des amerikanischen Transzendentalismus (Ralph Waldo Emerson, Henry David Thoreau), aber auch mit der Tradition der analytischen Philosophie. Besonderen Einfluss haben die Untersuchungen zum Kino. In den USA gilt Cavell nicht nur als bedeutender Vertreter der ↗ postanalytischen Philosophie, sondern weithin als einer der originellsten Denker der Gegenwart. In Deutschland herrscht bislang ein eklatanter Mangel an Übersetzungen seines vielfältigen Werks.

Ausgewählte Werke: *The World Viewed: Reflections on the Ontology of Film* (1971), Cambridge/London 1979. – *Der Anspruch der Vernunft. Wittgenstein, Skeptizismus, Moral und Tragödie* (1979), Frankfurt am Main 2006. – *Pursuits of Happiness: The Hollywood Comedy of Remarriage* (1981), Cambridge/London 1981. – *Contesting Tears: The Melodrama of the Unknown Woman* (1996), Chicago/London 1996. – *Die Unheimlichkeit des Gewöhnlichen,* Frankfurt am Main 2002.

EK

Collège international de philosophie Das Collège international de philosophie (CIPH) wird 1983 unter anderem auf Initiative von

↗ Jacques Derrida und ↗ Jean-François Lyotard gegründet. Die beiden Philosophen fungieren auch nacheinander (bis 1987) als Präsidenten der Institution, die in Räumen des französischen Bildungsministeriums in der Rue Descartes in Paris residiert. Die Einrichtung des CIPH ist ein Teilerfolg der Bemühungen Derridas und anderer, etwa im Rahmen von ↗ GREPH, der Philosophie in Frankreich institutionell, vor allem im Bildungsbereich, mehr Gewicht zu verleihen. Das CIPH fördert Forschungsvorhaben (für die man sich um eine *direction de programme* bewerben muss), veranstaltet Tagungen und Seminare und gibt verschiedene Buchreihen heraus; es ist dem Gedanken der Interdisziplinarität verpflichtet und will – ganz im Sinne der Philosophien von Derrida und Lyotard – dem eine Stimme verleihen, was im wissenschaftlichen Mainstream unterdrückt und ausgeschlossen wird: »Das Motiv des Schnittpunkts oder der Kreuzung könnte dem Collège als eine Art Charta dienen.«, wie es programmatisch in der Selbstdarstellung heißt.

Literatur: *Collège internationale de philosophie. Sciences – intersciences – art*, Paris 1997. – Derrida, Jacques u. a.: *Le rapport bleu. Les sources historiques et théoriques du Collège international de philosophie*, Paris 1998.

PB

Cultural Studies Im Gegensatz zu den deutschen Kulturwissenschaften und den französischen *sciences humaines* verstehen sich die Cultural Studies des englischsprachigen Raums (Schwerpunkte in Großbritannien, den USA, Australien und Indien) als post-disziplinäre kritische Philosophie, die sich vor allem mit den kulturellen Praktiken des Alltagslebens beziehungsweise der Populärkultur und den daraus erwachsenden intellektuellen ↗ Diskursen um ↗ Macht, Bedeutung, Identität und Subjektivität auseinandersetzt. Cultural Studies zeichnen sich besonders im britischen und australischen Kontext dadurch aus, dass sie neben dem akademischen Forschungsanspruch stets auch von einem aktiven politischen Anspruch getragen sind, also nicht nur auf eine Beschreibung, sondern auch auf eine Veränderung der Welt, insbesondere eine Demarginalisierung von ausgegrenzten und entwerteten kulturellen Regionen, Praktiken und Medien, abzielen.

Da die Cultural Studies aus einer Vielzahl philosophischer, anthropologischer, soziologischer und literaturwissenschaftlicher (und einiger anderer Disziplinen mehr) Fragestellungen, Themen und Methoden herangewachsen sind, lässt sich als eigentliche Definition nur festlegen: »Cultural Studies is what its practicioners and publishers say it is.« (Hartley 2003, S. 10)

Dennoch lassen sich einige grundlegende Entwicklungslinien aufzeigen: Als Vorläufer der Cultural Studies (ab 1860) gelten Matthew Arnold und F. R. Leavis, in den USA auch auf Analysen der Frankfurter Schule beruhende Überlegungen von Dwight McDonald. Ihnen gemeinsam ist das Verständnis von »Kultur« als »Hochkultur« beziehungsweise als »authentische Volkskultur«, die durch die politischen, sozialen und kommunikativen Praktiken der Moderne verzerrt oder zerstört werde. Sie verstanden unter Kultur allgemein »the best that has been thought and known in the world« (Arnold 1867) und sahen sie als Bollwerk gegen (durch fortschreitende Demokratisierung sich bedrohlich ausbreitende) »Anarchie« und Massenkultur.

Die eigentlichen Gründungsväter der Cultural Studies sind Richard Hoggart und Raymond Williams. Hoggarts *Uses of Literacy* (1957), geplant als eine Fortsetzung des leavisistischen Konfliktes zwischen authentischer und Massenkultur und realisiert mit stark autobiografischen und novellistischen Einflüssen, eröffnet vor allem den Blick auf die Traditionen der englischen Arbeiterklasse, der Hoggart selbst entstammt, und begründet den ›linken‹ Leavisismus. Während Hoggart die Gegenwartskultur noch verdammt, analysiert Williams in *Culture and Society* (1958) und *The Long Revolution* (1961) Kultur als auszuhandelnden Konflikt innerhalb einer Gesellschaft, deren auseinanderstrebenden progressiven und nostalgischen Elemente durch Verständnis einer gemeinsamen Geschichte und Verantwortung aneinander gebunden sind. An die Stelle der Verehrung einer mythologisierten Vergangenheit setzt er einen Prozess, in dem die vorher verdammten Massen- und populärkulturellen Phänomene als legitime Äußerungen einer nach Ausgleich strebenden marginalisierten und entmachteten Schicht gedeutet werden. Kultur ist für ihn nicht Hochkultur, sondern eine »structure of feeling [...] the culture of a period: it is the particular living result of all the elements in the general organisation«. Mit dieser

Definition, die sich gegen die *selective tradition* wendet, erweitert sich zum einen der Kulturbegriff auf alle *sensemaking practices* einer gegebenen Zeit, zum anderen steht er nicht mehr isoliert, sondern kann nur eingebunden in den sozialen und politischen Kontext seiner Zeit begriffen werden.

Stuart Hall und das Centre for Contemporary Cultural Studies (CCCS) in Birmingham markieren einen Wendepunkt in der Geschichte der Cultural Studies. Ursprünglich unter der Leitung von Hoggart, war das CCCS eher linksleavisistischen, stark von literaturwissenschaftlichen und literaturkritischen Herangehensweisen beeinflussten Fragestellungen und Methoden verpflichtet. Mit dem Wechsel zu Hall (1968) und seiner Interpretation der Ideologie der britischen Alltagskultur traten vom europäischen Marxismus beeinflusste soziologische und ethnografische Methoden in den Vordergrund. Hatte Hoggarts Modell von Kultur sich hauptsächlich auf die Praktiken kleinerer Lebensgemeinschaften bezogen, sah Hall Kultur als eine enorme Maschine zur Unterdrückung der Machtlosen durch die dominierenden Schichten. Von besonderer Bedeutung ist hierbei der von Antonio Gramsci übernommene Begriff der ›Hegemonie‹, der ↗ Michel Foucaults Überlegungen zur Produktion des Subjekts – beispielsweise durch die ↗ Gouvernementalität oder das ↗ Dispositiv der Sexualität – vorwegnimmt: An die Stelle der direkten Gewaltausübung tritt die naturalisierte, unsichtbare Kontrolle durch Erziehung und staatliche Institutionen. Widerstand zeigt sich zum Beispiel in den Ritualen kleiner, ausgegrenzter Subkulturen (wie Kleinkriminelle, Joyrider, Squeegee merchants/Straßen-Autofensterputzer, Skinheads, Rastas, Mods), deren mythologisierten Abbilder jedoch zur Verstärkung und Abschreckung in die herrschende Kultur integriert werden. Dieses Konzept findet sich besonders in den Untersuchungen von Dick Hebdige, der *bricolage* (die Kombination unzusammenhängender Elemente) und *appropriation* (die Aneignung und Umwertung von Alltagsobjekten, zum Beispiel die Verwendung von Sicherheitsnadeln als Körperschmuck der Punks) als Methoden des »semiotischen Guerilla-Kriegs« der Subkulturen herausstellt.

Auch das Konzept der Medienrezeption wurde von Hall verändert: Das eingleisige *Hypodermic-Needle*-Modell, nach dem ein medialer Text seine festgelegte Bedeutung dem passiven Rezipienten unverrückbar injiziert, wurde ersetzt durch die Vorstellung von »Encoding/Decoding«, nach der die von den Textproduzenten im Text enkodierte Bedeutung von den Rezipienten aktiv dekodiert werden muss, was Raum für Polysemie und alternative Interpretationen schafft. Dieses Modell differenziert David Morleys Analyse der Rezeption von *Nationwide*, einem britischen Fernseh-Nachrichtenmagazin. Morley grenzt sich dabei auch von dem *Uses-and-Gratifications*-Modell ab, das die Interpretation eines Textes vollkommen den jeweiligen Interessen und Absichten des Rezipienten unterwirft, und spricht stattdessen von »dominant, oppositional and negotiated readings«, die die Position des Rezipienten und der ihn beeinflussenden Faktoren innerhalb der gesellschaftlichen Machtstrukturen berücksichtigen.

Es ist bereits auffällig, dass die Cultural Studies sich zunächst hauptsächlich mit spezifisch nationalen oder lokalen Problemen und Subkulturen auseinandersetzen; dies ist der Hauptgrund dafür, dass sie zunächst außerhalb Großbritanniens kaum rezipiert wurden (eine ähnliche Einschränkung gilt für den amerikanischen Vorläufer der Cultural Studies, den *New Journalism*, der zunächst ebenfalls hauptsächlich nationales Echo fand). Dies änderte sich durch die (verzögerte) Rezeption von Michel Foucault, Pierre Bourdieu und Michel de Certeau; ihre Konzeptionen der Subjekt-Werdung, des Geschmacks als sozialen Abgrenzungsmechanismus und des Alltagslebens als vorläufiger, stets zu verhandelnder, auf Strategien und Taktiken beruhender Praktik, boten den bis dahin eher isolierten Cultural Studies neuen, international übertragbaren Raum. Gleichzeitig erreichte die globale Vermarktung der Populärkultur – und damit ihre Integration in individuelle und gesellschaftliche *sensemaking practices* – immer größere Ausmaße, sodass etwa Studien zu Videospielen und Madonna (John Fiske), Star Trek Fandom (Henry Jenkins), aber auch zu *postmodern blackness* (bell hooks) und *cyborg culture* (Donna Haraway) internationales Echo fanden (↗ Postmoderne/Postmodernismus). Ebenso erwähnenswert ist der Einfluss des ↗ Postkolonialismus (zum Beispiel Gayatri Chakravorty Spivak, Homi K. Bhabha, Arjun Appadurai) und der ↗ Gender Studies (zum Beispiel Eve Kosofsky Sedgwick, ↗ Judith Butler), die das Projekt der Demarginalisierung weiter vorantrieben.

Die Vielfalt der Themen, mit denen sich die Cultural Studies mittlerweile auseinandersetzen (bezeichnend die Auflistung im *Routledge Cultural Studies Reader: space and time; nationalism, postcolonialism and globalisation; ethnicity and multiculturalism; science and cyberculture; sexuality and gender; carnival and utopia; consumption and the market; leisure; culture – political economy and policy; media and public spheres*), erklärt ihre fortbestehende Faszination ebenso wie die erbittert geführten Auseinandersetzungen um ihre Institutionalisierung und Kanonisierung (vergleiche hierzu Hartley 2003, S. 149–176). Der fortschreitenden ›Zähmung‹ der Disziplin als universitärem Fachbereich steht die weitere Öffnung zum Beispiel durch subversiv-journalistische *Cultural Studies-Ezines* wie *Bad Subjects* gegenüber. Hierbei erweist sich die Kontroverse zwischen der Etablierung des Fachs, seiner Methoden, Themen und exponierten Vertreter (von denen keinesfalls alle in diesem Eintrag genannt wurden) auf der einen Seite und der Anwendung, Übertragung und Reinterpretation der *cultural studies practice* auf der anderen Seite als Abbild dessen, was die Cultural Studies beschreiben und verändern wollen: Die Schaffung gesellschaftlicher und individueller Macht- und Deutungshoheitsstrukturen durch mediale und institutionelle Repräsentation innerhalb der *cultural sphere*.

Literatur: *Bad Subjects: Political Education for Everyday Life*. http://bad.eserver.org/ – During, Simon (Hrsg.): *The Cultural Studies Reader*, London 1999. – Hartley, John: *A Short History of Cultural Studies*, London 2003. – Storey, John (Hrsg.): *Cultural Theory and Popular Culture. A Reader*, London 1998.

EV

D

Dekonstruktivismus Der Dekonstruktivismus ist vor allem mit dem Namen des Philosophen ↗ Jacques Derrida verbunden, der diesen Begriff in seiner Kritik der abendländischen Metaphysik prägt. Es ist charakteristisch für den Dekonstruktivismus und das Verfahren der Dekonstruktion, dass sie sich dem Versuch einer eindeutigen Bestimmung entziehen, indem sie sich auf eine materielle Textualität berufen, die jede eingrenzende Bedeutungszuweisung ablehnt. Die Dekonstruktion ist weder eine Theorie noch eine Methode, sondern nur als Verfahren und Prinzip zu verstehen, das als subversiv charakterisiert werden kann, soweit es auf die Widersprüchlichkeit und potenzielle Polysemie von Texten verweist. Zugleich drückt der Begriff auch den scheinbaren Widerspruch des de(kon)struktiven Verfahrens aus, das einerseits die tradierten Begriffe und Strukturen demaskiert, andererseits gleichzeitig jedoch ihren zwingend konstitutionellen Charakter unterstreicht.

Derrida hebt hervor, dass die abendländische Metaphysik auf der Denkfigur des Zentrums beruht. Diese Zentrumsstruktur etabliert sich in zwei Richtungen; zum einen von außen her, durch die Negierung alternativer Gegenzentren, zum anderen von innen heraus, durch die Setzung des Zentrums. Das Zentrum steht somit für eine Präsenz, die sich erst durch die Verwerfung des Abwesenden etablieren kann. Die Präsenz kann verschieden besetzt werden, etwa durch die Begriffe ›Gott‹, ›Mensch‹, ›Mann‹. Das Zentrum erscheint dabei als etwas essenziell Ursprüngliches, von dem das Verworfene abgeleitet und folglich marginalisiert wird. Für die abendländische Metaphysik ist vor allem der Phallogozentrismus von entscheidender Bedeutung. In ihm erscheinen *logos* und *phallos* als Variablen der Präsenz der Vernunft beziehungsweise der symbolischen ↗ Macht der Männlichkeit. Dabei erlangen diese Begriffe ihre Bedeutung nicht aus sich selbst heraus, sondern erst durch die Verwerfung ihrer binären Opposition.

Schrift *(écriture)* und ↗ *différance* sind die zentralen Begriffe der Derrida'schen Dekonstruktion. Ist die Stimme im logozentristischen Denken der Schrift vorgängig, so kehrt Derrida in der Dekonstruktion des Logozentrismus diese Denkfigur um. Es ist nicht die Schrift, die der Stimme folgt, sondern die Stimme bezieht sich immer schon auf ein bereits existierendes System, eine Grammatik, die der Schrift gleichkommt. Die Schrift ist bei Derrida nicht im engen Sinne eines grafischen Aufzeichnungssystems zu sehen, sondern als semiologische Instanz, die einem kulturellen Bewusstsein und seinen Handlungen immer schon vorgängig ist. Dabei kommt es Derrida darauf an, kein Denken zu postulieren, das seinerseits auf die Schrift konzentriert wäre, sondern er betont die vergleichbaren Funktionen schriftlicher und sprachlicher Zeichen. Das weite Bedeutungsfeld des Wortes *logos* (gr., Wort, Sprache, Vernunft, Beweis, Gesetz, Wahrheit) verdeutlicht den Bezug des Logozentrismus auf eine Präsenz. Dieser Bezug stützt sich auf binäre oppositionelle Modelle, wie zum Beispiel Präsenz versus Absenz, Subjekt versus Objekt, Mann versus Frau. In diesen Modellen offenbart sich das stereotype Muster eines auf Vereindeutigung angelegten strukturellen Denkens. Es zieht Grenzen und hierarchisiert entlang dieser Dichotomien. Das Verfahren der Dekonstruktion zielt darauf ab, den Konstruktionscharakter dieser scheinbar feststehenden Strukturen, Begriffe und Bedeutungsvorgaben aufzuzeigen. Dem Logozentrismus stellt Derrida die *différance* gegenüber; dieses Konzept betont, dass Präsenz immer schon abgeleitet ist, aufgeschoben (frz. *différé*).

Die Dekonstruktion bedeutet eine Abkehr von der Vorstellung eines einheitlichen, geschlossenen Textes, dem sich eine präzise Bedeutung zuschreiben lässt. Texte sind vielmehr von intertextuellen Spannungen, Widersprüchen und Interferenzen durchkreuzt. Eine Kontrolle über den Zeichenproduktionsprozess ist weder durch die Produzierenden noch durch die Rezipierenden möglich, sondern allein in der stetigen Produktion von Differenzen durch die Schrift begründet. Im Gegensatz zur Hermeneutik, die auf ein intersubjektives Verstehen abzielt, ist das Verstehen hier nur eine Imagination, denn der Bezug zum Text realisiert sich nur über diesen Bruch. Die in der Schrift zugrunde gelegte Differenzproduktion führt auch dazu, dass Texte ihren Anspruch auf eine eigene Bedeutungskonstruktion durch ihre Formen und Strukturen selbst dekonstruieren. Da Bedeutungen erst durch Differenzen entstehen, konstituiert sich der Text im dekonstruktivistischen Sinne erst durch die Dynamik der Signifikantenreihen. Die eigentlichen Signifikate treten hinter diese Dynamik zurück. Somit verschiebt die Dekonstruktion das Augenmerk von der Ästhetik der Texte hin zu ihren rhetorischen Formen und Strukturen. Die Dekonstruktion versucht durch die Perspektive des Verworfenen und Marginalisierten den jeweiligen Text zu dezentrieren. Dies geht einher mit der Auflösung der durch das logozentristische Modell perpetuierten Dichotomien, indem diese mit der enthierarchisierenden Produktion von Differenzen konfrontiert werden.

Als poststrukturalistisches Denkmodell (↗ Poststrukturalismus) fand der Dekonstruktivismus bis in die 1980er-Jahre hinein eine weite Verbreitung. Dennoch zeigte sich alsbald an den sich wiederholenden Resultaten, dass das Potenzial dieses Ansatzes ausgereizt war. Die Kritik des Dekonstruktivismus richtete sich vor allem gegen ein hermeneutisches Verstehen, das auf zentrierter und hierarchisierter Bedeutung basiert. Im Zuge dieser Kritik schuf der Dekonstruktivismus jedoch selbst neue zentrierte Bedeutungen und Hierarchien. Zugleich wurde ihm vorgeworfen in seinem Verfahren, stabile Denk- und Machtsysteme in Paradoxien und Widersprüche aufzulösen, konsequenzlos zu verharren. Denn allein eine Umkehrung der Hierarchien bestätigt nur die bestehende Ordnung. Aufnahme und Erweiterung fand der Dekonstruktivismus vor allem in kultur- und gesellschaftstheoretischen Ansätzen wie der Psychoanalyse, dem Marxismus oder in den Postcolonial Studies (↗ Postkolonialismus), ↗ Gender Studies oder Diversity Studies. Bei diesen Ansätzen übernimmt man das Prinzip einer De(kon)struktion und macht es für eine Betrachtung jenseits von abendländischer Metaphysik und Literatur fruchtbar.

Literatur: Derrida, Jacques: *Die Schrift und die Differenz* (1972), Frankfurt am Main 1997. – Derrida, Jacques: *Grammatologie* (1967), Frankfurt am Main 1998. – Culler, Jonathan: *Dekonstruktion. Derrida und die poststrukturalistische Literaturtheorie*, Reinbek 1999.

EW

Deleuze, Gilles (* 1925 Paris, †1995 Paris) In Paris geboren und aufgewachsen, studiert Deleuze 1944–48 Philosophie an der Sorbonne und ist anschließend bis

1957 in verschiedenen Gymnasien als Philosophielehrer tätig (Amiens, Orléans, Paris). Seine Diplomarbeit über David Hume schreibt er bei Georges Canguilhem und Jean Hyppolite. Mit dem schottischen Philosophen und dem Entwurf einer praktischen Philosophie auf empiristischer Grundlage beschäftigen sich seine ersten Publikationen in den 1950er-Jahren.

Für seine spätere differenzphilosophische Ausrichtung erhält Deleuze entscheidende Impulse aus den Arbeiten Henri Bergsons, mit denen er sich in den folgenden Jahren intensiv auseinandersetzt. Im Mittelpunkt dieser Beschäftigung steht der Begriff der Dauer *(durée)*, mit dem Bergson die Philosophie der Zeit revolutioniert. So wird bereits in den 1950er-Jahren greifbar, dass sich Deleuze in produktiver Absicht auf vergangene Positionen zurück bezieht, um den Theorien der Gegenwart (Marxismus, Existenzialismus, Humanismus) Alternativen entgegenzusetzen.

Ab 1957 arbeitet er an der Sorbonne als Assistent für Philosophiegeschichte, dann bis 1964 am Centre national de la recherche scientifique. In diese Zeit fällt die Konsolidierung seiner systematischen Position, die in dem 1962 veröffentlichten Buch *Nietzsche und die Philosophie* zum Durchbruch kommt. Diesen Nietzsche-Lektüren verdankt Deleuze seinen Ruf als ›radikale‹ Figur der aktuellen Philosophie und seine Vernetzung mit einer bereits berühmten Pariser Szene im Umfeld von Strukturalismus und neuer Literatur. Mit Nietzsche und einer positiven Philosophie der Differenz wendet er sich vehement gegen das dialektische Denken, das in der Negation seine methodische Bestimmung findet. Weniger wird die 1963 erscheinende Studie über *Kants kritische Philosophie* beachtet, die stärker im schulphilosophischen Kontext verortet ist und sich als harmlose Einführung maskiert. Deleuze stellt heraus, dass nach Kant die Instanz des Gemeinsinns als Garant der Ordnung der Repräsentation fungiert.

1964 wechselt Deleuze nach Lyon als Lehrbeauftragter am dortigen philosophischen Institut. Im gleichen Jahr erscheint eine Arbeit über Proust, die den ästhetischen Zeichen auf der Suche nach der verlorenen Zeit nachspürt. Es folgen weitere Bücher unter anderem über Nietzsche (1965), Bergson (1966) und Sacher-Masoch (1967) sowie kleinere Aufsätze über Klossowski, Tournier, Zola, die das zunehmende Interesse Deleuzes an der Literatur artikulieren. Gemeinsam mit ↗ Michel Foucault gibt Deleuze ab 1967 die französische Ausgabe der von Giorgio Colli und Mazzino Montinari veranstalteten *Kritischen Gesamtausgabe* der Werke und nachgelassenen Schriften Nietzsches heraus.

Die umfangreichen Habilitationsschriften erscheinen dann im Jahr 1968. Den wilden Zeiten gibt Deleuze ein wildes Denken. Seine Philosophie spürt die reaktionären Vorstellungen noch in den tiefsten Tiefen der metaphysischen Tradition auf. In seiner *thèse complémentaire* untersucht er den immanenztheoretischen Denkansatz Spinozas. In dieser Arbeit, die in brillantem streng akademischen Stil gehalten ist, findet Deleuze mit Spinoza einen Weg, die ontologischen Sackgassen, die sich seit Platon und Aristoteles in der scholastischen und rationalistischen Philosophie tradieren, zu durchbrechen. In der *thèse principale* führt er seine Philosophie erstmals systematisch aus, indem er sie auf den »Prinzipien« von *Differenz und Wiederholung*, so der Titel der Arbeit, im Sinne eines genetischen Strukturalismus begründet. Mit diesem Hauptwerk liefert Deleuze eine neue Philosophie, die auf der Grundlage der Interpretationen Nietzsches, Bergsons und Spinozas eine Revolution der Denkungsart bewirkt beziehungsweise diese in der modernen Kunst hie und da sich vollziehende Revolution begrifflich fasst. Die Philosophiegeschichte passiert Revue. Was Nietzsche unter dem Stichwort des Nihilismus im Auge hatte, wird bei Deleuze als Repräsentation thematisch: Sie installiert implizit eine transzendentale Norm, die die Empirie – ontologisch, erkenntnistheoretisch, geschichtsphilosophisch, moralisch, theologisch et cetera – a priori nach bestimmten subjektmetaphysischen Wesensmerkmalen zurichtet. Was sich diesem ›Bild des Denkens‹ nicht fügt, wird an den Rand gedrängt. Dagegen vertritt Deleuze die Auffassung, dass die Philosophie mit der Differenz beginnen muss – und das heißt für ihn: mit der Zeit, die im Werden begriffen ist. Er bezeichnet seine Philosophie als »transzendentalen Empirismus«, weil sie keine transzendentale Instanz der Erfahrung abstrakt oder kategorial vorordnet, sondern die Erfahrung so denkt, dass sie sich selbst als konkrete beziehungsweise immanente Bedingung ihrer Wirklichkeit voraussetzen muss.

In der *Logik des Sinns* (1969) spielt Deleuze die Konzeption von Differenz und Wiederholung in einem stärker sprach- und literaturtheoretischen Kontext durch – mit besonderer Berücksichtigung des Romanwerks von Lewis Carroll. Im gleichen Jahr wird er als Professor für Philosophie an die Universität Paris VIII (Vincennes, später St. Denis) berufen. Dort gerät er in ein experimentierfreudiges Umfeld der akademischen (Nach-)68er-Bewegung. Seine Vorlesungen richten sich nicht einseitig an fachphilosophisch Studierende – und die Resonanz ist groß. Deleuze lernt hier den Psychologen ↗ Félix Guattari kennen, mit dem er in den 1970er-Jahren das Projekt »Kapitalismus und Schizophrenie« verfolgt. Deleuze engagiert sich in unterschiedlichen linksgerichteten politischen Bewegungen, zum Beispiel arbeitet er 1971 in der von Michel Foucault und Daniel Defert gegründeten Groupe d'information sur les prisons (GIP) mit. Foucault und Deleuze schreiben sich gegenseitig Rezensionen und verständigen sich über ein vom ›Typus Sartre‹ abweichendes Selbstverständnis des Intellektuellen, der nicht länger für oder an der Stelle der Unterdrückten im Namen der universalen Freiheit zu sprechen befugt ist, sondern sich auf lokale politische Kämpfe einlässt und diejenigen selbst zu Wort kommen lässt, die daran gehindert werden.

1972 erscheint der *Anti-Ödipus*, das erste gemeinsam mit Guattari verfasste Buch, in dem die Aufbruchsstimmung der Zeit zum Ausdruck kommt: das von allen Fesseln befreite Begehren. Gegen die an der Realitätstüchtigkeit und an konservativen Familienvorstellungen orientierte Psychoanalyse sowie gegen die homogenisierenden Tendenzen des Kapitalismus gerichtet, konzipieren die ↗ Autoren ein immanentes, differenzielles Begehren, das durch und durch positiv sowie gesellschaftlich bestimmt ist. Hiermit werden die gängigen Vermittlungen zwischen dem Psychischen und dem Sozialen – in den ↗ Diskursen des so genannten Freudomarxismus – nach dem Vorbild der von Deleuze vorgelegten Kritik der Dialektik als quasi-ideologisch zurückgewiesen. Der *Anti-Ödipus* wird zum Verkaufsschlager. Im Laufe der 1970er-Jahre erscheinen weitere Koproduktionen mit Guattari: 1975 ein Buch über Kafka, 1976 *Rhizom* (↗ Rhizom/Rhizomatik) und 1980 *Tausend Plateaus*, ein zweites umfangreiches Werk, das einen neuen ›interdisziplinären‹ Stil in die Philosophie einführt. Im Namen einer »verallgemeinerten Pragmatik« nehmen die Autoren das von Foucault erneuerte Thema der ↗ Macht in ihr Konzept auf und entwickeln einen differenzierten pragmatischen Strukturalismus, der den Machtstrukturen (zum Beispiel des Staatsapparats) ein kollektives Gefüge *(agencement, assemblage)* zugrunde legt, das in den Fluchtlinien des Begehrens situiert ist.

1981 publiziert Deleuze eine Arbeit über die Malerei von Francis Bacon, 1983 und 1985 die viel beachteten Bände über das Kino, die der Philosophie ein neues Genre erschließen. Im Theoriehintergrund der neuen Film-Philosophie steht die Semiotik von Charles Sanders Peirce und die Zeittheorie Bergsons. Mit ihr etabliert Deleuze ein neues Paradigma der philosophischen Ästhetik. Es ergibt sich aus seinem differenzphilosophischen Denkansatz, dass die Begriffe als Philosopheme nicht das *Wesen* der Kunst erschließen, weil die Kunst anderen »Gesetzen« folgt als die Philosophie, nämlich zum Beispiel Gesetzen der Komposition, die sie sich selbst gibt. Die Philosophie bezieht sich auf die Kunst als Phänomen, das in sich selbst Grund und Abgrund findet. Die Kunst erweist sich so als souverän *und* autonom.

Nach dem Tod Foucaults veröffentlicht Deleuze 1986 eine Arbeit über dessen Philosophie. Sie bemüht sich darum, die Ausrichtung des späten Foucault auf die »Subjektivierungsweisen« der Griechen im Sinne einer »dritten Achse« zu interpretieren, die sich den Ordnungen des ↗ Wissens und der Macht entzieht, aber keinesfalls eine »Rückkehr zum Subjekt« bedeutet. 1987 wird er emeritiert. Einen stilistischen Höhepunkt seiner philosophischen Prosa stellt das 1988 erscheinende Buch *Leibniz und der Barock* dar, in dem Deleuze ein letztes Mal seine ganze Deutungskunst aufbietet, um in den Texten von Leibniz den Entwurf einer Immanenzebene nachzuvollziehen, die den Leser in neue und unbekannte Gefilde entführt. In dem Band *Unterhandlungen* (1990) entwickelt er seinen Begriff der ↗ Kontrollgesellschaft, der in der politischen Theorie breit diskutiert wird. Das letzte gemeinsam mit Guattari geschriebene Buch, *Was ist Philosophie?*, erscheint 1991 und markiert einen gewissen Abschluss seiner schriftstellerischen Tätigkeit. In ihm wird die Tätigkeit des Philosophierens zum Thema, die sich im Unterschied zu künstlerischem und wissenschaftlichem Tun dadurch auszeichnet, dass sie mit Begriffen arbeitet und Probleme aufwirft, die sich aus dem (impliziten) Entwurf eines vorphilosophischen Seinsverständnisses ergeben. Dieses bricht von Rechts wegen mit den transzendenten Stützen des Gemeinsinns, das heißt mit der kontemplativen, reflexionslogischen und kommunikativen Vernunft – und setzt dagegen ihren rein immanenten Gebrauch. 1993 erscheint noch der Aufsatzband *Kritik und Klinik*, der zum Teil Texte früherer Jahre aufnimmt. In den letzten Jahren seines Lebens kommt die Arbeit mehr und mehr zum Erliegen. Nachdem sich sein gesundheitlicher Zustand zunehmend verschlechtert, wählt Deleuze 1995 den Freitod.

Ausgewählte Werke: *David Hume* (1953), Frankfurt am Main 1997. – *Nietzsche und die Philosophie* (1962), Hamburg 1991. – *Kants kritische Philosophie* (1963), Berlin 1990. – *Bergson zur Einführung* (1966), Hamburg 1997. – *Differenz und Wiederholung* (1968), München 1992. – *Spinoza und das Problem des Ausdrucks in der Philosophie* (1968), München 1993. – *Logik des Sinns* (1969), Frankfurt am Main 1993. – (zusammen mit Félix Guattari) *Anti-Ödipus. Kapitalismus und Schizophrenie I* (1972), Frankfurt 1974. – (zusammen mit Félix Guattari) *Tausend Plateaus. Kapitalismus und Schizophrenie II* (1980), Berlin 1992. – *Francis Bacon* (1981), München 1995. – *Das Bewegungs-Bild. Kino 1* (1983), Frankfurt am Main 1997. – *Das Zeit-Bild. Kino 2* (1985), Frankfurt am Main 1997. – *Foucault* (1986), Frankfurt am Main 1992. – *Die Falte. Leibniz und der Barock* (1988), Frankfurt am Main 1996. – (zusammen mit Félix Guattari) *Was ist Philosophie?* (1991), Frankfurt am Main 1996.

Literatur: Badiou, Alain: *Deleuze,* Paris 1997. – Balke, Friedrich: *Gilles Deleuze*, Frankfurt am Main 1998. – Balke, Friedrich/Josef Vogl (Hrsgg.): *Gilles Deleuze – Fluchtlinien der Philosophie,* München 1996. – Langer, Wolfgang: *Gilles Deleuze. Kritik und Immanenz*, Berlin 2003. – Ott, Michaela: *Vom Mimen zum Nomaden*, Wien 1998. – Patton, Paul: *Deleuze and the political*, London 2000. – Rölli, Marc: *Gilles Deleuzes Philosophie des transzendentalen Empirismus*, Wien 2003. – Rölli, Marc (Hrsg.): *Ereignis auf Französisch. Von Bergson zu Deleuze*, München 2004. – Schaub, Mirjam: *Gilles Deleuze im Wunderland*, München 2003. – Schmidgen, Henning: *Das Unbewußte der Maschinen*, München 1997. – Zourabichvili, François: *Deleuze*, Paris 1994. – Zourabichvili, François: *Le vocabulaire de Deleuze*, Paris 2003.

MRö

Derrida, Jacques (* 1930 El-Biar, Algerien † 2004 Paris) Der französische Philosoph Jacques Derrida gilt als Begründer und wichtigster Repräsentant des ↗ Dekonstruktivismus. Seine Dekonstruktion philosophischer Texte sucht – in Abgrenzung gegen das traditionelle, im Wesentlichen metaphysische Denken – das auf, was von der Tradition ausgeschlossen wird. Während das metaphysische Denken dem philosophischen Staunen einen Rahmen geben will, es durch Rückgang auf unterschiedliche Formen der Präsenz begründen und vereinheitlichen will, so sucht das dekonstruktive Vorgehen nach dem, was in der Totalität nicht mehr gedacht werden kann, was – radikaler – gewaltsam als das Andere aus ihr ausgeschlossen wurde, aber dennoch immer schon in der Begriffsgeschichte unterschwellig wirksam ist. Darin steckt der Wandel vom Strukturalismus, der Derridas philosophischen Werdegang bestimmte, zum eigenen ↗ Poststrukturalismus – wobei Derrida selbst sich den ›Postismen‹ stets verweigert hat, um die Vorstellung des Bruchs durch die differenziertere der Strategie, der Begriffsverschiebung von innen, zu ersetzen. Damit gibt er seiner Metaphysikkritik eine bestimmte Note, befreit sie von der Idee einer bloßen Umkehrbarkeit der Verhältnisse. Die Suche nach der Differenz besteht aus der unabschließbaren Arbeit an der Dekonstruktion klassischer philosophischer Texte, die jedoch nur ein in diesen gegebenes Potenzial an Möglichkeiten (auch des Unmöglichen) freisetzt.

Kurzbiografie

Derrida wächst in Algerien in einer jüdischen Familie auf. Bereits am Gymnasium seines Geburtsortes El-Biar bei Algier macht er Erfahrungen mit dem Antisemitismus. Dies und die Konflikte des Koloniallandes Algerien mit dem Mutterland Frankreich mögen spätere Reflexionen auf das Heterogene beeinflusst haben, das dem Ethnozentrismus oder, wie Derrida es nennen wird, dem Logo- und ↗ Phonozentrismus der abendländischen Metaphysik zu entkommen sucht. Interessiert an der Literatur, aber auch bereits an der Philosophie, wechselt Derrida mit 19 Jahren nach Paris, wo er sich – durchaus mit Rückschlägen – auf eine Aufnahme in die École normale supérieure (ENS) vorbereitet. Mit der 1957 an der ENS bestandenen *agrégation* unterrichtet er während seines Militärdienstes zunächst in Algerien, später in Frankreich. Von

1960 bis 1964 lehrt er an der Sorbonne. In diese Zeit fällt auch sein erster Vortrag am Collège de philosophie, in dem er sich kritisch über ↗ Michel Foucault äußert. Daraus entsteht später ein Streit, der erst beigelegt wird, als sich Foucault und andere französische Intellektuelle 1980 um die Freilassung Derridas aus einem Prager Gefängnis bemühen. Von 1965 lehrt er dann an der ENS und schließlich ab 1983 an der École des Hautes Etudes en Sciences Sociales (EHESS). Der zunehmende, weit über die Grenzen der Universität hinausreichende Erfolg seiner Philosophie bringt zahlreiche Gastprofessuren, vor allem in den USA, und Auszeichnungen mit sich – so etwa 2003 den Adorno-Preis der Stadt Frankfurt. Ein Jahr zuvor kommt sogar ein Dokumentarfilm über Derrida in die Kinos: *Derrida* (Regie: Amy Ziering Kofman/Kirby Dick), nicht nur eine filmische Biografie Derridas, sondern auch zugleich eine derridistische Denkübung im Medium Film über die (Un)Möglichkeit einer Philosophenbiografie. 2004 erliegt Derrida einem Krebsleiden.

Die Praxis der Dekonstruktion

Derridas philosophische Publikationen werden mit der Übersetzung und Einleitung einer Schrift Edmund Husserls eröffnet: *Husserls Weg in die Geschichte am Leitfaden der Geometrie* (1962). Husserl denkt in der kurzen, heute dem Buch *Die Krisis der europäischen Wissenschaften* als Beilage zugeordneten Schrift einen intuitiven Wahrheitsbegriff, eine reine, welt- und sprachlose Schau. Dennoch braucht er die Schrift: Die ideale Gegenständlichkeit bedarf zu ihrer Konstitution einer »geistigen Leiblichkeit«. Die Schrift ist für Husserl das »Krisenmoment«, sie droht das lebendig und in reiner Innerlichkeit Entstandene zu verdecken, es gar zu verlieren. Derrida kehrt dieses Krisenmoment ins Positive: Die Schrift ist stets der Deutung freigegeben. Sie ist in dem Sinne frei, dass die Deutung nicht mehr durch Rückgang auf eine bedeutungsverleihende ›Urszene‹ geschieht und dass – ebenfalls über Husserl hinaus – das materielle Moment der Verkörperung durch die Schrift nicht mehr reduziert wird. Mit der Idee einer unhintergehbaren Faktizität ist Derrida auf dem Weg, den engen, transzendentalphilosophischen Rahmen der Husserl'schen Phänomenologie zu sprengen. Dies zeigt sich noch deutlicher in der zweiten Schrift zu Husserl, *Die Stimme und das Phä-*

nomen (1967), die Derrida als seinen wichtigsten Essay kennzeichnen wird. In diesem für die Kritik unumstrittenen Werk wird die Dekonstruktion vorgeführt, indem aus einer beinahe überexakten Lektüre eines die Zeichentheorie betreffenden Kapitels aus Husserls *Logischen Untersuchungen* langsam und fast unmerklich Derridas eigene Position erwächst: Die an der Präsenz festgemachte Rede, derer Husserl bedarf, um die reine Innerlichkeit zu wahren, wird zur differierenden Schrift verschoben, die Spuren zeitigt. Alle späteren Themen aus Derridas Denken sind hier angelegt: die Schrift, die Spur (↗ Ur-Spur), die Differenz – und dies keineswegs gegen Husserl entwickelt, sondern, subtiler, aus seinem Denken gefolgert.

Die Dekonstruktion ist eine Praxis der Textlektüre. Sie greift »in einer doppelten Geste« die den metaphysischen Gegensatzpaaren inhärente Hierarchie an. In einem ersten, nur vorläufigen Schritt wird die bisher unterdrückt gebliebene Seite des Gegensatzpaares hervorgehoben und das unbewusste Spannungsverhältnis der Begriffsgenealogie (↗ Genealogie) explizit bedacht. Dadurch wird, ähnlich wie bei Foucault, die Etablierung eines Begriffs mit dem durch seine Konstruktion Ausgeschlossenen zusammengedacht. Durch diese Vervollständigung kommt Bewegung in die philosophische Terminologie. Nicht an der bloßen Umkehrung der Verhältnisse interessiert, arbeitet die Dekonstruktion in einem zweiten Schritt an der ›Verschiebung‹ der bisherigen Begrifflichkeit. So erst kann, langsam und quasi konstruktiv, eine neue Begrifflichkeit entstehen. Derridas wieter reichende Dekonstruktion sieht sich wieder und wieder dem wenig rechtfertigbaren Nihilismusvorwurf ausgesetzt. Der konstruktive Zug der Dekonstruktion besteht nicht nur darin, eine reduktive Begrifflichkeit wieder zu vervollständigen, sondern darüber hinaus darin, eine neue, nicht hierarchische Begrifflichkeit zu entwickeln, die Opposition zur Differenz zu erweitern. Gekennzeichnet ist dieses Verfahren durch bewusst paradoxe Figuren der Unentscheidbarkeit, des *double-marque* oder *double-bind* sowie durch die Figur der ›Aporie‹. Derrida liest diese Figuren der Unentscheidbarkeit einerseits in den Texten seiner philosophischen und literarischen Vorgänger – so *Chora* (1987) aus Platons *Timaios* als drittes Geschlecht zwischen Sinnlichkeit und Intelligibilität, zwischen Mythos und Logos oder Rousseaus »Supplement« als Supplementierung von etwas, das nie anwesend war –, und er lanciert sie andererseits ganz gezielt in seinen eigenen Texten.

Écriture und différance

In der Auseinandersetzung mit der Phänomenologie Husserls klingen Themen an, die in der ↗ *Grammatologie* (1967) weiterverfolgt werden. In diesem Hauptwerk Derridas geht es um die »Wissenschaft der Schrift« beziehungsweise um den Aspekt der Schrift als die von der klassischen Sprachtheorie von Platon bis Saussure verdrängte Materialität des Zeichens, für die er die Metapher der Monstrosität prägt. Was mit der »konstituierten Normalität bricht«, kann sich »nur in Gestalt der Monstrosität kundtun«. Das heißt: Die Befragung der Metaphysik kann ihre Ergebnisse nicht im Vorhinein bekannt geben, der Ausgang des dekonstruktiven Unternehmens ist ungewiss. Konsequenterweise radikalisiert die Dekonstruktion den klassischen Kritikbegriff: Kein utopischer Gegenentwurf überwacht als Teleologie den Ausgang des dekonstruktiven Unternehmens. Die Dekonstruktion arbeitet ohne Netz, stets bereit, an der neuen Wissenschaft der Schrift zu scheitern. In einem zweiten, weniger grundlegenden Teil der *Grammatologie* stellt Derrida exemplarisch eine dekonstruktive »Lektüre der Epoche Rousseaus« vor, die festgemacht ist an einem eher unbekannten Text. Ausgehend von der »Schreibstunde« aus Claude Lévi-Strauss' *Traurigen Tropen*, einem Text über die angeblich »schriftlosen Völker«, kritisiert Derrida die Missachtung der Schrift, die als repräsentierende stets einer präsentierenden Rede nachgeordnet wurde. Seine eigene These von der Ursprünglichkeit der Schrift umschreibt er mit einer Reihe paradoxer Ausdrücke: ein Ursprung, der keiner mehr ist, eine »ursprüngliche Verspätung«, eine Urschrift (Ur-Spur), die als Aufschub einer zugleich ursprünglichen und nachträglichen ↗ *différance* nicht präsentierbar ist. 1967 erscheint auch *Die Schrift und die Differenz*, eine Aufsatzsammlung, die das breite Spektrum von Derridas Denken vorführt; in ihr benennt er seine dekonstruktiven Vorgänger: Freud, Heidegger und Nietzsche. Im gleichen Jahr erscheint erneut ein Sammelband mit Essays: *Randgänge der Philosophie* (1972, 1976 deutsche Teilübersetzung, 1988 komplett übersetzt). Das Einschreiben in die Ränder anderer Texte nimmt hier erstmals die Form der textuellen Gegenüberstellung an, die Derrida in dem zwei Jahre später erscheinenden *Glas* (1974) perfektioniert, wo eine Lektüre Hegels mit derjenigen Genets konfrontiert wird. In den *Randgängen* findet sich auch die von 1968 vor der Académie française de philosophie gehaltene Rede über die *différance*.

Dekonstruktion und Ästhetik: Literatur, Malerei, Architektur

Dissemination (1972, deutsch erst 1995) mit den drei Aufsätzen zu Stéphane Mallarmé und Philippe Sollers gilt als literarische Wende. Es folgen in dieser Linie Veröffentlichungen zu James Joyce, Paul de Man, Paul Celan, Francis Ponge, Charles Baudelaire, vor allem aber Maurice Blanchot, und vielen anderen. *Die Wahrheit in der Malerei* (1978) – der Titel ist ein Zitat Cézannes – enthält Derridas Gedanken zur Ästhetik. Teile dieses Werkes waren bereits in Ausstellungskatalogen veröffentlicht. 1986 widmet Derrida den Zeichnungen Antonin Artauds eine große Studie unter dem Titel *Forcener le subjectile (Das Subjektil entsinnen)*, 1996 folgt eine zweite anlässlich einer Ausstellung im Museum for Modern Art in New York (*Artaud le Moma*, 2002). Bedeutend ist auch die im Louvre 1990 organisierte Ausstellung *Mémoires d'aveugle (Aufzeichnungen eines Blinden)*, in deren Katalogtext Derrida noch einmal seine These von der ursprünglichen Verspätung des sichtbaren Zeichens als Hervorbringung einer Spur des Unsichtbaren entwickelt. Der Maler gibt keine vorausliegende Sichtbarkeit wieder, sondern erzeugt beim Malen oder Zeichnen seine eigene. Ab 1986 beginnt die Zusammenarbeit mit den beiden Architekten Bernard Tschumi und Peter Eisenmann. Der Dekonstruktivismus ist zu einem Architekturstil geworden.

Das ethische Moment der Dekonstruktion

In der – anders als bei Hegel – nicht-teleologisch gedachten »Verflüssigung der Begriffe« liegt nicht nur ein politisches, anti-totalitäres, sondern auch ein ethisches Moment. Abgesehen von der praktischen politischen Arbeit Derridas an der Veränderung von Institutionen oder den direkt politischen Texten, behauptet er, dass die Dekonstruktion »durch und durch politisch« sei. Die ethische Komponente seines Denkens zeigt sich im häufig verwendeten Begriff der Verantwortung, ebenso wie dem der Bejahung: Derrida denkt die Dekonstruktion als Antwort auf eine Andersheit, die sie zuallererst auf den Plan ruft. Ein Gedanke, der sich in ähnlicher Form bei Emmanuel Lévinas findet, in dessen Ethik als erster Philosophie das Antlitz des Anderen nicht gesucht wird, sondern einbricht und unsere Aufmerksamkeit fordert.

Nachdem erst Derridas sprachphilosophisch orientierte Werke, dann auch die ästhetischen Beachtung fanden, wendet sich heute die Diskussion der seinem Denken impliziten Ethik zu. Davon zeugt neben den Studien Robert Bernasconis und Simon Critchleys die zu Derridas 60. Geburtstag entstandene Festschrift *Ethik der Gabe. Denken nach Jacques Derrida* (1993). Diese neue Phase im Denken Derridas wird durch das 1990 publizierte Werk *Falschgeld. Zeit geben I* (1990) eröffnet. In den Vordergrund tritt immer mehr die ethische Orientierung des Denkens, die mit dem bereits früh entwickelten Begriff der Gabe zugleich der aporetischen Grundfigur einer Möglichkeit der Unmöglichkeit treu bleibt. Die Gabe wird von Derrida radikal als Gegensatz jeder Tauschlogik gedacht, deren Kompensation der Verpflichtung zur Gegengabe das eigentliche Ereignishafte der Gabe verfehlt: »Die Gabe als Gabe dürfte letztlich nicht als Gabe erscheinen: weder dem Gabenempfänger noch dem Geber. Gabe als Gabe kann es nur geben, wenn sie nicht als Gabe präsent ist.«

Welche politischen Konsequenzen dies für ihn impliziert, hat Derrida in einer Fülle von Publikationen seit Anfang der 1990er-Jahre demonstriert. Die Frage nach dem Eigenen oder Eigentlichen einer kulturellen Identität stellt sich im europäischen Rahmen für Derrida als Frage nach dem anderen Kap, an dem bereits Paul Valéry die Bestimmung Europas ausgerichtet hatte (*Das andere Kap. Die vertagte Demokratie* (1991)). Was in diesem Rahmen Gerechtigkeit heißen kann, hat Derrida schon in früheren Überlegungen (zum Beispiel in *Gesetzeskraft. Der »mystische Grund der Autorität«* (1990)) diskutiert: Die »Idee der Gerechtigkeit« lässt sich auf keine rationale Begründung zurückführen und zwar »aufgrund ihrer Forderung nach einer Gabe ohne Austausch, ohne Zirkulation, [...] ohne Vernunft und ohne Rationalität im Sinne des ordnenden, regelnden, regulierenden Beherrschens.« Ihre Fortsetzung erfahren diese der Politik gewidmeten Überlegungen in Derridas Reflexionen über die Freundschaft: In *Politik der Freundschaft* (1994) betrachtet er den Freund in seiner Doppelrolle als Gleichen und Anderen. Diese Duplizität ist nicht entscheidbar und wird als Motor einer politischen Kraft der Freundschaft jenseits eines subjektiven Selbstbewusstseins betont. Sie soll getragen sein von einer »unbedingten Verantwortung«, die sich in keine legislativen Schutz- oder Kontrollmechanismen flüchtet. Es ist insofern eine »radikale Demokratie«, »sie bleibt künftig, bleibt im Kommen, bleibt, indem sie kommt, das ist ihr Wesen, sofern sie bleibt«. Es ist ein *double-bind*, das nicht im Sinne der Carl Schmitt'schen Freund-Feind-Dichotomie entscheidbar ist, vor allem nicht was den von Derrida untersuchten Sonderbereich der »Gastfreundschaft« anbelangt (*Von der Gastfreundschaft* (1997)).

Das Bedenken der philosophischen Institutionen

1983 wird Jacques Derrida erster Direktor des von ihm mitbegründeten ↗ Collège international de philosophie (CIPH), einem interdisziplinär arbeitenden Forschungsinstitut, das für alle – nicht nur für Studenten – offensteht. (1984 löst ihn ↗ Jean-François Lyotard als Rektor ab.) Damit erfährt auch Derridas langjähriger politischer Einsatz (zum Beispiel als Mitglied von ↗ GREPH) für Philosophie als Unterrichtsfach seine institutionelle Anerkennung. Ausführlich hat er seine wissenschaftspolitischen und curricularen Überlegungen zusammengefasst in dem Werk *Du droit à la philosophie* (1990, die deutsche Übersetzung erschien 2003–2005 in drei Teilbänden: *Privileg. Vom Recht auf Philosophie I, Mochlos oder Das Auge der Universität. Vom Recht auf Philosophie II, Transfer. Sprache und Institutionen der Philosophie*). Im gleichen Jahr wird Derrida für den Forschungsschwerpunkt ›Philosophische Institutionen‹ in die EHESS gewählt. Auch später wird Derrida immer wieder wissenschaftspolitisch tätig: Die Forderung nach einer neuen Universitätspolitik (*Die unbedingte Universität* (2001)) mündet mit ihrem Bekenntnis zu einem uneingeschränkten Recht auf Hinterfragung und Diskussion sowie Widerstand gegen politische oder ökonomische Interessen in einem »Denken des unmöglichen Möglichen, das sich durch die metaphysische Interpretation der Möglichkeit oder der Virtualität nicht länger fassen lässt.«

Ausgewählte Werke: *Die Stimme und das Phänomen* (1967), Frankfurt am Main 2003. – *Grammatologie* (1967), Frankfurt am Main 1983. – *Die Schrift und die Differenz* (1967), Frankfurt am Main 1976. – *Dissemination* (1972), Wien 1995. – *Randgänge der Philosophie* (1972), Wien 1988. – *Die Wahrheit in der Malerei* (1978), Wien 1992. – *Falschgeld. Zeit geben I* (1990), München 1993. – *Politik der Freundschaft* (1994), Frankfurt am Main 2000. – *Von der Gastfreundschaft* (1997), Wien 2001. – *Leben ist Überleben* (2004), Wien 2005.

Literatur: Bennington, Geoffrey: *Jacques Derrida – ein Porträt*, Frankfurt am Main 1994. – Culler, Jonathan: *Dekonstruktion. Derrida und die poststrukturalistische Literaturtheorie*, Reinbek 1988. – Kimmerle, Heinz: *Derrida zur Einführung*, Hamburg 1988. – Ramond, Charles: *Le vocabulaire de Derrida*, Paris 2001.

MW

Différance Das Kunstwort *différance* bezieht sich zum einen auf das französische Verb *différer*, das soviel wie ›unterscheiden‹, aber auch ›verschieben‹, ›aufschieben‹ bedeutet, und zum anderen auf eine Zusammenfügung der Nominal- (*différence:* Aufschub) und Partizipialform (*différant:* aufschiebend) des Wortes. Die Homophonie der Begriffe *différence* (korrektes Nomen) und *différance* (Kunstwort) verdeutlicht dabei die Priorität der Schrift vor der Stimme, da nur die Schrift die Differenz anzeigt. Die Schöpfung von ↗ Jacques Derrida aus der Nominal- und Partizipialform verstärkt den polysemen Charakter der *différance*, die nur als transitorischer Zustand verstanden werden kann. Als solche verweist sie auf die Differenzialität, die Polysemie und die stetige Prozesshaftigkeit der sprachlichen Zeichenproduktion. Bedeutungen und Identitäten sind nie eindeutig, statisch und abgeschlossen, sondern existieren nur als endlose Produktion von Differenzen. Die *différance* betont dabei die zeitlichen und räumlichen Aspekte dieser Differenzproduktion im Sinne einer ›Aufschiebung‹ und eines ›Verschiedenseins‹ und fungiert so als Gegenbegriff zum Logozentrismus.

Literatur: Derrida, Jacques: *Die Schrift und die Differenz* (1967), Frankfurt am Main 1997. – Derrida, Jacques: *Randgänge der Philosophie* (1972), Wien 1988.

EW

Diskurs Das Substantiv Diskurs leitet sich ab vom lat. *discurrere* (auseinanderlaufen, hin- und herlaufen); die Verwendung des Begriffs ist bereits für die römische Klassik (Vergil, Ovid, Seneca) bezeugt. In der italienischen Renaissance erscheint der Diskurs »in seiner ursprünglichen Bedeutung zunächst als eine nicht leicht zu ertragende, monologisierende weit ausschweifende Redefolge«, um dann als Art über »Angelegenheiten des Gemeinwesens so zu reden, wie es ihrem Charakter angemessen ist« (Nennen 2000, VII) aufgewertet zu werden. Als *discorso* wird somit ab der frühen Neuzeit eine kürzere oder längere Reflexion zu einem Thema oder eine vorbereitete Rede vor der Akademie verstanden (Kohlhaas 2000, S. 38). In der französischen Alltagssprache bedeutet *discours* schlicht ›Rede‹ und besitzt nicht den terminologischen Charakter des deutschen ›Diskurs‹ (Schneider 2004, S. 88).

Der Begriff des Diskurses wird heute insbesondere im Umfeld der Diskursanalyse (nach ↗ Michel Foucault) und der Diskurstheorie (nach Jürgen Habermas) in einer jeweils spezifischen Bedeutung verwendet, wobei zahlreiche Bedeutungsvarianten möglich sind. Diskurs wird oftmals auch als Synonym für ›öffentliche Diskussion‹ verwendet.

Eine gute erste Orientierung bietet die Faustregel von Schöttler (1997, S. 141): »Immer, wenn das Wort Diskurs in Verbindung mit den Präpositionen ‚über', ‚um', ‚an' oder ‚zu' auftritt (oder auftreten könnte), hat der ↗ Autor oder die Autorin nicht Foucault im Hinterkopf, sondern Habermas – und oft nicht einmal den.« Allerdings finden wir auch bei Foucault Ausdrücke wie »Diskurs über den Sex« (Foucault 1983).

Habermas

Diskurse sind für Jürgen Habermas »intersubjektive Formen sprachlichen Handelns zur Überprüfung lebensweltlich problematischer (oder problematisierter) Geltungsansprüche« (Niquet 2002, S. 241) In theoretischen Diskursen wird der Wahrheitsanspruch von Ist-Aussagen geprüft, in praktischen Diskursen der Anspruch auf Richtigkeit von Soll-Aussagen. Nach Axel Tschentscher (2000, S. 218–225) sind Diskurse im Sinne der Diskurstheorie sowohl ein Ideal der Verständigung (idealer Diskurs) als auch die angemessene Annäherung an dieses Ideal (realer Diskurs).

Grundlegend für die Diskurstheorie ist die Unterscheidung zwischen vier Arten von Geltungsansprüchen (Verständlichkeit, Wahrheit, Richtigkeit und Wahrhaftigkeit), die Habermas aus seiner Unterscheidung zwischen kommunikativen, konstativen, regulativen und repräsentativen Sprechakten ableitet (Horster 1999, S. 51–53). Daraus ergeben sich dann vier Bedingungen für eine ideale Sprechsituation, welche sicherstellen, dass die vier Geltungsansprüche intersubjektiv überprüft werden können (Habermas 1984, S. 177 f.). Jeder Konsens der unter diesen Bedingungen erzielt wird, gilt als wahrer oder richtiger Konsens. (Der Anspruch auf Verständlichkeit wird dabei später von Habermas als Voraussetzung zum Gelingen von Kommunikation betrachtet.)

Die Diskurstheorie erhebt damit weitgehende Ansprüche. Zum Beispiel tritt die von Habermas und Karl-Otto Apel entwickelte Diskursethik mit dem Anspruch an, die »Kantische Moraltheorie im Hinblick auf die Fragen der Normenbegründung mit kommunikationstheoretischen Mitteln neu zu formulieren« (Habermas 1991, S. 9), wobei unter anderem für die normative Richtigkeit ein wahrheitsanaloger Geltungsanspruch erhoben wird. Wie immer man zu diesen Ansprüchen stehen mag, so ist zu beachten, dass sich mit den Habermas'schen Diskursen die Hoffnung verbindet, ein kritisches Gegengewicht gegen jene Machtpraktiken zu bilden, gegen welche sich – aus Sicht der Diskurstheorie – die Analyse Foucaults wendet (↗ Macht) (Niquet 2004, S. 244).

Foucault

Obwohl Michel Foucault den Begriff des Diskurses bereits in früheren Texten verwendet, verleiht er ihm erst in der *Archäologie des Wissens* (1969) seine spezifische Prägung (↗ Wissen), indem er die drei sich aufeinander beziehenden Begriffe Diskurs, Aussage und ↗ Archiv neu bestimmt. Gehring (2004) hat darauf hingewiesen, dass in der deutschsprachigen Literatur meist nur der Diskurs erörtert wird und man in Anschluss daran von Diskursanalyse als der Methode Foucaults spreche, obwohl er selbst den Begriff »Aussagenanalyse« benutzt. Daraus ergibt sich, dass eine handliche Definition von Diskurs im Foucault'schen Sinne nicht ohne Weiteres möglich ist, da eine Bestimmung von ›Aussagen‹ kein einfaches Unterfangen darstellt.

Foucault entwickelt seinen Diskursbegriff in seiner Kritik an der »Geschichte für Philosophen«

(Foucault 2001, S. 851). Merkmale dieser Geschichtsauffassung sind: »Kontinuität, tatsächliche Ausübung der menschlichen Freiheit, Verbindung zwischen individueller Freiheit und gesellschaftlichen Determinanten« (ebd., S. 850). Dagegen stellt er seine Auffassung der ↗ Archäologie, in deren Mittelpunkt die Analyse von Aussagen steht. Dabei sieht er zunächst die negative Aufgabe, sich von »einem ganzen Komplex von Begriffen zu lösen, die mit dem Postulat der Kontinuität verknüpft sind« (ebd., S. 893), wie zum Beispiel »Autor« oder »Werk«. Stattdessen plädiert er dafür »Diskurse als geregelte und diskrete Serien von Ereignissen« (Foucault 1991, S. 38) zu betrachten.

Diskursive Ereignisse in diesem Sinne sind »das Auftreten und das Verschwinden von Aussagen [in einer Kultur]« (Foucault 2001, S. 902). Das Spiel der Regeln, welche diese Ereignisse bestimmen, bezeichnet Foucault als Archiv, dem somit die Rolle des »Unbewussten des Wissens« zufällt, dem sein frühes wissenschaftsgeschichtliches Interesse gilt (ebd., S. 849). Diskurse werden »durch eine begrenzte Zahl von Aussagen konstituiert, für die man eine Menge von Existenzbedingungen definieren kann« (Foucault 1981, S. 170). Die Einheit des Diskurses wird durch vier Formatierungsregeln definiert, welche all seine Gegenstände, seine syntaktischen Typen, seine semantischen Elemente und seine operationalen Eventualitäten betreffen: »Und sobald man in einer Gruppe von Aussagen *ein* Referential, *einen* Typus referentiellen Abstands, *ein* theoretisches Raster, *ein* Feld strategischer Möglichkeiten festlegen und beschreiben kann, darf man sich sicher sein, dass sie zu etwas gehören, was man als *diskursive Formation* bezeichnen kann« (Foucault 2001, S. 916). Die Bestimmung eines Diskurses als diskursive Formation bedeutet jedoch nicht, dass Diskurse »ein stoffliches Ganzes [sind]. […] Wenn der Diskurs eine Ordnung ist, die etwas ordnet, dann ordnet er die so genannten ‚diskursiven Praktiken': Also die Aussagen, die man tätigt und sofern man sie tätigt« (Gehring 2004, S. 62).

In seinem Werk unterscheidet Foucault zumindest drei Arten, Diskurse zu analysieren: In der Archäologie betrachtet er die Anordnung der Aussagen innerhalb von Diskursen, die kritische Analyse betrachtet die Instanzen der diskursiven Kontrolle und die ↗ Genealogie hat die Entstehung von Diskursen zum Gegenstand. Prototypische Beispiele für Diskurse sind bei Foucault diejenigen mit »wissenschaftlichem Anspruch«, so der medizinische, psychiatrische und der soziologische Diskurs (Foucault 1991, S. 40). Später spricht er auch vom politischen, erotischen oder philosophischen Diskurs.

Angesichts der Schwierigkeiten, die die Bestimmung des Diskurses im Foucault'schen Sinne bereitet, ist seine Popularität mehr als überraschend. Wie jedoch schon Hannelore Bublitz u. a. (1999, S. 14) feststellen, ist »eine forschungspraktische Anwendung und methodische Reflexion der diskursanalytischen Methode im (engeren) Sinne Foucaults eher marginal [geblieben]«.

Literatur: Bublitz, Hannelore u. a.: »Diskursanalyse – (k)eine Methode? Eine Einleitung«, in: dies. (Hrsgg.): *Das Wuchern der Diskurse*, Frankfurt am Main/New York 1999. – Foucault, Michel: *Archäologie des Wissens* (1969), Frankfurt am Main 1981. – Foucault, Michel: *Die Ordnung des Diskurses* (1970), Frankfurt am Main 1991. – Foucault, Michel: »Foucault antwortet Sartre« (1968), in: *Schriften 1*, Frankfurt am Main 2001, S. 845–853. – Foucault, Michel: »Über die Archäologie der Wissenschaften« (1968), in: *Schriften 1*, Frankfurt am Main 2001, S. 887–931. – Gehring, Petra: *Foucault – Die Philosophie im Archiv*, Frankfurt am Main/New York 2004. – Habermas, Jürgen: *Vorstudien und Ergänzungen zur Theorie des kommunikativen Handelns*, Frankfurt am Main 1984. – Habermas, Jürgen: *Erläuterungen zur Diskursethik*, Frankfurt am Main 1991. – Horster, Detlef: *Jürgen Habermas zur Einführung*, Hamburg 1999. – Jäger, Siegfried: *Kritische Diskursanalyse. Eine Einführung*, Duisburg 1983. – Jäger, Siegfried: *Text- und Diskursanalyse*, Dortmund 1991. – Kohlhaas, Peter: »Diskurs und Modell«, in: Nennen, Hans-Ulrich (Hrsg.): *Begriff und Realisierung*, Würzburg 2000, S. 29–56. – Link, Jürgen: *Elementare Literatur und generative Diskursanalyse*, München 1983. – Nennen, Hans-Ulrich: »Einleitung«, in: ders. (Hrsg.): *Begriff und Realisierung*. Würzburg 2000, VII–XXV. – Niquet, Marcel: »Die Identitäten des Menschen«, in: Apel, Karl-Otto/Marcel Niquet (Hrsgg.): *Diskursethik und Diskursanthropologie*, Freiburg/München 2002, S. 95–282. – Schneider, Ulrich Johannes: *Michel Foucault*, Darmstadt 2004. – Schöttler, Peter: »Wer hat Angst vor dem ‚linguistic turn'?«, in: *Geschichte und Gesellschaft 23* (1997), S. 134–151. – Tschentscher, Axel: *Prozedurale Theorien der Gerechtigkeit*, Baden-Baden 2000.

MN

Dispositiv Der Begriff Dispositiv bezeichnet zunächst, seinem französischen Ursprung *le dispositif* entsprechend, nichts weiter als eine ›Vorrichtung‹. Hier ist ein technisches, apparatives Moment konnotiert, das der lateinische Ursprung *dispositio* oder das französische *disposition* (gehörige Anordnung, (Ver-)Fügung, Verwaltung) nicht enthalten. Schon in dieser knappen Analyse der Wortbedeutung scheinen damit die beiden Pole des Begriffs auf, die seine Ambivalenz und Faszination ausmachen. Auch der oft fast synonym gebrauchte Begriff des Apparates (ins Englische werden sowohl *dispositif* als auch *appareil* als *apparatus* übersetzt), enthält diese Mehrdeutigkeit einer sowohl technischen, als auch psychologischen oder sozialen Deutbarkeit. Die Chancen des Begriffs Dispositiv liegen damit in der Möglichkeit, heterogene Phänomene mit einem Begriff zu fassen und polar gedachte Subjekt/Objekt- oder Betrachter/Gegenstand-Schemata ebenso zu überwinden wie eine hermeneutische Zentrierung auf Texte. Er birgt aber auch die Gefahr, Differenzen in einer metaphorischen Synthese verschwimmen zu lassen.

Die medienwissenschaftliche Einführung des Begriffs hat ihren Ursprung in der ideologiekritischen Apparatus-Debatte über die Unmöglichkeit, die durch Apparate (Kamera, Projektor) und Rezeptionsbedingungen (Kinosaal) gesetzten Schranken des Mediums Film zu sprengen. Jean-Louis Baudrys Aufsätze *Cinéma: effets idéologiques produits par l'appareil de base* (1970) und *Le dispositif: Approches métapsychologiques de l'impression de réalité* (1975) sind der grundlegende Versuch, diese Kritik in ein umfassendes Konzept zu integrieren, das so unterschiedliche Modelle wie Platons Höhlengleichnis, die Zentralperspektive und die psychoanalytischen Modelle Freuds verbindet.

Das paradigmatische Dispositiv für Baudry ist der Kinoraum. Sein Zentralproblem ist damit die Analyse der Voraussetzungen für die suggestive ↗ Macht des Kinobildes. Baudry zeigt, dass der Realitätseindruck in jedem Dispositiv und insbesondere im Kino nicht so sehr durch die Qualität der Abbildung selbst entsteht, sondern es ist das Dispositiv, das die Illusion erzeugt. Die Voraussetzungen für diese Illusion von Realität werden im Dispositiv durch verschiedene Grenzziehungen und Konditionierungen geschaffen. Baudry nennt hier zunächst die Abschirmung:

Das Dispositiv grenzt sich von der Umwelt deutlich räumlich respektive zeitlich ab. Dies ist in allen Beispielen Baudrys evident: für Platons Höhle ebenso wie für den Traum und die *salle obscure* des Kinos. Dazu tritt außerdem die Latenz der Bild erzeugenden Technik: Der Apparat bleibt verborgen, nur so kann das Dispositiv seine Wirkung entfalten. Baudry betont weiter, dass das Dispositiv vor allem die Position des Betrachters festlegt. Dieser wird in seinen Handlungsmöglichkeiten eingeschränkt, ob wie bei Platon als Gefangener gefesselt, frühkindlich oder im Schlaf gehemmt wie bei ↗ Jacques Lacan und Sigmund Freud, oder auf einem festen Platz sitzend wie im Kino. Die Kraft des Kino-Dispositivs liegt daher nicht so sehr in der perfekten Wiedergabe einer äußeren Realität, sondern in der konsequenten Definition der Subjektposition.

Diese auf das Verhältnis Kinoraum/Film bezogene Fassung des Begriffs wird durch ↗ Jean-François Lyotard in seinem Buch *Des dispositifs pulsionnels* (1973) stark erweitert. Er greift dabei Ideen auf, die in den späten 1960er- und frühen 1970er-Jahren in der bildenden Kunst praktiziert und diskutiert wurden. Die sich in verschiedenen Strömungen *(Minimal Art, Concept Art, Performance)* abspielende Auflösung des – bis über die klassische Moderne hinaus gültigen – Paradigmas des Tafelbildes wird zum Gegenstand künstlerischer Reflexion, etwa bei Daniel Buren, auf den sich Lyotard vor allem bezieht. Lyotards Analyse der Geschichte der klassischen Malerei legt die Grenzlinien frei, die konstitutiv für die Sinnbildung in der Kunst sind. Solche Grenzziehungen finden statt zwischen dem Ort der Repräsentation und der (realen) Welt, zwischen dem Betrachter und dem betrachteten Gegenstand und zwischen diesem Gegenstand und der ihn hervorbringenden Apparatur. Mit Lyotard wird der Begriff des Dispositivs damit aus der engen Bindung an psychoanalytische Modelle und den Apparat-Begriff gelöst und vermittelt über die Beobachtung von Differenzen mit der Diskursanalyse verbunden (↗ Diskurs). Dispositive können so mit Lyotard als Kopplungen (Verkettungen, Schaltpläne) von Differenzen und Relationen aufgefasst werden.

Stärker noch als Lyotard hat ↗ Michel Foucault ab Mitte der 1970er-Jahre den Dispositivbegriff in einem umfassenden diskurs- und machtanalytischen Sinne verwendet und ihn damit aus seiner anfänglichen Beschränkung auf eine psychoanalytische Theorie des Films respektive Kinos befreit. Der Begriff des Dispositivs tritt aber oft nicht explizit auf – er fehlt weitgehend in *Überwachen und Strafen* (1975) und *Die Ordnung der Dinge* (1966), sondern durchzieht das Werk als latentes Konzept. Hinweise Foucaults finden sich in einem Gespräch, das 1977 anlässlich des Erscheinens von *Der Wille zum Wissen* (1976) geführt wurde (publiziert in *Dispositive der Macht*, 1978) (↗ Wissen). Foucault betont hier die grundsätzliche Heterogenität der Elemente des Dispositivs und definiert es als immanente Relation dieser Elemente. Anders als bei Baudry ist ein Dispositiv nicht mehr eine lokalisierbare Anordnung, etwa von Betrachter und Apparat, sondern ein verstreutes Ensemble von diskursiven und nicht-diskursiven Praktiken, materiellen und immateriellen Elementen, die von einer jeweils konstitutiven Differenz durchzogen werden. Diese Öffnung des Begriffs führt dazu, dass so unterschiedliche Dinge wie ↗ Episteme, Institutionen aber auch Sexualität als Dispositiv beschrieben werden können.

Versucht man in dieser Genese des Begriffs einen systematischen Kern zu beschreiben, so kann ein Dispositiv wie folgt definiert werden: Es handelt sich erstens um eine Ordnung von materiellen und immateriellen Elementen. Je nach Theoriedesin können hier auch andere Oppositionen wie etwa diskursiv/nicht diskursiv, Kommunikation/Wahrnehmung, signifikant/nicht signifikant eingesetzt werden. Eine »Vielheit« (↗ Gilles Deleuze), die aber nicht ein bloßes Nebeneinander herstellt oder bewahrt, sondern eine spezifische Kopplung hervorbringt, in der Transformationsprozesse zwischen den Elementen möglich werden, eine Art »Schaltplan« (Lyotard) oder »Maschine« (Deleuze). Alle diese Elemente werden zweitens von einer jeweils spezifischen Differenz durchzogen, dies ist die immanente »Einheit des Dispositivs« (Foucault). Die Funktion des Dispositivs liegt in der Stabilisierung dieser Differenz: etwa wahr/falsch, sichtbar/unsichtbar oder interessant/langweilig. Dem Dispositiv obliegt dabei nicht die Zuweisung einer Seite *innerhalb* dieser binären Differenz, sondern die Bestimmung und Produktion der Gegenstände, auf die dieser Code überhaupt angewendet werden kann und soll. Daraus folgt drittens, dass auch Kategorien wie Subjekt oder Betrachter nicht unabhängig von einem spezifischen Dispositiv vorgestellt werden können. Insofern ist der Begriff des Dispositivs stärker und substanzieller als Rahmen oder Kontext, die immer die konstante Figur des Betrachters oder Gegenstandes unterstellen, der durch unterschiedliche Kontexte nur akzidentiell betroffen ist. Das Objekt wird Objekt, das Subjekt Subjekt, nur durch die Konstitution in einem Dispositiv. Aus dieser Perspektive kann auch das Verhältnis des Dispositivs zum Diskurs erhellt werden. Diskurse entfalten sich stets im historisch variablen Rahmen raumzeitlicher und medialer Konditionierungen, die ihre Reichweite und Grundlagen a priori limitieren und bestimmen. Dispositive stellen somit unhintergehbare Voraussetzungen dar, die im Diskurs selbst nicht unmittelbar kontrolliert werden können. Andererseits sind Dispositive selbst auch nur Resultate einer auch diskursiven Praxis, sodass beide, Diskurs und Dispositiv, in einem unauflöslichen Wechselspiel gefangen bleiben.

Literatur: Baudry, Jean-Louis: »Ideologische Effekte erzeugt vom Basisaparat«, in: *Eikon. Internationale Zeitschrift für Photographie und Medienkunst 5* (1993), S. 36–43. – Baudry, Jean-Louis: »Das Dispositiv: Metapsychologische Betrachtungen des Realitätseindrucks«, in: *Psyche 48* (1994), S. 1047–1074. – Foucault, Michel, *Dispositive der Macht*, Berlin 1978. – Lyotard, Jean-François: *Des dispositifs pulsionnels*, Paris 1973.

JBr

Dissémination Mit dem Begriff *dissémination* (frz., Streuung) bezeichnet ↗ Jacques Derrida einen auf sprachlicher Ebene verlaufenden Differenzierungsprozess, der die Möglichkeit einer eindeutigen begrifflichen Fixierung sprachlicher Zeichen ausschließt. Entgegen der strukturalistischen Annahme, dass die Wiederholbarkeit (Iterativität) eines sprachlichen Ausdrucks (Signifikant) dessen Rückanbindung an einen feststehenden außersprachlichen Referenten (Signifikat) zu Tage fördert, geht Derrida davon aus, dass die Iterativität eines Signifikanten dessen Iterabilität, seine semantische Unbestimmbarkeit, offenbart.

Der Begriff *dissémination* selbst taucht erstmals in einem strukturalistischen Kontext – in Anlehnung an das von Mallarmé in *Préface à Vathek* pejorativ gebrauchte Verb *disséminer* – in Jean-Pierre Richards *L'Univers imaginaire de Mallarmé* auf. In *Die zweifache Seance* wendet sich Derrida gegen die Vereinnahmung des Mallarmé'schen *disséminer* durch die totalisierende Hermeneutik Richards. Im Gegensatz zu diesem versteht er Mallarmé nicht als Dichter, der den Sinngehalt sprachlicher Zeichen gegen die Angriffe der Dissémination verteidigt, sondern als einen Schriftsteller, dessen Texte die Unmöglichkeit eindeutiger semantischer Rekurrenzen implizieren. Anhand der Analyse einiger Schlüsselwörter aus Mallarmés Werk macht Derrida den Prozess der Dissémination deutlich und zeigt, dass dieser in jedem Text immer schon am Werke ist.

Literatur: Derrida, Jacques: »Die zweifache Seance«, in: *Dissemination*, Wien 1995, S. 193–323. – Zima, Peter V.: »Dissémination und Dialektik der Totalität: Derrida, Jean-Pierre Richard und Mallarmé«, in: ders: *Die Dekonstruktion. Einführung und Kritik*, Tübingen/Basel 1994, S. 66–73.

AB

Disziplinarmacht In der Machtgeschichtsschreibung ↗ Michel Foucaults meint Disziplinarmacht einen zunächst nur auf die Dressur des körperlichen Verhaltens (↗ Körper), dann jedoch auch auf die innere Disziplinierung der Individuen abzielenden Machttyp (↗ Macht). Aus der Sicht Foucaults formiert er sich ab Mitte des 18. Jahrhunderts und verfeinert seine Zugriffe durch das gesamte 19. Jahrhundert hindurch. Organe der Disziplinarmacht sind diejenigen einer erziehenden Sicherheits- und Sozialverwaltung, so wie sie Ende des 18. Jahrhunderts im Rahmen der »guten Policey« über ganz Europa hinweg neu entsteht: die reformpädagogische Schule, die sozialstatistische respektive sozialhygienische Medizin, der »bessernde« Strafvollzug und auf Ausbildung eingerichtete Betriebe. Orte der Disziplinierung sind (neben dem Militär) Anstalten, Verwaltungen, Erziehungseinrichtungen, Werkstätten, öffentliche Räume und Institutionen ganz allgemein – aber auch die Familie. Zielgröße der Disziplinarmacht ist die »Normalisierung« der Individuen, aber auch (und zwar im selben Atemzug) deren »Individualisierung« (Foucault 2004, S. 28). Mittel der Diszplinarmacht sind die Überwachung, die Prüfung, die normierende Sanktion und auch der präventive Eingriff.

Literatur: Foucault, Michel: *Überwachen und Strafen* (1975), Frankfurt am Main 1976. – Foucault, Michel: *Geschichte der Gouvernementalität 1: Sicherheit, Territorium, Bevölkerung* (2004), Frankfurt am Main 2004.

PG

Dromologie Der Neologismus Dromologie des französischen Städteplaners und Medienphilosophen ↗ Paul Virilio bedeutet etymologisch (gr. *dromos*) ›Logik des Laufs‹ oder ›Logik des Wettlaufs‹. In den Texten Virilios bezeichnet der Begriff seit 1977 die latente ↗ Macht der Geschwindigkeit und damit den Motor von so unterschiedlichen, aber auf diese Weise verknüpften gesellschaftlichen Feldern wie der Urbanistik und Architektur, der Physik, der Mediengeschichte und der Militär- und Kriegsgeschichte.

Literatur: Virilio, Paul: *Fahren, fahren, fahren*, Berlin 1978. – Virilio, Paul: *Geschwindigkeit und Politik. Ein Essay zur Dromologie*, Berlin 1980. – Virilio, Paul: *Revolution der Geschwindigkeit*, Berlin 1993.

AM

E

Eco, Umberto (* 1932 Alessandria) Der italienische Zeichentheoretiker und Romancier bekleidet ab 1975 den weltweit ersten Lehrstuhl für Semiotik an der Universität Bologna. Gleichzeitig ist er der Università von San Marino verbunden, wo er Ende der 1980er-Jahre ein Centro Internazionale di Studi Semiotici einrichtet. Heute leitet er die Scuola Superiore di Studi Umanistici in Bologna und betreut Postdoktorandenprogramme. 32 Ehrendoktortitel und 17 Literaturpreise sind ein Beleg für die internationale Anerkennung, die Eco als Romancier und Semiotiker erfährt, dessen Bücher zum Teil in über 20 Sprachen übersetzt sind.

Eco übernimmt nach Kriegsende in der Jugendarbeit der katholischen Kirche Verantwortung und steigt bald in der Hierarchie auf. 1950 beginnt er ein Studium der Philosophie und Literatur am Collegio Universitario von Turin. Neben Luigi Pareyson sind Augusto Guzzo, der das Interesse an Kant weckt, und Nicola Abbagnano, der als Vordenker eines italienischen Existenzialismus eine philosophische Skepsis vermittelt, als akademische Lehrer prägend. Pareyson prägt das Interesse Ecos an Problemen der Interpretation, also für grundlegend erkenntniskritische Fragen, die nicht nur seine semiotischen Publikationen bis heute bestimmen. 1954 erfolgt der Bruch mit dem Katholizismus, gleichzeitig vollendet Eco seine Promotion *Il problema estetico in San Tommaso d'Aquino.*

Nach dem Studium nimmt er mit 22 Jahren eine Stellung beim Fernsehsender RAI an. Fünf Jahre lang studiert er nicht nur die Strukturen des Massenmediums in der Praxis, sondern knüpft auch zahlreiche Kontakte zu Intellektuellen und Künstlern. Neben Bertolt Brecht, Igor Strawinsky, Pierre Boulez und Karlheinz Stockhausen lernt Eco Luciano Berio kennen, in dessen Zeitschrift *Incontri musicali* er Aufsätze zur Ästhetik publiziert. Bekanntschaften mit ↗ Roland Barthes und Roman Jakobson fördern das Interesse an der Semiotik. Das später für die eigene Romanproduktion wichtige postmoderne Montageprinzip erprobt Eco 1958 gemeinsam mit Berio und weiteren Intellektuellen in dem Radio-

Experiment *Omaggio a Joyce.* Zwischen 1959 und 1975 arbeitet Eco beim Mailänder Verlagshaus Bompiani und lernt in dem Familienunternehmen alle Teilschritte der Buchproduktion und -vermarktung kennen. 1961 wird er Privatdozent für Ästhetik an der Universität von Turin. Zusammen mit zahlreichen bedeutenden Intellektuellen, Autoren und Künstlern wirkt Eco Anfang der 1960er-Jahre an der ›Gruppo 63‹ und deren Zeitschrift *Quindici* mit – die neoavantgardistische Institution, äußert Politik- und Kulturkritik durch literarische Experimente und Provokationen.

Vor dem Hintergrund seiner vielfältigen und langjährigen Kultur- und Medienarbeit hat Eco 1964 in *Apokalyptiker und Integrierte* eine Theorie der Massenmedien und -kultur entwickelt, die dem Postmoderne-Diktum Leslie Fiedlers Rechnung trägt und versucht, den Hiatus zwischen Unterhaltung und Bildung zu überwinden. In seinem 1983 erschienenen *Nachwort zum ›Namen der Rose‹* thematisiert Eco den Begriff der ↗ Postmoderne als »Passepartoutbegriff« und schlägt vor, die inflationäre Begriffsextension in eine Definition mit einzubeziehen: Postmoderne sei ein Kunstwollen, das nahezu jeder Epoche eigen ist. Vergnügen, Fokus auf die Handlung, ironisches Spiel mit der Geschichte, Montage und Vielfalt von Elementen und Stilrichtungen – im Gegensatz zur Avantgarde soll Kultur vorangetrieben werden, ohne sie zu destruieren. Der postmoderne Roman sei daher durch metanarrative Strategien gekennzeichnet, die dazu beitragen, die erzählerische Tradition anzuverwandeln und gleichzeitig Neues zu gestalten. Mit *Das offene Kunstwerk* veröffentlicht Eco 1962 eine der wichtigsten Arbeiten zur modernen Ästhetik. Offenheit wird als zentrale ästhetische Kategorie der modernen Kunst ausgewiesen. Moderne Kunstwerke transportieren keine eindeutigen Botschaften, sondern die Interpretationen der Rezipienten tragen zur Genese des Sinns und also zur Vollendung des Kunstwerks bei. Die frühe Arbeit zu Thomas von Aquin arbeitet Eco 1987 zu der kunsthistorischen Studie *Kunst und Schönheit im Mittelalter* aus; eine motivgeschichtlich und durchaus für ein breites Publikum bestimmte illustrierte *Geschichte der Schönheit* legt er 2004 vor, der 2006 eine *Geschichte derHässlichkeit* folgt.

Zur Textpragmatik hat Eco unter anderem Stellung bezogen in *Lector in fabula* (1979), in der

Nachschrift zum ›Namen der Rose‹ (1983) und in *Die Grenzen der Interpretation* (1990). In der erstgenannten Schrift konturiert Eco eine Modellrollenkonzeption, die das Zusammenspiel von Text und Rezipient erläutern soll. Texte und Leser entwerfen sich wechselseitig auf der Basis von Vermutungen über ihr jeweiliges Gegenüber und manifestieren sich also in Modellrollen von ↗ Autor und Leser. Als Korrektiv möglicher Interpretationen fungiert ausschließlich der Text; Autor und Leser, Sender und Empfänger literarischer Kommunikation sind nur als Stil und Strategie im Text selbst präsent. Texte postulieren daher innerhalb der durch sie aufgespannten möglichen Welten »ideale Leser«. Ende der 1980er- und Anfang der 90er-Jahre insistiert Eco auf eine »intentio operis«, eine Textintention, die es in der Lektüre und Interpretation zu beachten gelte. Die Interpretationen der Leser müssen durch den Text belegbar sein. Dabei kennt Eco zwei unterschiedliche Interpretationshaltungen, die sich modellhaft in einem »semantischen« (»naiven«) und einem »kritischen« Leser manifestieren; anderenorts spricht Eco auch von Modell-Lesern ersten und zweiten Grades. Während der semantische Leser das Spiel des Textes spielt, deckt der kritische Leser die Spielregeln des Textes auf, indem er ihn als semiotisches Gefüge analysiert und beschreibt. Beide Aktivitäten stehen in striktem Gegensatz zum »misreading« beziehungsweise zum »Gebrauch«, ein Begriff, den Eco dem der Interpretation kontrastiv gegenüberstellt.

In seinen Studien *Einführung in die Semiotik* (1968), *Zeichen* (1973), *Semiotik* (1975), *Semiotik und Philosophie der Sprache* (1984) sowie *Kant und das Schnabeltier* (1997) entwirft Eco im Anschluss an Peirce eine universale semiotische Kulturtheorie, die alle psychischen und sozialen Aktivitäten des Menschen als Signifikations- und Kommunikationsprozesse durch Zeichenprozesse und -systeme beschreiben soll. Grundlage der Semiotik ist die unbegrenzte Semiose, mithin ein kultureller Zeichenprozess, der mit Peirce als dreiwertiges Relationsgeflecht von Zeichen und Interpretationen verstanden wird und teleologisch auf die Ausprägung von »habits« gerichtet ist, in denen sich kulturelles ↗ Wissen manifestiert. In seinem semiotischen Hauptwerk von 1975 teilt Eco die Semiotik in zwei Großbereiche ein, eine Theorie der Codes und eine Theorie der Zeichenerzeugung, die er wiederum einander dialektisch korreliert wissen will. Zum einen müssen die kulturellen Codes analysiert werden, auf deren Basis erst Zeichenaustausch möglich ist, zum anderen muss auch die Art und Weise beschrieben werden, wie Menschen Zeichen verwenden, um daraus abstrakte Codes als kulturelle Pattern zu erheben. In diesem Zusammenhang weist Eco auch die Peirce'sche Zeichentrias von »icon«, »index« und »symbol« zurück, denn alle Zeichen seien durchweg symbolischer Natur, da sie nur qua konventioneller Übereinkunft als Zeichen gelten. In *Kant und das Schnabeltier* untersucht Eco erneut die Reichweite der semiotischen Theorie und bedenkt einen Bereich des Präsemiotischen, der eine Untersuchungsgrenze markiert. Gleichwohl akzeptiert er wie Peirce keine strikte Trennung von Sinnlichkeit und Intelligibilität, sondern geht von einer »Wahrnehmungssemiose« aus, die er durch Rückgriff auf Peirces Begriff des »dynamischen Objekts« begründet.

1980 erreicht Eco mit *Der Name der Rose* international den Durchbruch auch als Romancier. Dieses Musterwerk eines postmodernen Romans arbeitet mit dem Prinzip der Montage und verknüpft semiotische Theorie mit einer Kriminalerzählung in mittelalterlichem Setting. *Das Foucaultsche Pendel* (1988) (↗ Michel Foucault) befasst sich mit der Tradition des abendländischen Irrationalismus. Eco setzt sich hier wiederum narrativ kritisch mit poststrukturalistischen Theorien (↗ Poststrukturalismus) der Fehlinterpretation auseinander. Dieses Thema greift Eco 1993 in seiner sprachgeschichtlichen und -philosophischen Studie *Die Suche nach der vollkommenen Sprache* wieder auf, wenn er Bemühungen um eine Universalsprache historisch nachzeichnet. Im 1994 vorgelegten dritten Roman *Die Insel des vorigen Tages* werden die Identitätskrise und die aussichtslosen Bemühungen des Protagonisten Roberto, das ihn gefangen haltende Schiff zu verlassen, zum Spiegel einer Welt im Umbruch. Der vergebliche Versuch, die rettende Insel zu erreichen, kann als Metapher für eine sich verlierende Erkenntnisgewissheit durch philosophischen und wissenschaftlichen Fortschritt gedeutet werden. Das Verfahren der Text-Montage legt Eco auch seinem Roman *Baudolino* (2000) zugrunde. *Baudolino* ist wiederum mehr ein Meta-Text als ein historischer Roman, dessen Gegenstand der Text, das Schreiben ist. Konsequenterweise verwandelt

Baudolino im Romanverlauf Geschichte in Geschichten; Geschichten, die historische Ereignisse erfinden, umdeuten und verfälschen. In *Die geheimnisvolle Flamme der Königin Loana* (2004) erzählt Eco die Geschichte des Antiquars Giambattista Bodoni, der als Folge eines Schlaganfalls sein autobiografisches Gedächtnis verliert. Der Protagonist versucht, das eigene Leben über Lektüren wiederzugewinnen. Wiederum überschreitet Eco Grenzen, indem er einen illustrierten Roman vorlegt und nun Collagen nicht nur aus Texten, sondern aus unterschiedlichen Medienprodukten gestaltet (↗ Intermedialität, ↗ Transmedialität). Dieser Roman trägt weitreichende autobiografische Züge.

Nur am Rande hingewiesen sei angesichts dieses umfangreichen und vielgestaltigen Œuvres auf zahlreiche Glossen, Essays und politische Schriften, in denen sich Eco – teils humoristisch – mit der Massenkultur, der politischen Situation und vielfältigen Phänomenen des Alltags auseinandersetzt.

Ausgewählte Werke: *Das offene Kunstwerk* (1962), Frankfurt am Main 1993. – *Apokalyptiker und Integrierte. Zur kritischen Kritik der Massenkultur* (1964), Frankfurt am Main 1986. – *Einführung in die Semiotik* (1968), München 1972. – *Zeichen. Einführung in einen Begriff und seine Geschichte* (1973), Frankfurt am Main 1977. – *Semiotik. Entwurf einer Theorie der Zeichen* (1975), München 1991. – *Lector in fabula. Die Mitarbeit der Interpretation in erzählenden Texten* (1979), München/Wien 1987. – *Nachschrift zum ›Namen der Rose‹* (1983), München/Wien 1984. – *Semiotik und Philosophie der Sprache* (1984), München 1985. – *Kunst und Schönheit im Mittelalter* (1987), München/Wien 1991. – *Die Grenzen der Interpretation* (1990), München/Wien 1992. – *Kant und das Schnabeltier* (1997), München/Wien 2000. – *Geschichte der Schönheit* (2004), München/Wien 2004. – *Geschichte der Hässlichkeit* (2007), München/Wien 2007.

Romane: *Der Name der Rose* (1980), München/Wien 1982. – *Das Foucaultsche Pendel* (1988), München/ Wien 1989. – *Die Insel des vorigen Tages* (1994), München/Wien 1995. – *Baudolino* (2000), München/ Wien 2001. – *Die geheimnisvolle Flamme der Königin Loana* (2004), München/ Wien 2004.

Literatur: Burckhardt, Armin (Hrsg.): *Umberto Eco – Zwischen Literatur und Semiotik*, Braunschweig 1991. – Capozzi, Rocco (Hrsg.): *Reading Eco. An Anthology*, Bloomington/Indianapolis 1997. – Harendarski, Ulf/Klaus Gloy: *Vom Zeichenlesen: Eco sprachwissenschaftlich kommentiert,* Aachen

1995. – Kroeber, Burkhart (Hrsg.): *Zeichen in Umberto Ecos »Der Name der Rose«. Aufsätze aus Europa und Amerika*, München/Wien 1986. – Mersch, Dieter: *Umberto Eco zur Einführung*, Hamburg 1993. – Schalk, Helge: *Umberto Eco und das Problem der Interpretation*, Würzburg 2000. – Stauder, Thomas: *Gespräche mit Umberto Eco*, Münster 2004.

HS

Écriture féminine Der Begriff *écriture féminine* ist vor allem von Hélène Cixous auf der Basis psychoanalytischer und poststrukturalistischer Theoreme (↗ Poststrukturalismus) als Ausdruck für das ›weibliche Schreiben‹ im Rahmen feministischer Theorie und schriftstellerischer Praxis formuliert. Die *écriture féminine* wendet sich gegen den logozentrischen und phallozentrischen Geschlechterdiskurs (↗ Diskurs). Cixous denaturalisiert die binäre Opposition ›Mann‹ versus ›Frau‹, durch ihren Bezug auf eine männliche respektive weibliche libidinöse Ökonomie, die das Verhältnis zwischen dem Subjekt und dem Anderen beschreibt. Im Gegensatz zur männlichen, auf Bewahrung und Wiederholung aufbauenden Ökonomie, ist die weibliche auf Verausgabung, Verschwendung und Exzess ausgerichtet. Es geht ihr nicht um die Aneignung oder Verdrängung des Anderen, sondern um die Anerkennung seiner ↗ Alterität, für die paradigmatisch das noch nicht von patriarchalischer Hierarchie durchkreuzte Mutter-Kind-Verhältnis steht. Konzeptionell bedeutet dies vor allem eine Überwindung des Körper-Geist-Dualismus. Der patriarchalen Aneignung weiblicher ↗ Körper und Sexualität entgegnet sie mit einer körperlichen Anbindung des Schreibens. Insbesondere der nährende, gebende mütterliche Körper gilt als Ursprung des Schreibens. Diese Körperlichkeit des Schreibens zielt auf eine Subversion der männlich symbolischen Ordnung, wie sich die *écriture féminine* insgesamt gegen traditionelle Logiken und Normen stellt. Die Auflösung von Gattungsgrenzen, delineares Erzählen, Unabgeschlossenheit, Brüche in Semantik und Syntax, Verstöße gegen die Normgrammatik sind charakteristisch für die *écriture féminine.* In der Rezeption dieses Ansatzes wurden vor allem Zweifel am subversiven Potenzial des Schreibens laut. Zudem blieb das Verhältnis zwischen der *écriture féminine* und dem biologischen weiblichen Körper unklar. Cixous' Betonung des

Weiblichen wurde als Essenzialisierung kritisiert.

Literatur: Cixous, Hélène: *Die unendliche Zirkulation des Begehrens*, Berlin 1977. – Cixous, Hélène: *Weiblichkeit in der Schrift*, Berlin 1980.

EW

Episteme Altgriechisch meint *Episteme* ›Wissen‹ wie auch ›Wissenschaft‹, was bis heute in verschiedenste Wortbildungen Eingang findet (↗ Wissen). In der französischsprachigen Epistemologie, der strukturalistisch orientierten Wissenschaftsforschung von Gaston Bachelard, Georges Canguilhem, Michel Serres und anderen untersucht man die Entstehung und den Wandel nicht nur einzelner Wissenschaften, sondern ganzer so genannter »epistemischer Felder«. Vor diesem Hintergrund arbeiten die frühen wissensgeschichtlichen Untersuchungen von ↗ Michel Foucault mit dem Ausdruck *episteme*: Die Episteme einer Epoche ist das Feld des wissenschaftlichen Wissens, über das diese Epoche verfügt, einschließlich der Erfahrungsformen, von denen sich dieses Wissen ableitet beziehungsweise mit deren Hilfe es begründet wird. Mit der methodischen Ausarbeitung seines Verfahrens der ↗ Archäologie ersetzt Foucault das Konzept der Episteme durch den auf traditionelle Vorannahmen (etwa von Ideologien oder Institutionen als epistemologischer ›Ursachen‹) verzichtenden und machttheoretisch schärfer gefassten Begriff des ↗ Diskurses.

Literatur: Foucault, Michel: *Die Ordnung der Dinge. Eine Archäologie der Humanwissenschaften* (1966), Frankfurt am Main 1974.

PG

Erhabene, das Der ästhetische Begriff des Erhabenen geht zurück auf Edmund Burke (*Philosophische Untersuchung über den Ursprung unserer Ideen vom Erhabenen und Schönen*, 1757), der es als dritte Kategorie neben dem Schönen und dem Hässlichen diskutiert. Das Erhabene beschreibt das Gefühl im Betrachter, der mit Unendlichkeit und Unermesslichkeit konfrontiert ist und dadurch Schauder, Schrecken oder Ehrfurcht empfindet. Kant greift Burkes Überlegungen in seiner *Kritik der Urteilskraft* (1790) wieder auf und situiert das Erhabene vor allem in der Natur, in deren Begegnung der Mensch seine eigene Kleinheit und Endlichkeit erkennt, der er sich dann als geistig-moralisches, nicht aber als physisches Wesen überlegen fühlen kann – das Erhabene wird damit ein Bindeglied zwischen Ästhetik und Ethik.

Aufgegriffen wird Kants Überlegung dann im 20. Jahrhundert unter anderem von ↗ Jean-François Lyotard. Dieser diskutiert das Erhabene vor allem als ethische Kategorie: Es ist das Gefühl, das dem Menschen angesichts eines unfassbaren Ereignisses die Fähigkeit nimmt, dieses Ereignis in rationalen Bahnen zu verarbeiten. Allein vermittels der Kunst sei es in einer solchen Situation möglich, dem Unsagbaren wieder Ausdruck zu verleihen. (Beispielsweise wurde das Erhabene zu einem Diskussionspunkt in der Debatte um das Holocaust-Mahnmal in Berlin.)

Lyotard sieht etwa in der Kunst des US-amerikanischen Malers Barnett Newman – an dessen großformatigen Color-Field-Paintings das Erhabene sichtbar werde – ein Beispiel für die Möglichkeiten sinnlich nicht mehr Erfassbares ästhetisch erfahrbar zu machen. Wolfgang Welsch diskutiert das Erhabene ausgehend von Lyotard als einen zentralen Aspekt der »Postmodernisierung moderner Kunst« (↗ Postmoderne/Postmodernismus), die etwas darzustellen versucht, das nicht darstellbar ist (etwa im Surrealismus Luis Buñuels) und damit »zumindest tendenziell zu einer Kunst des Erhabenen« (Welsch 1991, S. 88) wird. Es mündet Welsch zufolge in das »paradoxe ästhetische Gefühl eines Anästhetischen« (ebd., S. 89) (↗ Anästhesie).

Literatur: Lyotard, Jean-François: »Post-Skriptum zum Schrecken und zum Erhabenen«, in: *Postmoderne für Kinder. Briefe aus den Jahren 1982–1985*, Wien 1987, S. 91–98. – Lyotard, Jean-François: »Der Augenblick, Newman«, in: *Das Inhumane. Plaudereien über die Zeit*, Wien 1989, S. 141–157. – Lyotard, Jean-François: »Das Erhabene und die Avantgarde«, in: *Das Inhumane. Plaudereien über die Zeit*, Wien 1989, S. 159–187. – Lyotard, Jean-François: *Die Analytik des Erhabenen. Kant-Lektionen*, München 1994. – Pries, Christine (Hrsg.): *Das Erhabene. Zwischen Grenzerfahrung und Größenwahn*, Weinheim 1989. – Welsch, Wolfgang: *Ästhetisches Denken*, Stuttgart 1991.

SH

F

Flusser, Vilém (* 1920 Prag †1991 Prag) Der Medienphilosoph Vilém Flusser wächst in seiner Geburtsstadt Prag auf. Sein Vater ist Professor für Mathematik an der Karls-Universität, an der Flusser 1938 ein Semester Philosophie studiert. 1939 flieht er mit seinen Eltern und seiner späteren Frau Edith zunächst nach London und wandert dann nach São Paulo, Brasilien, aus. Er ist lange als Kaufmann im Import-/Exportbereich tätig, hält aber Kontakt zum Brasilianischen Philosophischen Institut. 1959 wird er Dozent für Wissenschaftsphilosophie und 1963 Professor für Kommunikationsphilosophie an der Universität von São Paulo. 1972 kommt Flusser nach Europa zurück und wohnt zuerst in Meran, Südtirol, und dann in Robion, in der Provence, Frankreich. 1983 beginnt seine Karriere als ›digitaler Denker‹ mit seinem Buch *Für eine Philosophie der Fotografie.* 1991 wird er auf Einladung ↗ Friedrich A. Kittlers zum Gastprofessor an die Ruhr-Universität Bochum berufen. Im selben Jahr stirbt Flusser nach einem Vortrag am Prager Goethe-Institut bei einem Autounfall auf der Rückfahrt nach Bochum.

Die Medientheorie Flussers ist weitgehend eine Adaption der Thesen Marshall McLuhans mit phänomenologischen (Edmund Husserl) und existenzphilosophischen Einschlägen (Martin Heidegger) und einem Akzent auf dem Evolutionsaspekt der Medien. Er bezeichnet diesen als »Abstraktionsspiel« des Menschen von der Natur und von seiner Lebenswelt. Die vierdimensionale Wirklichkeit wird dabei von bewegenden ↗ Körpern in der Raumzeit formiert. Der Mensch tritt aus dieser Wirklichkeit heraus *(»ek-sistere«)*, abstrahiert von dem Raum die Zeit und erschafft damit die dreidimensionale Skulptur. Es folgen mit dem weiteren Abzug einer Dimension die zweidimensionalen Bilder, die wiederum von der eindimensionalen linearen Schrift abgelöst werden. Nach viertausend Jahren linearer Schriftkultur sind Texte zwar immer noch kulturprägend, aber inzwischen befindet sich die Gesellschaft in einer nachalphabetischen Phase, in der »Technobilder« oder »technische Bilder« die Funktion der Texte ersetzen. Das Endstadium dieser

Evolution ist sinnfällig der nulldimensionale Punkt, das Bit, das keine Dimension, keine Referenz mehr in der Wirklichkeit hat. Stattdessen »kom-putiert« der Computer aus diesen Punkten die Wirklichkeit und setzt sie simulacrisch (↗ Jean Baudrillard, ↗ Simulacrum, ↗ Simulation/Simulationstheorie) ohne Referenz an die Lebenswelt des Menschen zusammen. Diese Realität ist für den nachalphabetischen Menschen nicht mehr als ein Hologramm.

Eine Differenzierung dieser Evolutionsbeschreibung nimmt Flusser in der Reihe von Bild, Schrift und Technobild vor. So bezieht sich jedes Medium auf das unmittelbar vorhergehende. Während die Schrift die Bildlichkeit in der Narration auflöst, verweisen Technobilder, wie Fotos oder Filme, aber auch Verkehrsschilder, Kurven, Diagramme und Symbole, nicht mehr auf Bilder, sondern auf die Schrift, die in Form von Programmen die Grundlage der technischen Geräte zur Erzeugung von Technobildern bildet. Traditionelle Bilder sind Szenen, Technobilder aber Texte. Eine Kulturtechnik, ein »Code« im Diktum Flussers, hält sich nur so lange, wie sie dem Menschen sich und die Welt bedeutet. In diesem evolutionären Krisenmodell stellt der Verlust des Glaubens an den einen Code den Menschen wieder vor das Nichts. Ein neuer Code rettet vor dieser Bodenlosigkeit und verleiht neue Bedeutung. Der Mensch codiert sich um. Diese Funktion übernimmt heute der Computer.

Begonnen hat diese Unterwanderung der Schriftkultur, der Flussers besonderes Interesse gilt, mit der Einwanderung der Zahlen in das Alphabet zu einem zwiespältigen »alphanumerischen Code«. Das buchstäbliche Denken funktioniert im Nacheinander von Szenen. Es operiert prozessual und teilt die Oberfläche in Zeilen, in Linien ein. Das mathematische Denken hingegen löst die Oberfläche des Bildes in Punkte und Intervalle auf. Es kalkuliert die Szenen zu »Körnern« und etabliert ein analytisches und strukturelles Punkte-, Zahleninseln- oder Cluster-Denken. Wir sind unterwegs, so Flusser, von einem Universum der Prozesse, in dem die Kausalketten herrschen, zu einem Universum der Partikel, in dem alles schwirrt und kontingent ist.

Die Fotografie erschafft nach Flusser das erste Technobild. Der herkömmlichen Betrachtung nach ist die Kamera eine Vorrichtung, die Licht aufnimmt und es auf Molekülen einer chemischen Verbindung auffängt. Die dort ausgelösten Reaktionen ergeben ein negatives Abbild der Gegenstände, von denen das Licht ausging. Flusser schlägt eine andere Lesart vor: Die Kamera ist eine Vorrichtung, die Informationen empfängt, sie in Bits kalkuliert, in einem Gedächtnis lagert und so komputiert, dass sie als Bilder abgerufen werden können. Die erste Darstellung der Kamerafunktion ist prozessual und damit linear. Die zweite Darstellung ist kalkulatorisch. Der fotografische Vorgang erscheint darin als ein Prozessieren von Daten. In der zweiten Darstellung kommt das neue und nicht mehr lineare Denken zu Wort. Mit dem neuen Code treten ein neues Denken, eine neue Wahrnehmung und damit ein neues Bewusstsein zutage. Jedesmal ist es ein Misstrauen an dem gängigen Code, der zu einem neuen Code führt. Gegenwärtig, und das bedeutet für Flusser: in der *Nachgeschichte*, ist es die Einsicht, dass alles um uns herum künstlich ist, von Menschen gemacht, dass alles nur ein Modell und geschaffen aus dem Nichts ist. Die letzte Naivität schwindet und der Mensch steht, so Flusser kulturkritisch, vor der »totalen Entfremdung«. Wenn wir ins Kino gehen, erleben wir Projiziertes, starren auf eine leere Leinwand. Die Bilder dort werden nicht »be-griffen« und »er-fasst«, sondern erlebt. Erlebbares soll die Erfahrung einer Welt des Nichts überdecken. Es gibt keine Suche nach Erfahrungen mehr, sondern nur noch die nach Sensationen, nach unwahrscheinlichen Konstellationen von Möglichkeiten. Oberflächen sollen nicht mehr durchschaut und überwunden werden, sondern im Gegenteil geschaffen. Kritik darf sich dann nicht mehr auf den Inhalt der Bilder, sondern muss sich dem Projektor zuwenden, dem Apparat und seinem »Programmator«. Technische Bilder sind demnach Bilder nach einer Epoche der Begriffe und des Textes und nur auf diese verweisen sie auch. Man könnte sie als zu Flächen geraffte Texte oder Begriffe definieren. Sie verweisen nur auf ihr Programm, also auf das kalkulierende Denken, das dahinter steckt.

Diese Medienphilosophie hat einen starken existenziellen Einschlag. Nach Flusser ist die menschliche Kommunikation ein Kunstgriff, dessen Absicht es ist, die brutale Sinnlosigkeit eines zum Tode verurteilten Lebens vergessen zu lassen. Der Mensch versucht, das Nichts zu überbrücken, das ihn umgibt. Er versucht, einen Kokon aus Information zu spinnen, um seiner Existenz Sinn und Dauer zu verleihen. Nach dem Erlernen der Codes, der Gesten der Kommunikation, wird deren Künstlichkeit vergessen. Kultur fungiert als Schutzhülle zwischen Mensch und Natur, zwischen Selbsterschaffung und Bedeutungslosigkeit. Sie verstellt aber zugleich die Sicht auf die Welt und entzieht dem Menschen die konkrete Wirklichkeit. Zwischen existenzieller und kulturkritischer Perspektive und einer Warnung vor einer »autoritären Gesellschaft« entwirft Flusser aber durchaus unterschiedliche Versionen der Zukunft. Die bekannteste ist die Utopie von der »telematischen Gesellschaft«, einer »dialogischen Gesellschaft«, die, um dem entropischen Wärmetod zu entgehen, ständig neue Information erzeugt und letztlich als Netzwerk ein kybernetisch gedachtes »kosmisches Gehirn« erzeugt. Diese Lesart der Vernetzung übernimmt Flusser aus dem Modell der »Noosphäre« Teilhard de Chardins.

Einen guten Einstieg in seine Schriften liefern die posthumen Sammelbände *Die Revolution der Bilder. Der Flusser-Reader zu Kommunikation, Medien und Design* (1997) und Vilém Flussers *Medienkultur* (1997). Eine eher launige Zusammenstellung Flusser-affiner Themen und Texte liefert die Festschrift *über flusser* von Volker Rapsch (1990). Eine vor allem rhetorikanalytische kritische Besichtigung der Brüche in Flussers Texten, die zwischen Kulturkritik und utopischer Medienfeier oszillieren und an keiner Stelle ihre Quellen offenlegen, liefert Elizabeth Neswalds *Medien-Theologie. Das Werk Vilém Flussers* (1998).

Ausgewählte Werke: *Für eine Philosophie der Fotografie*, Göttingen 1983. – *Ins Universum der technischen Bilder*, Göttingen 1992. – *Die Schrift. Hat Schreiben Zukunft?*, Frankfurt am Main 1992. – *Krise der Linearität,* Bern 1992. – *Bodenlos. Eine philosophische Autobiographie*, Bensheim/ Düsseldorf 1992. – *Gesten. Versuch einer Phänomenologie*, Bensheim/ Düsseldorf 1991. – *Lob der Oberflächlichkeit. Für eine Phänomenologie der Medien, Schriften Band 1*, Mannheim 1993. – *Nachgeschichte. Eine korrigierte Geschichtsschreibung, Schriften Band 2*, Mannheim 1993. – *Vom Subjekt zum Projekt. Menschwerdung, Schriften Band 3*, Mannheim 1994. – *Kommunikologie, Schriften Band 4*, Mannheim 1996. – *Medienkultur*, Frankfurt am Main 1997.

Literatur: Guldin, Rainer: *Philosophieren zwischen den Sprachen. Vilém Flussers Werk*, München 2005. – Neswald, Elizabeth: *Medien-Theologie. Das Werk Vilém Flussers*, Köln/Weimar/Wien 1998. – Rapsch, Volker (Hrsg.): *über flusser. Die Fest-Schrift zum 70. von Vilém Flusser*, Düsseldorf 1990.

AM

Foucault, Michel (* 1926 Poitiers † 1984 Paris) Foucault, Sohn einer Arztfamilie in Poitiers (Frankreich), absolviert von 1946 bis 1951 an der École Normale Supérieure ein Doppelstudium der Philosophie und Psychologie. Ausgebildet wird er unter anderem durch Jean Hyppolite, Maurice Merleau-Ponty und Louis Althusser. Foucault arbeitet zunächst als Psychologe und ist dann in den 1950er- und 60er-Jahren in französischen Kultureinrichtungen im Ausland tätig (1955–58 Uppsala, 1958–59 Warschau, 1959–60 Hamburg). 1960 wird er an die Universität Clermont-Ferrand auf einen Lehrstuhl für Psychologie berufen. Im darauffolgenden Jahr verteidigt er seine *thèse principale* über *Kants Anthropologie* (unveröffentlicht) und *Folie et Déraison*. Den ersten philosophischen Lehrstuhl erhält er in Tunis, wo Foucault von 1966–69 lehrt. Ende 1968 wird er zum Professor für Philosophie an der Versuchsuniversität Vincennes (Paris VIII) ernannt. Ein Jahr später bereits erklimmt er den französischen Wissenschaftsolymp und erhält einen auf ihn zugeschnittenen Lehrstuhl für die Geschichte der Denksysteme am Collège de France. Auf der Höhe seines akademischen Ruhms unternimmt er zahlreiche Reisen und absolviert eine ganze Reihe von Forschungsaufenthalten im Ausland, vor allem in den USA. 1984 stirbt er an den Folgen einer AIDS-Erkrankung. Seit Anfang der 1970er-Jahre ist Foucault in verschiedenen, zum Teil von ihm selbst gegründeten politischen Organisationen tätig (zum Beispiel Groupe d'information sur les prisons und Groupe information-santé). Sein Lebensgefährte Daniel Defert war aktives Mitglied der 1970 vom Staat aufgelösten Gauche prolétarienne. Foucault engagierte sich öffentlich unter anderem gegen die Todesstrafe (in Frankreich erst 1981 abgeschafft), für Immigranten, Flüchtlinge (die so genannten *›boat people‹*, 1981) und die polnische Gewerkschaft Solidarność (1981). Er unterhielt freundschaftliche Beziehungen zu ↗ Gilles Deleuze, ↗ Roland Barthes und ↗ Jacques Derrida.

Phasen des Foucault'schen Denkens

Für Foucaults umfangreiches Werk werden verschiedene Einteilungen vorgeschlagen (vergleiche Gehring 2004, S. 10–11). Auch wenn in der neueren Literatur die Einheitlichkeit seines Werkes (Schneider 2004) beziehungsweise seines Verfahrens (Gehring 2004) betont wird, mag für eine erste Annährung die folgende Einteilung hilfreich sein, die sich an Fink-Eitel (1989) orientiert.

In die erste Phase fallen seine Schriften bis 1971, wobei seine offizielle Abgrenzung zum Strukturalismus in seiner Antrittsvorlesung *Die Ordnung des Diskurses* als Schlusspunkt dieser Phase gelten kann (↗ Diskurs). Den Gegenstand seiner bis dahin veröffentlichten Bücher bildet eine neue Form von Wissenschaftsgeschichte, die sich der Psychiatrie, der Medizin und den Humanwissenschaften zuwendet. *Die Archäologie des Wissens* kann als eine nachgereichte und aktualisierte Methodologie verstanden werden (↗ Wissen). Auch wenn Foucault dem Begriff des Strukturalismus misstrauisch gegenüberstand, ist diese Klassifizierung für seine frühen Werke unter anderem aufgrund seiner Beschreibung von autonomen Diskursen und der kritischen Distanz zum Subjekt-Begriff nachvollziehbar. Diese Phase wird oftmals mit der ↗ Archäologie beziehungsweise der Diskursanalyse verbunden. Die zweite Phase endet spätestens mit dem zweiten Band von *Sexualität und Wahrheit*, in dessen Vorwort Foucault die Notwendigkeit eines Studiums der Entstehung des abendländischen Subjekts in der Antike ausspricht – und damit (scheinbar) seine Beschäftigung mit den Machtbeziehungen für zeitweilig beendet erklärt. Tatsächlich steht in der zweiten Phase eine Analytik der Macht im Vordergrund: Sei es anhand der Analyse der Institution des Gefängnisses in *Überwachen und Strafen* (1975) oder anhand der Beziehung von Sexualität und ↗ Macht in *Der Wille zum Wissen* (1976). Diese Phase wird von einigen Autoren mit der ↗ Genealogie identifiziert (↗ Autor). Die dritte Phase bilden somit der zweite und dritte Band von *Sexualität und Wahrheit: Der Gebrauch der Lüste* (1984) und *Die Sorge um sich* (1984). In ihrem Mittelpunkt steht das Subjekt im Rahmen einer ↗ Ästhetik der Existenz und die Ethik.

Ein solches Phasenmodell unterschlägt jedoch sowohl die durchgehenden Themen, wie etwa die

Geschichte, als auch die Bedeutung der kleineren Schriften. Tatsächlich hat Foucault selbst ein solches Modell nahegelegt und seinen Büchern stets eine besondere Stellung eingeräumt (vergleiche Foucault 2005, S. 759). Einige der heute als wichtig erachteten Themen wurden jedoch nur in seinen Aufsätzen, Vorlesungen und Vorträgen entwickelt, etwa die ↗ Gouvernementalität oder der Begriff der ↗ Heterotopie.

Theorie und Politik
In einem Interview (1968) betont Foucault: »Nicht weil wir uns von der Politik abwenden, befassen wir uns mit so eng begrenzten theoretischen Problemen, sondern weil uns klar geworden ist, dass politisches Handeln sehr eng mit einer strengen theoretischen Reflexion verbunden sein muss« (Foucault 2001, S. 852). Diese Bindung seiner theoretischen Tätigkeit an die Politik und insbesondere an den Widerstand gegen die verschiedenen Formen von Macht hat er auch später immer wieder betont.

Diesem Widerstand kommt bei Foucault eine doppelte Bedeutung zu: Zum einen verstand er sich wohl selbst als Teil des Widerstandes »gegen die Macht der Männer über die Frauen, die der Eltern über ihre Kinder, der Psychiatrie über die Geisteskranken, der Medizin über die Bevölkerung, der staatlichen Verwaltung über die Lebensweise der Menschen« (Foucault 2005, S. 273). Zum anderen war er aber mit der theoretischen Grundlage des Widerstandes nicht einverstanden, wie etwa seine Kritik am Marxismus und Freudomarximus zeigt.

Selbst seine so genannte »Wende zum Subjekt« im Spätwerk bedeutet keine Abkehr von der Politik. Vielmehr ist die moderne Vorstellung vom Subjekt so eng mit dem modernen, westlichen Staat verbunden, dass Widerstand nur dann erfolgreich sein kann, wenn er sich zugleich gegen den Staat *und* die Vorstellung von Individualität richtet (vergleiche Foucault 2005, S. 208). Diese Bindung von Theorie an die Politik hat allerdings auch zur Folge, dass viele Arbeiten nur ›negativ‹ ausgerichtet sind: Foucault legt zwar ausführlich dar, welche Begrifflichkeiten und Methoden zu vermeiden sind, formuliert aber keine positive Alternativen.

Philosophie und Geschichte
Die zentrale Aufgabe der Philosophie sei es, uns zu sagen, »was wir in diesem Augenblick sind« (Foucault 2005, S. 208). Sein Interesse

an der Geschichte ist diesem Interesse an der Gegenwart geschuldet: Zum einen will er dadurch Distanz zur Gegenwart gewinnen, zum anderen soll dargelegt werden, »worin unsere Gegenwart sich von allem anderen, also der Vergangenheit, […] absolut unterscheidet« (Foucault 2001, S. 848).

Um diese Unterschiede herausarbeiten zu können, entwickelt Foucault seine eigene Form der Geschichtsschreibung, die zunächst den Namen Archäologie trägt. Dabei wendet er sich insbesondere gegen eine traditionelle Geschichtsvorstellung, welche unter anderem durch die Annahme von Kontinuität geprägt ist und der Diskontinuität keinen Raum lässt. Damit werden aber gerade die absoluten Unterschiede nivelliert. Explizit richtet er sich dabei nicht gegen die Geschichte an sich, sondern gegen die »Geschichte für Philosophen«, die er unbedingt »töten« will (Foucault 2001, S. 849).

Auch wenn seine Genealogie den Blick auf die Entstehung von Institutionen der Gegenwart richtet, zum Beispiel auf die Psychiatrie oder das Gefängnis, so bleibt sein Interesse an den Unterschieden erhalten. Indem er die Ursprünge der Institutionen darlegt, richtet er die Frage an diejenigen, welche in diesen Institutionen tätig sind: »Sind Sie imstande, Ihre eigene Geschichte zu ertragen?« (Foucault 2005, S. 927). Die Frage gewinnt aber erst dadurch an Brisanz, dass die von Foucault dargestellten Ursprünge nur schwer mit dem heutigen Denken über diese Institutionen in Einklang zu bringen sind.

Ein besonderes Problem stellt für Foucault seine eigene Person und insbesondere seine Rolle als institutionalisierter Philosoph und Intellektueller dar. Zum einen, weil er die Rolle des ›Intellektuellen‹, wie sie von Sartre vorgeprägt war, ablehnte; zum anderen, weil er Teil einer Institution war, die es selbst zu hinterfragen galt. Dies dürften zumindest zwei der Gründe sein, warum er sich erst spät erneut zur Philosophie bekannte – und auch erst in der neueren Literatur als ›Philosoph‹ neu entdeckt wird.

Wirkung, Rezeption, Kritik

Ein Blick in die umfangreiche Sekundärliteratur über Foucault zeigt, dass sein Werk in unterschiedlichen Kulturkreisen, in verschiedenen wissenschaftlichen Disziplinen und politischen Bewegungen höchst unterschiedlich aufgenommen wird, wobei sich die Rezeption oftmals auch nur auf Teile seines Werks bezieht. Hierfür dürften sowohl die Zugänglichkeit der Texte als auch ein jeweils spezifisches Interesse an ihren Themen und Verfahrensweisen eine Rolle gespielt haben. Die Rezeption in der italienischen Autonomiebewegung der 1970er-Jahre setzt sicherlich andere Akzente als zum Beispiel die Betrachtung im Rahmen der deutschen Literaturwissenschaft in den 1990er-Jahren. Diese unterschiedlichen Lesarten verdanken sich zum Teil der Beweglichkeit von Foucaults Denken, das zwar die Rekonstruktion eines Verfahrens erlaubt, sich jedoch nur schwerlich als vermittelbare Methode darstellen lässt (vergleiche Gehring 2004, S. 155). Zudem ist seine Herangehensweise »ungleich arbeitsaufwändiger als historische Untersuchungen und Theoriearbeiten herkömmlichen, hermeneutischen Stils« (ebd., S. 156). Foucault eignet sich dementsprechend nicht für eine (vor-)schnelle Bezugnahme, was insbesondere auch die Kritik an seinem Werk oder seiner (vermeintlichen) Position betrifft.

Ausgewählte Werke: *Wahnsinn und Gesellschaft. Eine Geschichte des Wahns im Zeitalter der Vernunft* (1961), Frankfurt am Main 1969. – *Die Geburt der Klinik. Eine Archäologie des ärztlichen Blicks* (1963), München 1973. – *Die Ordnung der Dinge. Eine Archäologie der Humanwissenschaften* (1966), Frankfurt am Main 1971. – *Archäologie des Wissens* (1969), Frankfurt am Main 1973. – *Die Ordnung des Diskurses* (1972), München 1974. – *Überwachen und Strafen. Die Geburt des Gefängnisses* (1975), Frankfurt am Main 1976. – *Sexualität und Wahrheit* (1976–1984), 3 Bände, Frankfurt am Main 1977–1986. – *Dits et Écrits. Schriften* (1994), 4 Bände, Frankfurt am Main 2001–2005.

Literatur: Eribon, Didier: *Michel Foucault. Eine Biographie*, Frankfurt am Main 1993. – Fink-Eitel, Hinrich: *Foucault zur Einführung*. Hamburg 1989. – Gehring, Petra: *Foucault. Die Philosophie im Archiv*, Frankfurt am Main/New York 2004. – Ruoff, Michael (Hrsg.): *Foucault-Lexikon*, Stuttgart 2009 – Schneider, Ulrich Johannes: *Michel Foucault*, Darmstadt 2004. – Taureck, Bernhard H. F.: *Michel Foucault*, Reinbek 1997.

MN

G

Gender Studies Die Auseinandersetzungen der neuen Frauenbewegung mit den gesellschaftlichen Bedingungen der Lebensverhältnisse von Frauen ergaben Ende der 1960er-Jahre nicht nur einen politischen Handlungsbedarf, sondern artikulierten darüber hinaus einen Bedarf an spezifischem ↗ Wissen, mit dem die hinterfragte Geschlechterhierarchie zu analysieren und zu durchbrechen wäre. Mit der Verwissenschaftlichung des Feminismus wurde zunehmend Kritik laut an der Generalisierung der Erfahrungen des männlichen und nur scheinbar neutralen Forscherindividuums, mit der Folge, dass die Objektivität der männlich geprägten Forschung, auch im naturwissenschaftlichen Bereich, infrage gestellt wurde. Aus dieser Perspektive wurde das Geschlecht als soziokulturelle und historische Analysekategorie konzeptionalisiert.

Der Psychologe Robert Stoller schlug 1968 vor, den sprachwissenschaftlichen Begriff *›gender‹* zu verwenden, um die kulturelle Dimension des Geschlechts gegenüber einem biologischen Determinismus zu betonen. Mit diesem Begriff etablierte sich auch die Bezeichnung Gender Studies. Teilweise wird die Bezeichnung ›Frauenforschung/Women's Studies‹ weitergeführt, um bewusst das Defizit im Bereich der Frauenforschung sichtbar zu machen. Dennoch war der Begriff Gender Studies vor allem eine Kritik an der biologistischen und essenzialistischen Tendenz der Women's Studies.

Eine erste Beschreibung der Zweigeschlechtlichkeit als sozialem Klassifikations- und Differenzierungsprinzip findet sich in dem ursprünglich ethnologischen Konzept des *doing gender*. Dieses Konzept fragt nach dem Zusammenhang zwischen Geschlechtskörper und Handeln. Im Rückgriff auf kulturelle Ressourcen wie zum Beispiel Kleidung, Stimme oder ↗ Körper müssen Individuen durch intersubjektives und prozesshaftes Handeln Geschlecht und Körper für andere nachvollziehbar darstellen. An dieser handlungszentrierten Perspektive wurde jedoch die Vernachlässigung normativer Aspekte kritisiert, denn die Darstellungsarbeit findet ihrerseits in einem sozialen Rahmen statt, der hierarchisch geprägt ist und von strukturellen Asymmetrien und Ungleichheiten durchkreuzt wird. Mitte der 1970er-Jahre wurde von Gayle Rubin die Unterscheidung eines *sex/gender*-Systems als Erklärungsansatz eingeführt (1975). Der Begriff ›*sex*‹ meint hier die physische Disposition, ›*gender*‹ die Identitätskonzepte des Weiblichen und Männlichen, wie sie über die gesellschaftlichen ↗ Diskurse vermittelt werden. Das auf den psychoanalytischen Theorien Sigmund Freuds und den strukturalistischen Theorien Claude Lévi-Strauss' basierende Konzept fand in den Gender Studies weite Verbreitung. Inzwischen wurde diese Differenzierung zwischen *sex* und *gender* kritisiert. Die Voraussetzung eines vordiskursiven, biologischen Geschlechts würde den Machteffekt (↗ Macht) des Diskurses geradezu reproduzieren, so die Gegenargumentation. Insbesondere ↗ Judith Butler entfachte mit ihrem Buch *Gender Trouble* (1990), in dem sie argumentiert, dass *sex* letztlich auch nur das Produkt sich ständig wiederholender Prozesse und somit auch *gender* sei, einen heftigen Streit unter Feministinnen. Für Butler ist die Unterscheidung von *sex* und *gender* eine rhetorische Figur, die letztlich wieder auf einen Essenzialismus zurückgreift. Der entscheidende Aspekt an Butlers Theorie lautet, dass die körperlichen Aspekte, also die physische Materialität der sexuellen Reproduktion, erst durch soziale Praxen aktiviert werden. Ihre Theorie entfaltet sie anhand der Begriffe des Diskurses und der Materie. Ziel ihrer genealogischen Analyse ist eine Deplausibilisierung der scheinbar essenzialistischen »Natur« der Geschlechterdifferenz. Butler geht davon aus, dass den Dingen keine Bedeutung immanent ist, sondern »die Dinge« immer schon Effekte von Repräsentation und Interpretation darstellen. Jene Bedeutungsproduktion ist möglich aufgrund der performativen Logik der Sprache, die soziale Realitäten in und durch Diskurse produzieren kann.

Sprache und Diskurs sind demnach produktive, da performative Handlungen, die Realität erzeugen und nicht eine scheinbar objektive oder vordiskursive Realität abbilden. Das Konzept des *performing gender* formuliert den Prozess der Erzeugung von Geschlecht mithilfe wiederholender beziehungsweise zitierender diskursiver Praktiken. Nur wenn Sprechhandlungen sich auf diskursinnere frühere Interpretationen und Bedeutungskonstitutionen beziehen, können sie einen Sinn entfalten und somit erfolgreich sein. Eine Formulierung von einem Punkt außerhalb des bestehenden Diskurses ist nicht möglich. Butlers Auffassung von der diskursiven Konstituierung der Materialität, rührt aus ihrer generellen Skepsis gegenüber dem philosophischen und substanziellen Materiebegriff. Sie rekonstruiert die Geschichte des Materiebegriffs, der in seiner historisch-philosophischen Dimension bereits immer mit Weiblichkeit assoziiert erscheint. Materie erscheint dort als ein »weibliches Prinzip der Potentialität«, das eines männlichen formenden Einflusses, *morphe* oder *schema*, bedarf. Das empfangende mütterliche Prinzip einer passiven Stofflichkeit ist folglich nicht zu einer eigenen kulturellen Signifikation fähig, sondern bedarf dazu des männlich formenden Einflusses. Die Bedeutung konstituiert sich somit erst durch eine männlich verstandene Morphologie. Für einen sinnstiftenden Akt besitzt Materie zwar eine notwendige Bedeutung, befindet sich aber als ungeformte Stofflichkeit jenseits des philosophisch Bedeutsamen. In diesem Paradoxon sieht Butler das hierarchische und gewaltsame Verhältnis zwischen *morphe* und *hyle* (gr., Materie) begründet. Die weiblich codierte Materialität ist somit irreduzibel, das bedeutet, dass sie aus sich selbst heraus keine eigene Identität entwickeln kann, sie ist selbst nicht repräsentier- beziehungsweise darstellbar. Demgegenüber kann sich eine feministische Theorie, die sich auf die sexuierte Spezifik des Weiblichen beruft, immer nur auf die Materialität des Körpers als Ausgangspunkt beziehen.

Die Beziehung zwischen Geschlechtskörper, Geschlechtsidentität und Begehren ist dabei nicht willkürlich, sondern durch die normative Heterosexualität (»die heterosexuelle Matrix«) strukturiert. Heterosexualität wirkt in dem Sinne normativ und als zu zitierende Norm zwanghaft, wie sie sich als selbstevidente Übereinstimmung zwischen *sex*, *gender* und Begehren im alltagsweltlichen Erleben präsentiert. Heteronormativität arbeitet dabei mit diskursiven Ausschlussmechanismen, die zwei differente Geschlechter konstruieren, welche wiederum nur als komplementäre Elemente auftreten. Heteronormativität trennt, was sie dann konstitutiv vereint, um die diskursive Kopplung von Reproduktion und Sexualität zu legitimieren. Dieses Konzept der Heteronormativität ist in der Folge von den Gay Studies, Lesbian Studies und Queer Studies stark rezipiert worden. Sozialkonstruktivistische Konzeptionalisierungen des Körpers bergen ein hohes Verunsicherungspotenzial, denn dass sich der Körper als diskursiv konstruiert herausstellt, konfrontiert das Subjekt mit seiner Fragilität und stellt seine ontologische Basis infrage.

Nach der Rezeption der radikalkonstruktivistischen Ansätze versucht man die entwickelten hochabstrakten Theoriegebilde wieder an eine (historische) Realität zu binden. Dabei konzentrieren sich die Forschungen auf das nach 1800 entstandene Zweigeschlechtermodell und rezipieren vor allem neuere Ergebnisse der medizinhistorischen Forschung (Thomas Lacqueur). Die Gender Studies charakterisiert heute ein hoher Grad an Interdisziplinarität. Trotz des großen Methoden- und Theorienpluralismus ist die kulturwissenschaftlich-anthropologische Dominanz der Forschung deutlich erkennbar. Den angestrengten Institutionalisierungsversuchen steht die Implementierung des Gender-Konzeptes als Forschungsansatz und erkenntnistheoretisches Korrektiv in den einzelnen Disziplinen gegenüber.

Literatur: Butler, Judith: *Das Unbehagen der Geschlechter*, Frankfurt am Main 1991. – Butler, Judith: *Körper von Gewicht. Die diskursiven Grenzen des Geschlechts*, Frankfurt am Main 1997. – Rubin, Gayle: »The Traffic in Women. Notes on the Political Economy of Sex«, in: Reiter, Tayna, R.: *Toward an Enthropology of Women*, New York 1975. – Stoller, Robert: *Sex and Gender. On the Development of Masculinity and Femininity*, London 1968. – Villa, Paula-Irene: *Sexy Bodies. Eine soziologische Reise durch den Geschlechtskörper*, Opladen 2000.

EW

Genealogie Seit dem 17. Jahrhundert bezeichnet die Genealogie als Herkunfts-, Sippen- und Geschlechterkunde eine historische (Hilfs-)Wissenschaft. 1887 übernimmt Nietzsche den Begriff der Genealogie für seine Schrift über *Herkunft unserer moralischen Vorurtheile*, wobei er sich unter anderem kritisch auf Paul Rées Schrift über den *Ursprung der moralischen Empfindungen* (1877) bezieht.

In *Die Ordnung des Diskurses* (1971) kündigt ↗ Michel Foucault an, dass sich seine Analysen in zwei Richtungen bewegen werden: in die der »Kritik« und die der

»Genealogie« (1991, S. 38–39). Da er im Folgenden die Genealogie, wie zuvor die ↗ Archäologie, als glücklichen Positivismus bestimmt (1991, S. 44), kann die Stelle so verstanden werden, dass mit dem neuen Begriff ein neues Forschungsprogramm verbunden ist. Dies trifft nur bedingt zu: Zum einen kann die Genealogie als Fortführung des alten Programms betrachtet werden (Schneider 2004, S. 102), zum anderen stellt Foucault selbst zum Beispiel in Der *Gebrauch der Lüste* (1984) Genealogie und Archäologie als »zwei Dimensionen innerhalb ein und derselben Untersuchung« vor (Gehring 2004, S. 132).

Den Begriff der Genealogie wählt Foucault mit Bezug auf Nietzsche, wobei er in seinem Aufsatz *Nietzsche, die Genealogie, die Historie* (1971) Genealogie als »Erforschung der Herkunft und Entstehung« gegen die Vorstellung eines »Ursprungs« in der traditionellen Geschichtsschreibung absetzt: »Eine Genealogie der Werte, der Moral, der Askese oder der Erkenntnis kann sich daher niemals auf die Suche nach deren ‚Ursprung' machen und dabei all die Episoden der Geschichte außer Acht lassen, weil sie unzugänglich seien; sie muss sich vielmehr mit den Einzelheiten und Zufällen der Anfänge auseinandersetzen […]« (Foucault 2002, S. 170).

In diesem Sinne charakterisiert auch Raymond Geuss die Genealogie dadurch, dass sie »die Geschichte ihrer Gegenstände durch eine Reihe von verzweigten Ahnen zurück [verfolgt], wobei sie *nie* auf einen einzigen, natürlichen, absoluten Anfangspunkt stößt« (Geuss 2002, S. 24). Allerdings ist nach Geuss die Genealogie auf die Untersuchung von zentralen sozialen Phänomen (zum Beispiel Christentum, Demokratie, Strafvollzugssystem) ausgerichtet, deren einheitliches Erscheinungsbild in einer genealogischen Darstellung aufgelöst wird (ebd., S. 31).

Gegenstand der Geneaolgie bei Foucault ist zunächst »die tatsächliche Entstehung der ↗ Diskurse: innerhalb oder außerhalb der Kontrollgrenzen, zumeist auf beiden Seiten der Schranken« (Foucault 1991, S. 41), wobei die »Kontrollgrenzen« den Gegenstand der »Kritik« als zweite Richtung der Analyse bilden. In diesem Sinne betrachtet die Geneaolgie beispielswiese hinsichtlich der Sexualität »das Werden eines ↗ Wissens, das wir an seiner Wurzel fassen möchten: in den religiösen Institutionen, in den pädagogischen Maßnahmen, in den medizinischen Praktiken, in den Familienstrukturen, in denen es sich formiert hat« (Foucault 1983, S. 7).

Literatur: Foucault, Michel: »Nietzsche, die Genealogie, die Historie« (1971), in: *Schriften 2*, Frankfurt am Main 2002, S. 166–191. – Foucault, Michel: *Der Wille zum Wissen. Sexualität und Wahrheit 1* (1976), Frankfurt am Main 1983. – Geuss, Raymond: *Privatheit. Eine Genealogie*, Frankfurt am Main 2002. – Gehring, Petra: *Foucault – Die Philosophie im Archiv*, Frankfurt am Main/New York 2004. – Schneider, Ulrich Johannes: *Michel Foucault*, Darmstadt 2004.

MN

Gouvernementalität Der von ↗ Michel Foucault in Aufsätzen und Vorlesungen Ende der 1970er-Jahre geprägte Arbeitsbegriff soll der Überbewertung des Staatsproblems in der politischen Theorie entgegenwirken. Nach Foucault ist der entstehende Wohlfahrts- und Sozialstaat des 18. und 19. Jahrhunderts gerade nicht durch eine rechtsförmige Souveränität gekennzeichnet (ein Souverän beherrscht Untertanen). Vielmehr etabliert sich eine an der Natur und an der Sicherheit der Bevölkerung ausgerichtete – eine diese Natur sowie Sicherheit manipulierende – »Regierungskunst« (ein Verwaltungsapparat steuert die physische Gesamtheit der empirischen Menschen und Dinge).

Unter »Gouvernementalität« will Foucault eine Gesamtheit von Taktiken, Regierungsapparaten und Wissensarten (↗ Wissen) verstehen, die, wie es im ersten Band der Vorlesungen zur Geschichte der Gouvernementalität heißt, »als Hauptzielscheibe die Bevölkerung, als wichtigste Wissensform die politische Ökonomie und als wesentliches technisches Instrument die Sicherheitsdispositive hat« (2004, S. 162 f.) (↗ Dispositiv). Mit der Vorstellung von der »guten Regierung« (des Einzelnen und aller Menschen) weist die neuzeitliche Formation des Staates nicht zuletzt zurück auf die »Pastoralmacht«, das christliche Führungsmodell des guten Hirten.

Der Konzepttitel »Gouvernementalität« wurde von Daniel Defert, Jacques Donzelot, François Ewald und anderen aufgegriffen und durch vor allem im angelsächsischen Raum rezipierte Studien in den 1990er-Jahren weiterentwickelt. Für die Moderne zeigt der Ansatz bei der ↗ Genealogie insbesondere, wie sich im 19. Jahrhundert eine ↗ Bio-Macht entfaltet.

Literatur: Foucault, Michel: »Omnes et singulatim« (1979), in: *Schriften 4*, Frankfurt am Main 2005, S. 165–198. – Foucault, Michel: *Geschichte der Gouvernementalität 1: Sicherheit, Territorium, Bevölkerung*, Frankfurt am Main 2004. – Foucault, Michel: *Geschichte der Gouvernementalität 2: Die Geburt der Biopolitik*, Frankfurt am Main 2004.

PG

Grammatologie ist ein zentraler Begriff in der poststrukturalistischen Theorie (↗ Poststrukturalismus) von ↗ Jacques Derrida und zugleich der Titel seines ersten, 1967 veröffentlichten philosophischen Hauptwerks. Der Bezug auf das dem Begriff zugrunde liegende griechische Wort *gramma* für den Buchstaben ist dabei wörtlich zu nehmen. Derridas neue »Schriftwissenschaft« versteht sich als Kritik am ↗ Phonozentrismus und Logozentrismus der abendländischen Metaphysik-Tradition, die die Stimme, den Logos und die Präsenz präferiert. Diese Kritik wird im ersten Teil der *Grammatologie* entwickelt, während der zweite Teil der Auseinandersetzung mit dem Strukturalismus vor allem von Ferdinand de Saussure und Claude Lévi-Strauss gewidmet ist. Dabei stellt Derrida in teilweiser Umkehrung der strukturalistischen Tradition den Signifikanten, nicht das Signifikat, ins Zentrum seiner Theorie der Bedeutungsbildung. »Schriftlichkeit« mit ihren Effekten der Distanzierung und der Unterwanderung binärer Oppositionen wird dabei als Grundaspekt der Sprache herausgearbeitet. Derrida wählt zur begrifflichen Benennung dieser in der grammatologisch verstandenen Sprache angelegten Zentrumslosigkeit, Unabschließbarkeit und ständigen Verschiebung von Bedeutungen den Neologismus der ↗ *différance*.

Literatur: Derrida, Jacques: *Grammatologie* (1967), Frankfurt am Main 1983. – Derrida, Jacques: *Die Schrift und die Differenz* (1967), Frankfurt am Main 1976.

EK

GREPH Die Groupe de recherche sur l'enseignement philosophique (GREPH) ist eine 1975 von Philosophielehrern und -professoren gegründete Arbeitsgruppe, deren prominentestes Mitglied wohl

↗ Jacques Derrida war. Anlass der Gründung war eine groß angelegte Reform des französischen Schulsystems (die so genannte ›Haby-Reform‹, benannt nach dem damaligen Bildungsminister René Haby). GREPH engagierte sich für eine Stärkung der Rolle der Philosophie in diesem System, einerseits durch die Ausweitung des Philosophieunterrichts auf eine größere Anzahl von Klassenstufen (er wird nur in der Abschlussstufe, der *Terminale*, erteilt), andererseits durch den Gedanken der Interdisziplinarität, der zu einer Berücksichtigung philosophischer Fragestellungen in anderen Fächern führen sollte. Zwar konnte sich GREPH mit ihren Forderungen nicht durchsetzen, doch von ihr entwickelte Konzepte wurden später von Derrida in die Konzeption des ↗ Collège international de philosophie (CIPH) eingebracht.

Literatur: Derrida, Jacques: *Vom Recht auf Philosophie* (1990), 3 Bände, Wien 2003–2005. – GREPH (Hrsg.): *Qui a peur de la philosophie?*, Paris 1977.

PB

Große Erzählung Als große Erzählungen (auch: Metaerzählungen) bezeichnet ↗ Jean-François Lyotard die für die Moderne bestimmenden Legitimationsdiskurse, zu denen er unter anderem den Emanzipationsdiskurs der Aufklärung, den Marxismus, den Kapitalismus und das Christentum zählt (↗ Diskurs). Typisch für diese Metaerzählungen ist ihr im weitesten Sinne heilsgeschichtlicher Charakter: Sie sind auf eine »einzulösende Zukunft«, eine »noch zu verwirklichende Idee« (Lyotard 1987, S. 33) hin orientiert.

In der ↗ Postmoderne, so Lyotards berühmte Diagnose, verlieren diese großen Erzählungen ihre Überzeugungskraft: Der Versuch, der jeweiligen Heilsgeschichte zur Realität zu verhelfen, führt dazu, dass das, was sich in diese Geschichte nicht einschreiben lässt, ausgeschlossen und unterdrückt wird. Im Namen des Ausgeschlossenen fordert Lyotard in den 1970er-Jahren eine »Politik der kleinen Erzählungen« (1979, S. 6), die helfen soll, die »narrativen Monopole« (ebd., S. 64) der großen Erzählungen zu brechen: An die Stelle einer monolithischen Heilsgeschichte treten »Wolken von Erzählungen« (ebd., S. 29), denen es eine Stimme zu verleihen gilt.

Die Politik der kleinen Erzählungen gibt Lyotard in den 1980er-

Jahren auf, da diese lokalen Erzählungen zwar nicht mit universalem Anspruch auftreten, aber – zum Beispiel in Form nationalistischer Diskurse – auf traditionsgebundene oder gar mythische Legitimation zurückgreifen und dadurch, nicht anders als die großen Erzählungen, Ausschlussstrategien verfolgen. Es genügt also nicht, kleine an die Stelle großer Erzählungen zu setzen, es kommt vielmehr darauf, an, »den Widerstreit auszudrücken« (1989, S. 33), das heißt: auf die Ausschlussmechanismen aufmerksam zu machen, die überall dort greifen, wo mit legitimatorischer Absicht ›erzählt‹ wird. (↗ Widerstreit)

Literatur: Lyotard, Jean-François: »Heidnische Unterweisungen«, in: *Apathie in der Theorie*, Berlin 1979, S. 6–71. – Lyotard, Jean-François: *Das postmoderne Wissen. Ein Bericht*, Wien 1994. – Lyotard, Jean-François: *Der Widerstreit*, Wien 1989. – Lyotard, Jean-François: »Randbemerkung zu den Erzählungen«, in: *Postmoderne für Kinder. Briefe aus den Jahren 1982–85*, Wien 1987, S. 32–37.

PB

Guattari, Félix (* 1930 Villeneuve-les-Sablons, † 1992 Cour-Cheverny) Französischer Psychoanalytiker und Philosoph; zentrale Figur der Anti-Psychiatrie-Bewegung. Zu Beginn seiner psychoanalytischen Tätigkeit stark beeinflusst durch die reform-psychiatrischen Ansätze Jean Ourys, in dessen Privatklinik La Borde er seit 1955 arbeitete (vergleiche *Recherches N° 21: Histoire de La Borde,* 1976, S. 78). Unter Aufnahme von Impulsen aus der phänomenologischen Psychologie und anthropologischen Medizin, wurde hier eine möglichst umfassende und vielseitige Behandlung psychotischer Erkrankungen angestrebt. Ab 1953 nahm Guattari an Seminaren ↗ Jacques Lacans teil; ab 1969 war er Mitglied der École Freudienne Lacans. In der 68er-Bewegung engagierte sich Guattari stark in der kommunistischen Linken. Seit Ende der 1960er-Jahre kam es vermehrt zur Zusammenarbeit mit dem Philosophen ↗ Gilles Deleuze. Die erste gemeinsame Veröffentlichung, *L'Anti-Œdipe. Capitalisme et schizophrénie* (1972), erreichte in kürzester Zeit erhebliche Verbreitung und entwickelte sich schnell zu einem regelrechten »Grundlagentext [des] neuen politischen Denkens« (Jäger 1997, S. 116).

Der *Anti-Ödipus* unternimmt den Versuch, Subjektivierungsprozesse in unmittelbarem Zusammenhang mit gesellschaftlichen Produktionsprozessen zu denken. Obwohl (neben Karl Marx) Freud und Lacan als die zentralen Referenzgestalten des Textes gelten können, so sind es doch gerade die zentralen Thesen (und Themen) der Psychoanalyse, welche einer radikalen Kritik und Umdeutung unterzogen werden. Das Versagen beziehungsweise repressive Potenzial der ›klassischen‹ Psychoanalyse besteht für Deleuze und Guattari darin, dass sie »das Unbewusste binären Einteilungen, der Instanz der Person, mythischen Erzählungen wie jener vom König Ödipus und klischeehaften Bildvorstellungen« (Ott 2005, S. 97 f.) unterwerfe: »Sag, daß es Ödipus ist, oder ich knall' dir eine!« (Guattari/ Deleuze 1972, S. 58). Diese durch die Psychoanalyse festgestellte – und damit unaufhörlich reproduzierte Triangulierung des anarchischen Wünschens durch ödipale Strukturen – konfrontieren die Autoren mit einem radikalen Gegenentwurf, in dem das Begehren *(désir)* nicht länger als Kompensation irgendeines Mangels gedeutet wird, sondern grundsätzlich positiv besetzt erscheint.

In den Jahren darauf folgten weitere Gemeinschaftsarbeiten mit Deleuze – 1975: *Kafka, pour une littérature mineure* (*Kafka. Für eine kleine Literatur,* 1976); 1980: *Mille Plateaux: capitalisme et schizophrénie* (*Tausend Plateaus. Kapitalismus und Schizophrenie II,* 1992), 1991: *Qu'est-ce que la philosophie?* (*Was ist Philosophie?*, 1996) – aber auch Schriften mit Autoren wie Antonio Negri (*Les nouveaux espaces de liberté*, Paris 1985) oder François Tosquelles (*Pratique de l'institutionnel et politique (entretiens)*, Paris 1985). Wie wichtig die ›kollektive Arbeit‹ zeitlebens für Guattari gewesen ist, zeigt sich auch in den zahlreichen Zeitschriften und Gruppierungen, die er mitbegründet hat – so unter anderem die Fédération des groupes d'études et de recherches institutionelles – F.G.E.R.I., die Zeitschriften *Recherches* und *Chimères* (gemeinsam mit Deleuze).

Ausgewählte Werke: *Psychanalyse et transversalité,* Paris 1973. – *La révolution moleculaire*, Paris 1977. – *L'inconscient machinique*, Paris 1979. – *Les années hiver*, Paris 1986. – *Les trois écologies*, Paris 1989. – *Cartographies schizoanalytiques*, Paris 1989. – *Chaosmose*, Paris 1992.

In deutscher Übersetzung: *Psychotherapie, Politik und die Aufgaben der institutionellen Analyse*, Frankfurt am Main 1976. – *Mikropolitik des Wun-*

sches, Berlin 1977. – *Die drei Ökologien*, Wien 1994. – (zusammen mit Gilles Deleuze) *Anti-Ödipus. Kapitalismus und Schizophrenie I* (1972), Winterthur 1974. – (zusammen mit Gilles Deleuze) *Tausend Plateaus. Kapitalismus und Schizophrenie II* (1980), Berlin 1992. – (zusammen mit Gilles Deleuze) *Was ist Philosophie?* (1991), Frankfurt am Main 1996.

Literatur: Jäger, Christian: *Gilles Deleuze. Eine Einführung*, München 1997. – Ott, Michaela: *Gilles Deleuze zur Einführung*, Hamburg, 2005. – Schmidgen, Henning (Hrsg.): *Ästhetik und Maschinismus. Texte von und zu Félix Guattari*, Berlin 1995. – Schmidgen, Henning: *Das Unbewußte der Maschinen. Konzeptionen des Psychischen bei Guattari, Deleuze und Lacan*, München 1997.

AL/JV

H

Heterotopie Der von ↗ Michel Foucault geprägte Begriff der Heterotopie (gr. *heteros topos:* anderer Ort) bezeichnet eine Klasse von Räumen innerhalb des gesellschaftlich normierten Raums, die dadurch charakterisiert sind, dass sie die Ordnung dieses Raums abbilden, sie aber zugleich infrage stellen und untergraben. Der Begriff, der bei Foucault insgesamt eher marginal ist, aber im Zuge des *spatial turn* in den Kultur- und Sozialwissenschaften Karriere gemacht hat, findet sich in *Die Ordnung der Dinge* (1966) und in zwei in dieser Zeit gehaltenen Vorträgen, die erst posthum (ab 1984) publiziert wurden.

In seiner *Archäologie der Humanwissenschaften* (↗ Archäologie) bezeichnet Foucault mit dem Begriff eine aus dem Werk von Jorge Luis Borges entlehnte Ordnungsstruktur (die ihrerseits einer fiktiven chinesischen Enzyklopädie entnommen ist). Diese Ordnungsstruktur läuft der abendländischen Logik zuwider und kann nicht in diese integriert werden: »Der exotische Zauber eines anderen Denkens« (Foucault 1971, S. 17), der in der Heterotopie der chinesischen Enzyklopädie seinen Ausdruck findet, zeigt einerseits »die Grenze unseres Denkens« (ebd.) auf, gewährt aber auch den Ausblick auf einen ›anderen Raum‹, der für den westlichen Blick gleichsam mythisch aufgeladen ist und eine »große Reserve an Utopien bildet« (ebd., S. 21).

Während in *Die Ordnung der Dinge* der Begriff Heterotopie im Grunde noch eine rein begriffliche Ordnungsstruktur meint, der freilich ein Raum (China) korreliert ist, bezeichnet er in den wenig später von Foucault gehaltenen Vorträgen konkrete Räume innerhalb des gesellschaftlichen Raums: Diese *Andere*[n] *Räume* (so der Titel des bekannteren, stark rezipierten Vortrags) nehmen in dem sie umgebenden Raum und seiner Ordnung eine ambivalente Stellung ein: Es handelt sich um »Gegenorte« (2005, S. 935), deren Platz und Rolle im gesellschaftlichen Raum zwar genau angegeben werden kann, die aber in gewisser Wiese außerhalb seiner Ordnung stehen.

In Form und Funktion sind sie höchst vielfältig, doch lassen sich zwei große Typen ausmachen. Der erste Typ von Heterotopien umfasst Orte mit Anstaltscharakter, die eine gesellschaftliche Ordnungs- und Ausschlussfunktion wahrnehmen. Innerhalb dieses ersten Typus unterscheidet Foucault genauer zwischen Krisenheterotopien (zum Beispiel Schulen, Krankenhäuser, Altenheime) und Abweichungsheterotopien (zum Beispiel Gefängnisse oder psychiatrische Anstalten). Der zweite große Typ umfasst die heterogene Gruppe der Heterotopien, die keine Ausschlussfunktion im engeren Sinne haben. Foucault führt unter anderem Gärten, Bibliotheken und Museen an. Auch diese Räume haben eine Ordnungsfunktion: So sind Gärten Orte der Domestikation und Klassifikation der Natur und in Museen und Bibliotheken werden die Zeugnisse der Vergangenheit inventarisiert und systematisiert.

Durch ihre Ausschluss- oder Archivierungsfunktion (↗ Archiv) tragen Heterotopien zur Homogenisierung des Sozialraums bei und festigen dadurch seine Ordnung. Doch das auf Zeit oder dauerhaft Ausgeschlossene, das gesellschaftlich Deviante, das Klassifizierte und Inventarisierte wird in diesen Räumen nicht einfach stillgelegt, sondern auch in gewisser Weise konzentriert, und gerade in dieser Konzentration bewahrt es sein subversives Potenzial. Die Heterotopien werden so gleichsam zum Forum des gesellschaftlich Devianten oder klassifikatorisch Gebändigten.

Literatur: Foucault, Michel: *Die Ordnung der Dinge. Eine Archäologie der Humanwissenschaften* (1966), Frankfurt am Main 1971. – Foucault, Michel: *Die Heterotopien. Der utopische Körper* (1966), Frankfurt am Main 2005. – Foucault, Michel: »Andere Räume« (1967), in: *Schriften 4*, Frankfurt am Main 2005, S. 931–942.

PB

Hyperrealität beschreibt den Effekt eines medialen Abbildes von einer Realität, die es gar nicht (mehr) gibt, auf einen Betrachter, der dieses Bild dennoch als Abbild der Realität auffasst. Die Hyperrealität wirkt aufgrund ihrer Referenzlosigkeit realer als die Realität, ist ein »Reales ohne Ursprung« (Baudrillard 1978, S. 7) – die Zeichen, die sie abbildet, verweisen ausschließlich auf sich selbst (↗ Simulacrum).

Der Begriff wird vor allem von ↗ Jean Baudrillard innerhalb seiner Simulationstheorie (↗ Simulation) verwendet, findet sich als Konzept jedoch ebenso bei Marshall McLuhan, ↗ Giorgio Agamben und ↗ Umberto Eco. Für Baudrillard stellt die Hyperrealität den End- und Höhepunkt der Simulation dar. Wenn eine Kultur (mediale) Zeichen ohne Referenzen produziert, wie Baudrillard sie bereits 1978 in im Fernsehen ausgestrahlten *Reality Soaps* sieht, hat sie sich selbst außerhalb der Welt des Realen situiert. Bereits an dieser Zuschreibung zeigt sich, dass Baudrillards Simulationstheorie einen Realismus notwendig voraussetzt, was verschiedentlich als inkonsequent beziehungsweise selbstwidersprüchlich kritisiert wurde.

Dennoch haben sich das Konzept und der Terminus Hyperrealität vor allem in der Kulturkritik der westlichen, insbesondere amerikanischen Gesellschaft durchgesetzt. So konstatiert Baudrillard selbst anhand von Disneyland: »Los Angeles und ganz Amerika, die es umgeben, sind bereits nicht mehr real, sondern gehören der Ordnung des Hyperrealen und der Simulation an.« (ebd., S. 25) Umberto Eco verfasst etwa zur selben Zeit einen Reisebericht über die Museumskultur der USA mit dem Titel *Reise ins Reich der Hyperrealität* (Eco 1987), in welchem er die Reproduktionsideologie, die Kopien von Originalkunstwerken herstellt, die die Vorlage in mehrfacher Hinsicht zu übertreffen versuchen, kritisiert. Die Theorie der Hyperrealität ist zu unterscheiden von der künstlerischen Strömung des Hyperrealismus der 1970er-Jahre, die in ihren Werken eine fotorealistische Übersteigerung der Vorlagen anstrebt.

Literatur: Baudrillard, Jean: *Die Agonie des Realen*, Berlin 1978. – Eco, Umberto: »Reise ins Reich der Hyperrealität« (1977), in: *Über Gott und die Welt*, München 1987, S. 36–101.

SH

I

Inhumane, das Ein von ↗ Jean-François Lyotard geprägter mehrdeutiger Begriff, der die Nichtlinearität der geschichtlichen Entwicklung hervorhebt: Das Inhumane ist das Rohe und noch zu Zivilisierende, aber auch das, was vom inhumanen Fortschritt verschont worden ist, das Mögliche und Authentische.

Lyotard unterscheidet zwei Arten des Humanen und zwei Arten des Inhumanen, und zwar »System« – den zivilisatorischen Stand der Menschheit – und »Kindheit« – den Zustand der Möglichkeit, Unbestimmtheit und Unbestimmbarkeit. Nur der zivilisierte Mensch ist der eigentliche Mensch; er wird dazu, indem er sich vom Rohen und bloß Affektiven seiner natürlichen Anlagen, kurz: vom Inhumanen, befreit; es ist erst das System, das den Menschen zu dem macht, der er offenbar sein soll.

Aber genau dieser Prozess – verstärkt durch die neuen Technologien und Medien – ist für Lyotard zu einem die Autonomie des Menschen bedrohenden und zerstörenden Automatismus geworden, der allein dem Systemimperativ der Differenzierung gehorcht. Das Interesse des Menschen wird der Komplexität des Systems untergeordnet. Das humane System zeigt sich damit als zuhöchst inhuman: Der Mensch verliert seine Individualität und Autonomie. Dadurch aber gelangt, was vom System verschont worden ist, das Inhumane, in den Status eines die Humanität rettenden Potenzials: Der Zustand der Kindheit ist offen für all die Phänomene, die die Systemrationalität nicht mehr zulässt. Eine »Versöhnung« von System und Kindheit ist für Lyotard nicht mehr möglich. Es gehe allein darum, »Zeugnis abzulegen« vom Inhumanen der Kindheit als dem Gegenpol zum Pseudohumanen des Systems.

Literatur: Lyotard, Jean-François: *Das Inhumane. Plaudereien über die Zeit*, Wien 1989. – Seubold, Günter: *Die Freiheit vom Menschen. Die philosophische Humanismusdebatte der Nachkriegszeit. Darstellung – Analyse – Dokumentation*, Bonn 2001.

GS

Intermedialität beschreibt mediale Phänomene, bei denen Mediengrenzen überschritten werden. Es müssen bei diesen Prozessen mindestens zwei unterschiedliche Medien beteiligt sein. Die Intermedialitätsforschung ist ein interdisziplinäres Forschungsgebiet, besonders der Medienwissenschaft, zur Untersuchung der Interdependenzen und wechselseitigen Beeinflussung verschiedener Medien. Intermedialität bedeutet in der ↗ Postmoderne nach Becker (1968) aber auch die Verschmelzung von Lebenswelt und Kunst zu einer modernen Medienwelt, also die Kopplung von Zeichen an das Materielle. Die intermediale Konfiguration setzt voraus, dass in einem Medium unterschiedliche mediale Ausdrucksformen vereint werden, zum Beispiel ein Bild, das sich aus Text und Bild zusammensetzt. »Intermedialität bezieht sich dann auf die Austauschbarkeit zwischen den Medien« (Mookyu 2003, S. 180).

Intermedialität tritt als Phänomen meistens in Hybridmedien beziehungsweise plurimedialen Medien auf, welche auf unterschiedliche (symbolische) Zeichensysteme zurückgreifen. Bereits eine Fotografie oder ein Bild können demnach plurimediale Medien sein, wenn sie mehrere Medienformen miteinander kombinieren. Medien, die strukturbedingt den Einsatz unterschiedlicher Zeichensysteme ermöglichen, erbringen die für Intermedialität notwendige Bedingung intermedialer Bezüge. In der Intermedialitätsforschung treten indes unterschiedliche Begriffe von Intermedialität auf, die wiederum unterschiedliche Phänomenbereiche beschreiben. Phänomene wie Literatur- oder Comicverfilmungen verweisen auf die Möglichkeit des Medienwechsels und der medialen Austauschbarkeit von Medieninhalten. Inhalte werden unter den technologischen Bedingungen des jeweiligen Mediums transformiert und produziert. Dabei ist von den Produzenten zu berücksichtigen, dass die technologischen Grenzen eines Mediums Variationen und Bearbeitungen des Medieninhalts des Ursprungsmediums beinhalten. Eine Oper muss in Texten ebenso beschrieben werden, wie literarische Raumbeschreibungen in Filmen zu visualisieren sind.

Neben den Transformationsprozessen existierender Medieninhalte in andere Medien besteht indes die Möglichkeit, intermediale Bezüge zu anderen Medien herzustellen, indem die spezifischen Mittel des anderen Mediums aufgegriffen werden (etwa die Aufführung eines

Theaterstücks in einem Film oder Filmeinspielungen in der Oper). Um intermediale Phänomene erkennen zu können, muss das Leitmedium eindeutig feststellbar sein, in welchem jene intermedialen Bezüge hergestellt werden. Hierfür müssen neben den technologischen Bedingungen teilweise noch weitere Bewertungskriterien herangezogen werden, beispielsweise in Form räumlicher Abgrenzung (Kino- oder Theatersaal). Das Beispiel einer Aufzeichnung eines Theaterstücks oder einer Oper auf DVD, welche keine Rahmenhandlung eines anderen Medieninhaltes oder eine den Bedingungen des Leitmediums angepasste Stoffbearbeitung darstellt, macht intermediale Differenzierung deutlich.

Es stellt einen Unterschied dar, ob nun ein Ursprungsmedium mit den technischen Mitteln eines anderen Mediums reproduziert wird oder ob das Ursprungsmedium auch mit dessen ästhetischen Mitteln transformiert wird, ob es sich also um eine historische Reproduktion handelt oder um eine ästhetische Reformulierung. Um eine solche Unterscheidung vornehmen zu können, bedarf es einer eindeutigen Identifizierbarkeit und Nachweisbarkeit des Ursprungsmediums. Schwierig wird diese Bestimmung intermedialer Bezüge, wenn die Quelle nicht eindeutig feststellbar ist, sich also ein Produzent sowohl des originären Ursprungsmediums als auch einer Bearbeitung des Stoffes bedient haben kann. Dies ist etwa der Fall bei der Nibelungen-Saga, die bereits mehrfach und in den unterschiedlichsten Medien (Malerei, Oper, Film, Literatur) neu bearbeitet wurde. Diese Problematik fließt in den Themenbereich der ↗ Transmedialität ein.

Neben dem Phänomen des Medienwechsels wird in der Intermedialitätsforschung auch die Medienkombination als Sonderform von Intermedialität betrachtet. Hierbei werden mindestens zwei ursprünglich eigenständige Medien miteinander kombiniert beziehungsweise vereint. Dabei kann ein neues Medium entstehen, wenn keines der kombinierten originären Medien dominiert und daher die mediale Zuordnung und Klassifikation nicht eindeutig ist. Als im Kino mit der Entwicklung des Tonfilms technologisch reproduzierbar Sprache, Geräusche und Musik zusammengefügt wurden, entstand kein neues Medium: Das Medium Film ist von jeher charakterisiert durch seine hybriden Grundstrukturen. Auch seine Digitalisierung in den 1990er-Jahren änderte daran nichts. Film scheint demnach bereits aus seinen technologischen Grundbedingungen heraus ein intermedial kombinierbares Hybridmedium zu sein. Umgekehrtes gilt für das Theater, das immer stärker zu einem multimedialen Ereignis wird. Dieses Phänomen ist heute in einer Vielzahl technologischer Medien zu beobachten, sodass die intermediale Differenzierung der Medien immer schwieriger wird. Im digitalen Binärmedium Internet vereinen und formieren sich die unterschiedlichsten Medien neu. Intermediale Bezüge treten im Internet durch die Kombination unterschiedlicher Medientypen auf, die miteinander innerhalb dieses Settings vereint werden. Da sich Inhalte im Internet immer aus mehreren unterschiedlichen Medienformen zusammensetzen, ist es aus seiner Grundstruktur bedingt ein intermediales Medium. So kann man sich rein textliche Webseiten vorstellen, welche literarische Bezüge herstellen, aber noch nicht intermedialen Ansprüchen genügen müssen. Jene Unterscheidung findet auf produktionstechnischer Ebene statt, auf welcher ein Text handschriftlich verfasst, mit unterschiedlichen Druckverfahren gedruckt oder digital dargestellt werden kann. So muss man sich auch vor Augen führen, dass selbst beim Druck eines Textes unterschiedliche Verfahren angewendet werden können, ebenso kann die Darstellung im Internet mit unterschiedlichen Programmiertechniken erfolgen, sodass im Hintergrund unterschiedliche Prozesse ablaufen, die dem Rezipienten nicht bewusst sind, dieser also nur die medienspezifische Oberfläche wahrnimmt, die ihm sein Browser vorgibt beziehungsweise er selbst als produktiver Rezipient modifiziert hat.

Dies gilt gleichermaßen für andere Medientypen wie Musik, Film, Fotografie oder Theater, die im Fall des Internets digitalisiert auf Servern abgelegt und über bestimmte Programmierungen miteinander kombiniert werden, sodass über jene Medienkombination Intermedialität hergestellt wird. Spricht man folglich vom Massenmedium Internet, sind eigentlich jene Phänomene gemeint. Betrachtet man nun beispielsweise ein Nachrichtenportal, auf welchem Informationen sowohl in Form von Nachrichtentexten, Fotografien als auch Grafiken kombiniert werden, so generiert sich das Phänomen der Intermedialität aufgrund der gemeinschaftlichen Kombination der einzelnen Teilmedien. Ein weiterer intermedialer Bezug besteht zum traditionelleren Nachrichtenmedium, der Zeitung. Teilweise stellen Produzenten intermediale Bezüge selbst her, indem sie das gedruckte Ursprungsmedium selbst im neuen Medium reproduzieren. Interdependente Prozesse werden gerade auch ersichtlich, wenn diese Reproduktionen in unterschiedliche Richtungen fließen, wenn also Informationen produziert werden und in mehreren Medien (zum Beispiel Druck und Internet) reproduziert werden. Dies kann in der Veröffentlichung sowohl zeitgleich als auch zeitlich versetzt geschehen, sodass hier eine historische Intermedialität und die Grenze zwischen Form und Inhalt sichtbar wird. Die Expansion von Medieninnovationen führt somit auch zum Wachstum der intermedialen Möglichkeiten und insofern auch zu deren verstärktem Einsatz vonseiten der Produzenten.

Wenn innerhalb eines Kunstwerks unterschiedliche Medien zum Einsatz kommen, müssen diese in Hierarchie zueinander stehen, das heißt manche Medien sind dominanter, andere wiederum ordnen sich dem Leitmedium unter. Wenn nun diese Dominanz nicht erkennbar ist, das heißt die beobachtbaren Medien nicht hierarchisch differenziert werden können, da sie sich überlagern, wird die Bestimmung des Leitmediums unmöglich und somit ein neues Medium geboren. Wenn über die Medientechnologie Internet eine Vielfalt an Medienkombinationen möglich sind, bei denen eben jene gleichberechtigten Überlappungen beziehungsweise Kombinationen sichtbar werden können, also ein neues Medium entsteht, erscheint es notwendig, diesem eine Bezeichnung (einen Namen) zu geben. Vor dem Aufstieg des Internets gab es bereits jene Kombinationen aus – meistens digitalisierten – Ursprungsmedien, die miteinander zu einem Gesamt(kunst)werk kombiniert wurden. Ein solches Werk, das mehrere Medien miteinander in einem größeren Gesamtkontext kombiniert, nennt sich in diesem Fall Multimedia.

Betrachtet man aber wiederum Hybridmedien wie zum Beispiel Film, Theater oder Oper, welche ebenfalls verschiedene Medien kombinieren, muss es eine entsprechende Differenz geben, mithilfe derer eine Unterscheidung möglich wird. Bestimmte Medien haben sich im gesellschaftlichen Kontext gegen andere Medien durch Technologie, Form und Ästhetik abgegrenzt. Wenn nun solche, singularisierten

Medien miteinander zu einem größeren Gebilde kombiniert werden, kann dieses als multimediales Werk bezeichnet werden, in welchem intermediale Bezüge zu seinen Ursprungsmedien festzustellen sind. Darstellungen über das Internet sind demnach auch größtenteils multimediale Produkte, welche intermediale Bezüge zu unterschiedlichen Ursprungsmedien aufweisen. Aber auch andere, singuläre Produkte wie Bücher, Filme oder Musik bleiben im Internet denkbar, die in Bezug auf das Ursprungsmedium eine technische Intermedialität aufweisen (können). Die Figuration und Grenze eines Mediums müssen von denen anderer Medien abgrenzbar sein, damit dieses als independentes Medium erkennbar wird und bleibt. In Bezug auf andere Medien operieren Medien mit Leerstellen, die der Rezipient rekonstruieren muss, um dem Dargestellten einen Sinn zuweisen zu können. Die Mischung medialer Elemente wie Bild oder Text sprechen weitaus mehr Sinne an als nur eines der beiden Medien allein. Insofern ist auch der Ton im Film eine intermediale Konfiguration. Mithilfe jener Zeichenvorkommnisse und Leerstellen und der Herstellung intermedialer Bezüge kann letztlich ein Medium kategorisiert und zu anderen abgegrenzt werden, wenn allerdings jene Grenzen verschwimmen oder gar verschwinden – und das ist das Dilemma der Intermedialität – wird eine intermediale Bestimmbarkeit des Mediums nahezu unmöglich.

Literatur: Becker, Jürgen: »Der Schrei«, in: Wittstock, Uwe (Hrsg.): *Postmoderne in der deutschen Literatur*, Leipzig 1994, S. 40–43. – Mookyu, Kim: *Mediale Konfiguration. Ein Beitrag zur Theorie der Intermedialität*, Konstanz 2003. – Rajewsky, Irina O.: *Intermedialität*, Tübingen 2002.

OL

Intertextualität bezeichnet in der Literaturwissenschaft die Eigenschaft von Texten, auf andere Texte bezogen zu sein. – Die bulgarische Literaturwissenschaftlerin und Psychoanalytikerin ↗ Julia Kristeva prägte den Begriff 1967 in ihrem Aufsatz *Wort, Dialog und Roman bei Bachtin*. Sie knüpft an Michail Bachtins Vorstellung von der Dialogizität der Texte an und entgrenzt den Textbegriff: »Jeder Text baut sich als Mosaik von Zitaten auf. Jeder Text ist Absorption und Transformation eines anderen Textes.« (1972, S. 348)

Alle Texte stehen miteinander in Zusammenhang, wobei Kristeva nicht nur das geschriebene Wort, sondern alle kulturellen Phänomene als Text versteht: Alles ist Text, und alles steht miteinander in Beziehung. Im Zusammenhang mit diesem extrem offenen Intertextualitätsbegriff sind auch ↗ Barthes mit seinem einflussreichen Essay *Der Tod des Autors* (1968; ↗ Autor) und ↗ Derrida zu sehen, der von einem grenzenlosen *texte général* spricht.

Die Literaturwissenschaft versuchte, das Phänomen der Intertextualität wieder einzugrenzen und gab die Universalität von Kristevas Textbegriff auf. Besonders einflussreich wurde Gérard Genettes 1982 in seinen Buch *Palimpseste* vorgenommener Versuch, Textbeziehungen zu kategorisieren. Er unterscheidet folgende Erscheinungsformen von Transtextualität: 1. Intertextualität: erkennbare Präsenz eines Textes in einem anderen, zum Beispiel in Form von erkennbaren Übernahmen als ↗ Zitat, Plagiat oder Anspielungen. 2. Paratextualität: bezeichnet Textsorten, die den Text begleiten, zum Beispiel Titel, Vorworte, Nachworte, Anmerkungen, aber auch Gattungszuweisungen oder Prätexte, wie Entwürfe oder Skizzen zu Werken (↗ Paratext). 3. Metatextualität: kommentierende Bezugnahme eines Textes auf einen anderen, zum Beispiel in der Literaturkritik. 4. Hypertextualität: Aufnahme eines Textes und dessen Umwandlung, zum Beispiel in die Form einer Parodie, einer Adaption oder eines Pastiches. Ein Text dient als Folie für einen anderen, der spätere Text ist ohne den vorhergehenden nicht denkbar. Beispiel: James Joyces *Ulysses* wäre ohne Homers *Odyssee* nicht entstanden. 5. Architextualität: Bezug auf Texttraditionen, zum Beispiel Gattungszuweisungen. Die Diskussion um Intertextualität ist von dem Konflikt geprägt, dass die beiden extremen theoretischen Ansätze sich gegenseitig ausschließen. Auf der einen Seite zeigt die textanalytische, beschreibende Richtung Bezüge zwischen einzelnen Texten auf, was aber nicht möglich ist, wenn wie auf der anderen Seite ein universeller Textraum angenommen wird. (Siehe auch ↗ Intermedialität.)

Literatur (Auswahl): Barthes, Roland: »Der Tod des Autors« (1968), in: Jannidis, Fotis et al. (Hrsg.): *Texte zur Theorie der Autorschaft*, Stuttgart 2000, S. 187–197. – Genette, Gérard:

Palimpseste. Die Literatur auf zweiter Stufe. Frankfurt am Main 1993. – Kristeva, Julia: »Wort, Dialog und Roman bei Bachtin«, In: Ihwe, Jens (Hrsg.): *Literaturwissenschaft und Linguistik. Ergebnisse und Perspektiven.* Bd. 3, Frankurt am Main 1972, S. 345–375.

PS

Irigaray, Luce (* 1930 Blaton, Belgien) Französische Psychoanalytikerin, Linguistin und Philosophin. Irigaray gilt als Hauptvertreterin des französischen Differenzfeminismus. Im Unterschied zum Gleichheitsfeminismus, der die Gleichheit der Geschlechter zum Ziel hat, geht es dem Differenzfeminismus um eine Kultivierung der Differenz der Geschlechter. Da unter den Bedingungen des Patriarchats die sexuelle Differenz in ihrer Radikalität noch nicht gedacht worden ist, sei es an der Zeit, die Möglichkeit der sexuellen Differenz losgelöst von patriarchalen Vorzeichen zu denken. Das Spektrum der Auseinandersetzung am Leitfaden der sexuellen Differenz ist breit gefächert. Es umfasst unter anderem die Sprache, Religion, Politik, Technik, Philosophie, die Psychoanalyse und das Recht. Sprache ist das bevorzugte Medium und Mittel von Irigarays feministischer Kritik. Die Arbeit an und mit der Sprache teilt sie mit Vertretern der Dekonstruktion (↗ Dekonstruktivismus). Mit Blick auf die Frage nach einem eigenen weiblichen Schreiben kann sie auch der so genannten ↗ *écriture féminine* zugeordnet werden. Die Psychoanalyse stellt ein bestimmendes Merkmal ihrer textkritischen Analysen dar.

In *Speculum* (1980) entwirft Irigaray eine groß angelegte feministische Kritik an der Philosophie und der Psychoanalyse. Am Beispiel Freuds wird der dem abendländischen Denken zugrunde liegende Phallozentrismus besonders deutlich aufgezeigt. Entsprechend der phallozentrischen Logik wird das weibliche Geschlecht nach Art eines Vergleichs mit dem männlichen Geschlecht als bloßer Mangel festgeschrieben. Die weibliche Sexualität ist damit nur eine »Kehrseite« der männlichen Sexualität (Irigaray 1980, S. 62). Die Frau stellt in ihrem Bezug zum Mann lediglich einen Spiegel des Mannes dar. Ihre Identität beruht demzufolge auf einem »Apriori des Selben« (ebd., S. 30). Die Entwicklung eines eigenständigen weiblichen Begehrens bleibt der Frau daher ebenso verwehrt wie die

Möglichkeit, nicht fremdnormiert zu sein. Diese Studie Irigarays hatte ihren Ausschluss aus der von ↗ Jacques Lacan gegründeten École Freudienne de Paris zur Folge.

Die Frage nach der Möglichkeit eines eigenständigen weiblichen Begehrens greift Irigaray in *Das Geschlecht, das nicht eins* ist (1979) wieder auf. Nach Art eines symbolischen Gegenentwurfs entwickelt sie eine Theorie des »weiblichen Imaginären«, das im Kontrast zur phallischen Logik Bezug nimmt auf die Anatomie des weiblichen Geschlechts respektive die weiblichen Schamlippen. Ausgehend von einer solchen vulvologischen Perspektive wird die These aufgestellt, nach der die Frau das Geschlecht ist, das nicht eins ist: Sie ist mindestens zwei und als solche nicht der klassischen Identitäts- und Bestimmungslogik zu unterwerfen. Darüber hinaus stellt diese Form der symbolischen Imagination nach Irigaray eine Möglichkeit des »Frau-Sprechens« *(parler femme)* dar, das heißt die Möglichkeit eines eigenständigen Sprechens. Dabei handelt es sich nicht um ein Sprechen über die Frau, sondern um ein Sprechen als Frau.

Die Etablierung eines angemessenen Orts des Weiblichen im Rahmen des männlichen ↗ Diskurses erweist sich jedoch als ein komplexes Unternehmen, da sich die Frau nicht ohne Weiteres der patriarchalen Ordnung entziehen kann. Um aber wenigstens die Funktionsweise des männlichen Diskurses zu destruieren, schlägt Irigaray die Methode der Mimetik (gr. *Mimeomai:* nachahmen) vor. »Mimesis spielen« bedeutet, durch eine spielerische Nachahmung beziehungsweise Wiederholung die Rolle der Frau freiwillig zu übernehmen, um durch eine gezielte Durchquerung des bestehenden Diskurses den Ort ihrer Ausbeutung wiederzufinden, sichtbar zu machen und gegebenenfalls zu verschieben (Irigaray 1979, S. 89 ff.).

Um in sozialer und kultureller Hinsicht eine Ethik zwischen den Geschlechtern zu errichten, ist ferner eine ↗ Genealogie des Weiblichen vonnöten. Dies unternimmt Irigaray in der Aufsatzsammlung *Genealogie der Geschlechter* (1989). Da die Geschichte des patriarchalen Denkens vor allem von der Vater-Sohn-Beziehung getragen ist, müsse die feministische Theorie ihr Augenmerk auf die Beziehung zwischen Mutter und Tochter lenken und für eine Genealogie des Weiblichen in unserer Kultur sorgen.

In ihren Vorlesungen zur *Ethik der sexuellen Differenz* (1991) wird die Forderung einer Kultivierung der sexuellen Differenz präzisiert. Diese setzt eine »Umwälzung des Denkens und der Ethik« (Irigaray 1991, S. 12) voraus, die mittels einer umfassenden Neuinterpretation und -konzeption von Zeit und Raum vorangetrieben werden muss. Nicht nur also geht es um neue Verhältnisbestimmungen von Frau und Mann, sondern ebenso sehr um die Verhältnisse von Mensch und Gott oder Mensch und Welt und anderes mehr. Neue Denkfiguren wie der Engel als ein alternatives Vermittlungskonzept oder Descartes' Idee der Verwunderung als eine notwendige Voraussetzung für eine »fruchtbare Begegnung« (ebd.) zwischen den Geschlechtern werden eingeführt. In diesem Werk entwickelt Irigaray am klarsten ihr auf radikale Anerkennung beruhendes Modell der Geschlechterbeziehung. Nichtsubstituierbarkeit und Nichtreduzierbarkeit sind die zentralsten Merkmale dieses im Wesentlichen und notwendig asymmetrischen Geschlechterverhältnisses.

Im deutschsprachigen Raum hat man Irigaray insbesondere in den 1970er- und 1980er-Jahren rezipiert. Dabei sind ihre Arbeiten mitunter äußerst kontrovers diskutiert worden. Kritik wurde vor allem aufgrund ihrer Konzeption der Weiblichkeit und ihrer Metaphorisierung des anatomischen Geschlechts der Frau laut. Der in Auseinandersetzung darüber vorschnell erhobene Essenzialismusvorwurf kann in der Zwischenzeit jedoch als unbegründet zurückgewiesen werden. Mit Kritik bedacht wurde ferner die Exklusivität, mit der die sexuelle Differenz vor anderen Differenzen als ontologisch vorrangig behandelt wurde.

Seit 1990 setzt Irigaray ihr Projekt für eine »Kultur der Differenz« (*Je, tu, nous. Pour une culture de la différence*, 1990) unbeirrt fort. In zahlreichen, auf Französisch und Italienisch erschienenen Publikationen wird immer wieder aufs Neue an einem auf Anerkennung beruhenden Konzept der Differenz gearbeitet. Dass eine liebende Beziehung zu anderen den Verzicht auf Objektivierung bedeutet und eine Hinterfragung der Sprache notwendig macht, wird in *J'aime à toi* (›Ich liebe zu dir‹, nicht: ›Ich liebe dich‹) (1992) deutlich gemacht. Die sexuelle Differenz muss auch besondere Beachtung in Demokratiemodellen finden, wobei das Konzept des Bürgerrechts den Bedingungen der weiblichen Existenz gerecht werden muss (1991,

1994). In einer Wende zur weiblichen Spiritualität wird die Suche nach einer göttlichen Identität als ebenso notwendig erachtet wie die Entwicklung einer Kultur des Atems (1997, 1999a, 2000). In diesem Zusammenhang steht auch die Beschäftigung mit der frühindischen Philosophie, die Irigarays Ansicht nach Möglichkeiten für eine Harmonie und Anerkennung im Bereich von Sexualität und Partnerschaft bereitstellt (1999b).

Ein Großteil der späteren Arbeiten ist bis heute leider nicht auf Deutsch erhältlich. Dies ist unter anderem auf den Einfluss des poststrukturalistischen Feminismus (↗ Poststrukturalismus, ↗ Judith Butler) zurückzuführen. Im angloamerikanischen Raum nimmt Irigaray aber nach wie vor einen wichtigen Platz im Rahmen der feministischen Theorie und der Continental Philosophy ein, was nicht zuletzt Zahl und Kontinuität der Übersetzungen ins Englische bezeugen. Auch in Italien hält das Interesse an Irigaray ungebrochen an, da dort der Differenzfeminismus durch die Gruppe Diotima an der Universität Verona und die Institution des Frauenbuchladens in Mailand (Libreria delle donne di Milano) seither fest verankert ist.

Ausgewählte Werke: *Speculum. Spiegel des anderen Geschlechts*, Frankfurt am Main 1980 (1974). – *Das Geschlecht, das nicht eins ist*, Berlin 1979 (1977). – *Ethik der sexuellen Differenz*, Frankfurt 1991 (1984). – *Genealogie der Geschlechter*, Freiburg 1989 (1987). – *Die Zeit der Differenz. Für eine friedliche Revolution*, Frankfurt am Main 1991 (1989). – *Der Atem von Frauen. Luce Irigaray präsentiert weibliche Credos*, Rüsselsheim 1997. – *Die Zeit des Atems*, Rüsselsheim 1999a. – *Zu zweit, wie viele Augen haben wir?*, Rüsselsheim 2000. – *Je, tu, nous. Pour une culture de la différence*, Paris 1990. – *J'aime à toi*, Paris 1992. – *La democrazia comincia a due*, Turin 1994. – *Entre Orient et Occident*, Paris 1999b.

Literatur: Chanter, Tina: *Ethics of Eros. Irigaray's Rewriting of the Philosophers*, New York 1995. – Kuster, Friederike: »Ortschaften. Luce Irigarays Ethik der sexuellen Differenz«, in: *Phänomenologische Forschungen, Neue Folge 1* (1996), S. 44–66. – Whitford, Margret: *Luce Irigaray. Philosophy in the Feminine*, London/New York 1991.

SS

J

Jameson, Fredric (* 1934 Cleveland) Literaturwissenschaftler und emeritierter Distinguished Professor of Comparative Literature an der Duke University, einer der bekanntesten neomarxistischen Denker auf dem Gebiet der Literaturtheorie. Er graduierte 1954 in Harvard, promovierte 1960 an der Yale University, lehrte 1959–1967 in Harvard und 1967–1976 an der University of California. Danach ging er als Professor für Französisch nach Yale. Mit dem Marxismus als in jeder Hinsicht nicht zu transzendierender Metatheorie und damit dem Primat der Historizität vor Augen hat sich Jameson nicht nur der unterschiedlichsten literarischen und kulturellen Texte, des Spielfilms und des Videos angenommen, sondern sich auch intensiv mit den Theorien des Strukturalismus und ↗ Poststrukturalismus auseinandergesetzt. Bekannt wurde er in den 1980er-Jahren unter anderem durch seine kritischen Texte in der Debatte um die ↗ Postmoderne. Jamesons zentrale neomarxistische These besagt, dass kulturelle Artefakte wie Literatur oder Film Repräsentationen der Geschichte und damit auch der sozialen und ökonomischen Widersprüche sind. Dies sind sie allerdings nicht als inhaltliche Spiegelung, sondern vor allem in ihrer ästhetischen Form. Der Literaturwissenschaftler muss diesen politischen und ökonomischen Unterbau der Kunstwerke offenlegen.

Jamesons Dissertation *Sartre. The Origins of a Style* (1961) ist zwar theoretisch noch ohne marxistische Einflüsse, befasst sich aber mit der Literatur und Literaturtheorie Jean-Paul Sartres. Douglas Kellner stellt in dieser Arbeit vor allem noch den Einfluss von Jamesons Lehrer Erich Auerbach und auch von Leo Spitzer fest. In den 1960er-Jahren beschäftigt sich Jameson intensiv mit marxistischen Literaturtheorien (zum Beispiel Georg Lukács), der Antikriegsbewegung und der Neuen Linken. 1971 erscheint mit *Marxism and Form* eine Einführung in die neomarxistische Literaturtheorie, die an den späten Sartre anknüpft. Sie umfasst unter anderem Denker der Kritischen Theorie (Frankfurter Schule) wie Theodor W. Adorno, Walter Benjamin und Herbert Marcuse, aber auch Georg

Lukács und Ernst Bloch und stellt damit das dialektische Denken einem amerikanischen Publikum vor. Ein Jahr darauf veröffentlicht Jameson eine Auseinandersetzung mit dem Strukturalismus als Kultur- und Literaturtheorie in *The Prison House of Language* (1972). Darin enthalten sind Texte zu Claude Lévi-Strauss, ↗ Roland Barthes, ↗ Michel Foucault und ↗ Jacques Derrida.

Eine systematische Fortsetzung der Auseinandersetzung mit strukturalistischen und poststrukturalistischen Theorien, vor allem aber mit der Psychoanalyse, findet sich in *The Political Unconscious* (1981). Das Buch beinhaltet eine ›Gattungskritik‹, Romananalysen zu Honoré de Balzac, George Gissing und Joseph Conrad, vor allem aber zwei programmatische Kapitel zur literarischen Interpretation. Jamesons zentrale These setzt die Historizität des Unbewussten an die Stelle einer ahistorisch und strukturell operierenden Psychoanalyse, die er als ideologisch charakterisiert. Das Unbewusste wird als »Signifikantenkette« verstanden. Bei Kunstwerken geht es Jameson dabei um die Demaskierung »kultureller Fakten« als »sozial-symbolische Akte«. Nach Jameson widersprechen Marxismus und (post-)strukturalistische Theorien einander nicht, sondern der Marxismus wird als totaler und grundlegender theoretischer Rahmen für alle anderen Theorien und Analysen betrachtet. Geschichtsbewusstsein und damit auch eine sozioökonomische Totalität sind der notwendige Unterbau für alle kulturellen Äußerungen. Geschichte wird als ein großer Fluss betrachtet, eine einzige ↗ große Erzählung, die überall ihre Spuren (↗ Ur-Spur) hinterlässt und deswegen an einzelnen kulturellen Artefakten feststellbar wird.

1984 erscheint der Aufsatz *Postmodernism, or, The Cultural Logic of Late Capitalism*, der 1991 zum Zentrum der gleichnamigen berühmten Textsammlung wird. Jameson bestimmt darin die ästhetische ↗ Postmoderne nicht als künstlerische Stilrichtung, sondern als die »kulturelle Dominante« des spätkapitalistischen Zeitalters. In der »Postmoderne« lösen sich die Grenzen zwischen Kunst, Massenkultur und Marketing endgültig auf. Kunst wird sozial und ökonomisch umcodiert. Konstitutive Merkmale der Postmoderne sind die Oberflächlichkeit, der Verlust von Individualität und Historizität, eine Hinwendung zum Nostalgischen und die Abhängigkeit dieser Phänomene von einer völlig neuen

Technologie, die ihrerseits für ein neues Weltwirtschaftssystem und Raumgefühl steht. Die Grenzen zwischen Kultur und Ökonomie fallen unter den »postmodernen« Bedingungen eines globalisierten Marktes. Kunst und Kultur repräsentieren für Jameson in ihrem fragmentierten, geschichtslosen, oberflächlichen Pastiche-Format die postmoderne Gesellschaft und exemplifizieren damit letztlich die Logik des Kapitalismus.

Diese Feststellungen sind auch die theoretischen Grundbedingungen für die Texte der folgenden Aufsatzsammlungen wie *Signatures of the Visible* (1990) und *The Geopolitical Aesthetic* (1992). Auf einer eklektischen Auswahl unterschiedlichster Theorien und Analysen aufbauend buchstabiert Jameson immer wieder das Verhältnis von Kunst, Kultur und den Effekten des Spätkapitalismus aus. Ein zentraler Punkt ist dabei die Nichtrepräsentierbarkeit des gegenwärtigen Weltsystems, die Jameson in *The Geopolitical Aesthetic* am deutlichsten am Verschwörungsfilm (*Three Days of the Condor, The President's Men, Videodrome*) ausformuliert. Nach Jameson ist dieser die ästhetische Repräsentation einer unüberschaubar gewordenen globalisierten Welt des Spätkapitalismus und entspricht damit der kulturellen Dominante der Postmoderne. Gegenwärtiges Erzählen vermischt aus dieser geopolitischen Unübersichtlichkeit Ontologie mit Geografie, und es werden Bilder eines nicht mehr kartierbaren Systems produziert. Denn Repräsentation ist nicht mehr möglich in einer Zeit, in der ästhetische Technologien es nicht mehr schaffen, ein räumliches und narratives Modell sozialer, kultureller und ökonomischer Totalität herauszukristallisieren. Eine konventionelle Repräsentation der jeweiligen Technik einer bestimmten Entwicklungsstufe ist nach Jameson bis zum merkantilen Kapitalismus möglich und entspräche der Kunstform des Realismus. Die heutige Technologie aber – Fernsehen und besonders der Computer – haben keine emblematische visuelle Kraft mehr. Ihr Äußeres repräsentiert nicht mehr eine bestimmte Epoche oder Technik, sondern verweist nur noch auf eine nicht mehr fassbare, be-/greifbare und deswegen unheimlich gewordene Totalität. Elektronische Informationsverarbeitung und -transfer sind unsichtbar, entziehen sich der Wahrnehmung des Betrachters. Ein globales Computersystem wird im Verschwörungsfilm deshalb narrativ zu einem Verschwörungslabyrinth von Informationsagenturen und geheimen Regierungsstellen. Es wird eine Komplexität erzeugt, die die Denk- und Vorstellungskapazität des Zuschauers übersteigt. Die einzige Möglichkeit einer Repräsentation der unmöglichen Repräsentation scheint Jameson die Allegorie zu sein. Und für ihn ist der beste Container einer allegorischen Struktur der Verschwörungsfilm. Er enthüllt das Unsichtbare, Undarstellbare, die Verschwörung des Weltsystems. Das alte Motiv der Verschwörung gewinnt somit eine neue Bedeutung als narrative Struktur einer Darstellung des potenziell unendlichen Netzwerks – also der Verbindung des Kollektiven mit dem Epistemologischen.

Ausgewählte Werke: *Sartre. The Origins of a Style* (1961), New York 1984. – *Marxism and Form*, Princeton 1971. – *The Prison House of Language*, Princeton 1972. – *Das politische Unbewusste. Literatur als Symbol sozialen Handelns* (1981), Reinbek 1988. – »Zur kulturellen Logik des Spätkapitalismus« (1984), in: Huyssen, Andreas /Klaus R. Scherpe (Hrsgg.): *Postmoderne. Zeichen eines kulturellen Wandels*, Reinbek 1986, S. 45–102. – *Postmodernism, or the Cultural Logic of Late Capitalism*, Durham 1991. – *Spätmarxismus. Adorno oder Die Beharrlichkeit der Dialektik* (1990), Hamburg/Berlin 1992. – *Signatures of the Visible*, New York/ London 1990. – *The Geopolitical Aesthetic. Cinema and Space in the World System*, Bloomington/Indianapolis/London 1992.

AM

K

Kamper, Dietmar (*1936 Erkelenz † 2001 Berlin). Dietmar Kamper gehört zu den Geisteswissenschaftlern, die ↗ poststrukturalistische und ↗ postmoderne Theoretiker und Theoreme vergleichsweise früh in die bundesdeutsche Diskussion eingebracht haben. Der Philosoph und Soziologe, der in Köln, Tübingen und München studierte, bekleidete von 1973 bis 1979 einen Lehrstuhl für Erziehungswissenschaft, Sozialisationstheorie und ihre methodologischen Grundlagen an der Universität Marburg und war ab 1979 bis zu seiner Emeritierung Professor für Soziologie mit dem Schwerpunkt Kultursoziologie an der Freien Universität Berlin.

Gemeinsam mit dem Erziehungswissenschaftler ↗ Christoph Wulf hat Kamper an der FU das Interdisziplinäre Zentrum für Historische Anthropologie begründet. Die am Zentrum entstandenen Publikationen, durchweg Sammelbände zu kulturwissenschaftlichen Themen mit breitem Fokus, haben zweifelsohne zur Kanonisierung und Popularisierung französischer Theoretiker wie ↗ Baudrillard, ↗ Irigaray oder ↗ Virilio beigetragen, dadurch dass sie Aufsätze der Genannten verfügbar und leicht zugänglich machten. Die interdisziplinäre Ausrichtung dieses Zentrums entspricht zugleich den vielfältigen Interessen Kampers, die immer mehrere Gegenstandsfelder gleichzeitig berühren und sich nicht ins Korsett universitärer Disziplinen zwingen lassen: In Publikationen der siebziger Jahre formuliert er eine an ↗ Foucault und der Frankfurter Schule geschulte Anthropologiekritik, die die scheinbar zeitlosen Bilder, die der Mensch sich von sich selbst macht, als historische Konfigurationen entlarvt. Seit den achtziger Jahren – in dieser Zeit wird neben Foucault ↗ Lacan zum neuen Gewährsmann – gilt sein Interesse dann einerseits einer Kulturgeschichte der Phantasie und andererseits einer Historischen Anthropologie des Körpers.

Ausgewählte Werke: *Geschichte und menschliche Natur. Die Tragweite gegenwärtiger Anthropologiekritik*, München 1973. – *Zur Geschichte der Einbildungskraft*, München 1981. – *Zur Soziologie der Imagination*, München 1986. – *Ästhetik der Abwesenheit. Die Entfernung der Körper*, München

1999 – (Hrsg. mit Christoph Wulf): *Die Wiederkehr des Körpers*, Frankfurt am Main 1982. – (Hrsg. mit Christoph Wulf): *Transfigurationen des Körpers – Spuren der Gewalt in der Geschichte*, Berlin 1989.

Literatur: Neidhöfer, Herbert/Ternes, Bernd (Hrsg.): *Was kostet den Kopf? Ausgesetztes Denken der Aisthesis zwischen Abstraktion und Imagination. Dietmar Kamper zum 65. Geburtstag*, Marburg 2001.

PB

Kittler, Friedrich A. (* 1943 Rochlitz) Friedrich Kittler ist Professor für Mediengeschichte am Institut für Kulturwissenschaften der Humboldt-Universität Berlin. Er ist Mitglied des Hermann-von-Helmholtz-Zentrums für Kulturtechnik und der DFG-Forschergruppe ›Bild-Schrift-Zahl‹. 1958 floh seine Familie aus der DDR. Kittler nimmt 1963 in Freiburg/Breisgau ein Studium der Germanistik, Romanistik und Philosophie auf. Wichtige Einflüsse während des Studiums sind für ihn ↗ Jacques Lacan, ↗ Michel Foucault und Pink Floyd. Später kommen Alan Turing, Claude Elwood Shannon und Thomas Pynchon hinzu. 1976 promoviert er mit einer Arbeit über Conrad Ferdinand Meyer. Danach folgen Lehre und Gastprofessuren an den Universitäten Freiburg, Berkeley, Stanford, Paris und Basel. 1984 habilitiert Kittler mit *Aufschreibesysteme 1800/1900* (1985). 1986–1990 ist er Kodirektor des DFG-Projekts »Literatur- und Medienanalyse« an der Gesamthochschule Kassel. 1987 hat er den Lehrstuhl für Neugermanistik I an der Ruhr-Universität Bochum inne. 1993 wird Kittler auf den Lehrstuhl für Ästhetik und Geschichte der Medien an der Humboldt-Universität zu Berlin berufen. Im selben Jahr erhält er auch den Siemens-Medienkunstpreis des Karlsruher Zentrums für Kunst und Medientechnologie (ZKM).

Mit programmatischen Sammelbänden wie *Urszenen* (1977) und die *Austreibung des Geistes aus den Geisteswissenschaften* (1980) überträgt Kittler schon früh Konzepte poststrukturalistischer Philosophie aus Frankreich nach Deutschland. Herkömmliche literaturwissenschaftliche Kategorien wie ↗ Autor, Werk, Geist, Sinn und Bedeutung geraten dabei ins Wanken. Besonders die Diskursanalyse Michel Foucaults (↗ Diskurs), die ↗ Grammatologie ↗ Jacques Derridas und die strukturale Psychoanalyse Jacques Lacans werden für Kittler zentrale Bezugspunkte, deutsche und damit hermeneutisch operierende Literaturwissenschaft aus ihren Angeln zu heben. Kittlers Aufsatz *Das Phantom unseres Ichs und die Literaturpsychologie: Hoffmann – Freud – Lacan* (1977), eine Relektüre der Erzählung *Der Sandmann* (1816) von E. T. A. Hoffmann durch die Folie von Sigmund Freuds *Das Unheimliche* (1919) hindurch, wird zum Initiationstext für eine neue Lacan'sche Lektüre romantischer und moderner Texte. Programmatisch gegen die Interpretation einzelner literarischer Texte und für die Diskursanalyse von »Randdaten« ist der Lehraufsatz *Ein Erdbeben in Chili und Preußen* in dem Sammelband von David E. Wellbery (Hrsg.): *Positionen der Literaturwissenschaft* (1987).

Mit Kittlers Namen ist aber vor allem eine medienorientierte Wende der Diskursanalyse und mithin eine spezifisch deutsche Medienwissenschaft verbunden, die jedes ↗ Archiv und damit jede kulturelle und literarische Äußerung als Effekt eines medientechnischen Aprioris versteht. Gegen Marshall McLuhans Definition der Medien als prothetische »Extensions of Man« hebt Kittler deshalb die Eigengesetzlichkeit der technischen Medien hervor, die den unterschiedlichen Aufschreibesystemen und Kulturtechniken unterliegen. ↗ Aufschreibesysteme bezeichnen diskursive Vernetzungen der technologischen, gesellschaftlichen und psychologischen Aspekte medialer Konstellationen einer Epoche und beschreiben damit die epistemischen Voraussetzungen für den Umgang mit Daten. Paradigmatische Wechsel können zwischen den Aufschreibesystemen 1800 (Schrift), 1900 (technische Medien) und 2000 (Computer) ausgemacht werden. Den Begriff entleiht Kittler den *Denkwürdigkeiten eines Nervenkranken* (1903) von Daniel Paul Schreber (vergleiche Stingelin 2003, S. 301–309).

Zentral für das Aufschreibesystem der Goethezeit, die Kittler autorenneutral in die Zeit »um 1800« umwidmet, ist die halluzinatorische – um nicht zu sagen: filmische – Qualität der literarischen Texte. Eine in der Familie von der Mutter als Erzieherin durch das Lautieren von Text bei der Alphabetisierung antrainierte Bevorzugung des Sinns literarischer Texte führt nach Kittler zum Vergessen ihrer buchstäblichen Materialität und damit zu einer ausschließlich phonozentristisch hermeneutischen Zugangsweise zur Schrift (↗ Phonozentrismus). Dichtung wird zum Universalmedium. Im Aufschreibesystem der klassischen Moderne, »um 1900«, wandelt sich angesichts neuer technischer Medien die Strategie der Literatur. Denn während Literatur immer nur das »Symbolische« in Anspruch nehmen kann und Sichtbarkeit über das Verdecken ihrer Buchstäblichkeit erreichen muss, speichern, übertragen und verarbeiten technische Medien wie Phonograph, Fotografie und Film das »Reale«: Sprache, Bilder und Töne der Wirklichkeit. Jedem Sinn wird ein analoges Medium zugeordnet. Die Einheitsfunktion der Literatur zerbricht. Diesen Umbruch formuliert Kittler anhand der Figur des ›Doppelgängers‹ in dem Aufsatz *Romantik – Psychoanalyse – Film: eine Doppelgängergeschichte* (1993). Literatur »um 1900« ist sich seither ihrer Materialität bewusst und verweist zunehmend auf ihren Konstruktcharakter und damit vor allem auf ihre Schriftlichkeit. Die Analyse des »Aufschreibesystems 1900« setzt Kittler in dem Folgeband *Grammophon Film Typewriter* (1986) fort. Wieder vereint werden die ausdifferenzierten technischen Medien »um 2000« in dem neuen Universalmedium, der »Turing-Maschine«, dem Computer.

Jüngst wendete sich Kittler mit seiner eigenwilligen *Kulturgeschichte der Kulturwissenschaft* (2000) den Grundlagen seiner neuen Disziplin zu und kommentierte an ausgewählten Heroen der Kulturwissenschaftsgeschichte (Vico, Hegel, Volney, Nietzsche, Heidegger) signifikante Stationen von medial und militärtechnisch definierten ↗ Epistemen der abendländischen Kultur. Damit einher gehen Forschungen zu den medialen und materiellen Grundlagen, Programmen und Codes der Kulturgeschichte, wie der Stimme, der Mathematik und der Musik, wie sie vor allem im antiken Griechenland vorzufinden sind.

Zusammengefasst kann – trotz des Willens zum ›Klartext‹ und zur Aufdeckung der Blaupausen, Schaltpläne und Handbücher – den Texten Kittlers ein inhaltlicher und stilistischer Manierismus, mithin ein Jargon, nicht abgesprochen werden. Kittlers Texte führen nicht nur ↗ Wissen aus unterschiedlichen Disziplinen in einer Wissenschaftskultur der Spezialisierung provokativ zusammen, sondern lassen auch immer wieder sehr persönliche Anmerkungen und Bewertungen zu und offenbaren nicht zuletzt eine ausgesprochene Fixierung auf die Kombination von technischen Medien und Militärtechnik (»Heeresgerät«) als Apriori unserer Kultur.

Kittler kann international als der bekannteste deutsche Medienwissenschaftler gelten. Sein Einfluss auf die Literatur- und Kulturwissenschaften ist nicht zu unterschätzen. Die Schriften Kittlers haben zu einem umfassenden Interesse an der »Materialität der Kommunikation« geführt. Einen ausgezeichneten Einblick in die literarisch-technische Phase Kittlers liefert sein Sammelband *Draculas Vermächtnis. Technische Schriften* (1993). Essays und Interviews findet man in dem Sammelband *Short Cuts* (2002).

Ausgewählte Werke: *Der Traum und die Rede. Eine Analyse der Kommunikationssituation Conrad Ferdinand Meyers*, Bern/München 1977. – (zusammen mit Horst Turk (Hrsgg.)) *Urszenen. Literaturwissenschaft als Diskursanalyse und Diskurskritik*, Frankfurt am Main 1977. – Kittler, Friedrich (Hrsg.): *Austreibung des Geistes aus den Geisteswissenschaften. Programme des Poststrukturalismus*, Paderborn 1980. – *Aufschreibesysteme 1800/1900*, München 1985. – *Grammophon Film Typewriter*, Berlin 1986. – *Die Nacht der Substanz*, Bern 1990. – *Dichter Mutter Kind*, München 1991. – *Draculas Vermächtnis. Technische Schriften*, Leipzig 1993. – *Eine Kulturgeschichte der Kulturwissenschaft*, München 2000. – (zusammen mit Cornelia Vismann) *Vom Griechenland*, Berlin 2001. – *Short Cuts*, hrsg. von Peter Gente/Martin Weinmann, Frankfurt am Main 2002. – (zusammen mit Thomas Macho/Sigrid Weigel (Hrsgg.)) *Zwischen Offenbarung und Rauschen. Zur Kultur- und Mediengeschichte der Stimme*, Berlin 2002.

Literatur: Stingelin, Martin: »‚Aufschreibesysteme'. Zur Denkwürdigkeit eines Titels«, in: Berz, Peter /Annette Bitsch/Bernhard Siegert (Hrsgg.): *FAKtisch*, München 2003, S. 301–309.

AM

Konnotation/Denotation Ein Zeichen bezieht sich auf einen Gegenstand, indem es ihn unmittelbar meint (man nennt diese Beziehung Denotation) und indem es die Bedeutungen mitaktiviert, die mit ihm assoziativ verbunden sind (eine Beziehung, die oft Konnotation genannt wird). Grundlage der assoziativen Beziehung können alle Formen der Assoziation – Kausalität, Bedingung, Koexistenz oder Habitualisierung – sein, die zeitliche, argumentative, atmosphärische oder situative Kontexte erzeugen, aber auch Nebenbedeutungen der Emotionalität, Einschätzung und Bewertung.

In der Werbeanalyse von ↗ Roland Barthes ist die dritte Schicht der Werbebotschaft eine ikonische oder symbolische, die das Konnotative umfasst – es sind die Konnotationen des Bildes und diese stehen in intimer Beziehung zu den Images des Produktes. Konnotationen in diesem Sinne sind kodiert und Teil des erworbenen kulturellen Wissenszusammenhanges (↗ Wissen), sie sind darum in ihrer Bezeichnungsweise nie wirklich stabil, sondern erschließen sich erst in Interaktion mit dem Zuschauerwissen. In Werbung und Medien verdichten sich Konnotationen zu ganzen Wissens- und Andeutungssystemen, zu denen Medieninhalte selbst auch wieder zählen. Insbesondere Bilder sind zum Symbolischen hin geöffnet. Galoppierende Pferde auf freier Fläche oder in die Unbegrenztheit des Raums auffliegende Vögel symbolisieren/konnotieren Freiheit, Clowns signalisieren Zirkusatmosphäre und zugleich Traurigkeit, Geier erweisen sich als Aasfresser und konnotieren Tod und Auflösung und so weiter. Insbesondere die Objektwelt ist assoziativ mit der Lebenswelt verbunden, in der sie verwendet worden ist oder wird.

Literatur: Barthes, Roland: »Rhetorik des Bildes« (1964), in: *Der entgegenkommende und der stumpfe Sinn*, Frankfurt am Main 1990, S. 28–46. – Metz, Christian: *Der imaginäre Signifikant. Psychoanalyse und Kino* (1977), Münster 2000.

HJW

Kontrollgesellschaft Den Begriff der Kontrollgesellschaft entwirft ↗ Gilles Deleuze in seinem kurzen und suggestiven Text *Postskriptum über die Kontrollgesellschaften* (1990). Das System der Kontrollgesellschaften löst, so Deleuze, die von ↗ Michel Foucault beschriebenen »Disziplinargesellschaften« (↗ Disziplinarmacht) ab. Die Kontrollgesellschaften sind gekennzeichnet durch Aufschub statt Einschließung, die Unmöglichkeit fertig zu werden statt ständigem Neuanfang, Information und Modulation statt Disziplinierung.

Literatur: Deleuze, Gilles: »Postskriptum über die Kontrollgesellschaften« (1990), in: *Unterhandlungen 1972–1990*, Frankfurt am Main 1993, S. 254–262.

EK

Körper Für den gesamten an Freud orientierten ↗ Poststrukturalismus gilt: Die Körper sind Zielscheiben der ↗ Macht. Sie sind Orte der »Einschreibung« von Sinn beziehungsweise Differenzen (↗ Jacques Derrida), sie sind von Spuren (↗ Ur-Spur) gezeichnete »Gedächtnisse« (Merleau-Ponty). In seinem Sosein ist der Körper nicht Natur oder Materie, sondern allenfalls ein »Name« für nicht mitteilbares Erleben (↗ Jean-François Lyotard), zugleich aber auch die Verwirklichungsdimension des »Begehrens« (↗ Jacques Lacan) sowie Austragungsort von Kämpfen. In der Moderne sind dies etwa Kämpfe um die Performanz eines Gender, also um die Normalität eines *einen* Geschlechts (↗ Luce Irigaray, ↗ Judith Butler). Auch in der Frage nach der Differenz zwischen Vernunft und Wahnsinn spielt der Körper eine Schlüsselrolle: Gegenstück und Grenzfall des modernen, kapitalistisch vergesellschafteten, vernunftfähigen Körpers ist der ↗ organlose Körper, das heißt die Körperwirklichkeit der Schizophrenie (Deleuze/Guattari) (↗ Gilles Deleuze, ↗ Félix Guattari).

Nach ↗ Michel Foucault können »die Körper und ihre Lüste« (1977, S. 187) für »Widerstandspunkte« im Machtnetz sorgen. Möglich ist dies deshalb, weil sich Machtdispositive (↗ Dispositiv) stets direkt an den Körper schalten, etwa im Fall der ↗ Bio-Macht »an Körper, Funktionen, physiologische Prozesse, Empfindungen, Lüste« (ebd., S. 180 f.). Die Körper sind also sowohl besetzt von Macht als auch eine Achillesferse für Machtprozesse. In Rahmen seiner Geschichte der Sexualität hat Foucault mit dem Buch *Der Gebrauch der Lüste* erstmals eine ↗ Genealogie der antiken Körpererfahrung unternommen. Nicht Verbote, sondern ethische Stilisierungschancen und die Inszenierung von Freiheit prägen die Körperkultur unter den freien Männern der athenischen Elite. Erst das Christentum brachte zum Ende der römischen Antike dann eine zunehmend sanktionsorientierte Körperauffassung mit sich.

Literatur: Foucault, Michel: *Der Wille zum Wissen. Sexualität und Wahrheit 1*, Frankfurt am Main 1977. – Foucault, Michel: *Der Gebrauch der Lüste. Sexualität und Wahrheit 2*, Frankfurt am Main 1986. – Gehring, Petra: »Spiel der Identitäten? - Zu Michel Foucaults *L'usage des plaisirs*«, in: Renn, Joachim/Jürgen Straub (Hrsgg.): *Transitive Identität. Der Prozeßcharakter des modernen Selbst*, Frankfurt am Main/New York 2002, S. 374–391.

PG

Körper, organloser Der Begriff des organlosen Körpers wurde von ↗ Gilles Deleuze und ↗ Félix Guattari in *Tausend Plateaus* geprägt. In Anlehnung an die in Spinozas *Ethik* formulierten Kategorien der Attribute und aktiven Affekte entwickeln sie eine Theorie des ↗ Körpers als eines sich vorgegebenen Subjektivierungen und Signifikanzen widersetzenden deterritorialisierten Gefüges (↗ Territorialisierung/Deterritorialisierung/Reterritorialisierung), das nicht nach dem Vorbild des herkömmlich definierten Organismus hierarchisiert ist.

Schauplatz des organlosen Körpers ist die so genannte »Konsistenzebene« (auch: »Immanenzfeld«): Ein Verbund, auf dem Kräfte (»Intensitäten«) zirkulieren, die den organlosen Körper zunächst entstehen lassen und ihn zu Allianzen und Kooperationen mit anderen Körpern respektive Objekten anregen. Ziel der Operation ist die Zerstörung (»Destratifizierung«) einer Form und die Herausarbeitung einer anderen; affirmativ gedeutet unter den Vorzeichen eines hinausgezögerten, von sich selbst erfüllten Begehrens. Der organlose Körper definiert sich demnach als ein sich kontinuierlich entfaltendes dynamisches Prinzip der Neuorganisation bestehender Ordnungsstrukturen und Funktionen, das als radikaler Schöpfungsakt inszeniert wird.

Die verschiedenen Versuche der Erzeugung eines organlosen Körpers sind zu unterscheiden nach erfolgreichen (unter anderem der hypochondrische, der paranoische, der masochistische und der Schizo-Körper) und gescheiterten (der krebsartige, ausgezehrte, kollabierte oder totalitäre Körper). Grundbedingung für das Gelingen der Transformation ist ein bestimmtes Maß an Vorsicht, ein Erhalten des ursprünglichen Körpers in Restbeständen.

Der organlose Körper ist zugleich als anarchisches Autoexperiment, als materiale Realität, wie auch als gesellschaftspolitisches Programm zu verstehen. Der Arbeit, die am Einzelkörper verrichtet wird, entspricht die Arbeit, die sich an den einzelnen Schichten des Zivilisationsgefüges (Staat, Armee, Fabrik, Partei und so weiter) vollzieht. Exemplifiziert wird das Konzept des organlosen Körpers anhand der Schriften des Theatertheoretikers Antonin Artaud, insbesondere *Das Theater und sein Double*; wieder aufgegriffen wird es von Gilles

Deleuze unter anderem in *Francis Bacon – Logik der Sensation* (1981).

Literatur: Deleuze, Gilles: *Spinoza und das Problem des Ausdrucks in der Philosophie*, München 1993. – Deleuze, Gilles: *Francis Bacon. Logik der Sensation*, München 1995. – Deleuze, Gilles/Félix Guattari: *Tausend Plateaus. Kapitalismus und Schizophrenie II*, Berlin 1992.

AG

Kristeva, Julia (* 1941 Sliven, Bulgarien) Die Literaturwissenschaftlerin, Psychoanalytikerin und Schriftstellerin studiert an der Universität Sofia Romanistik. Mit einem Promotionsstipendium geht sie 1965 nach Paris und studiert an der École Pratique des Hautes Études bei ↗ Roland Barthes, ↗ Jacques Lacan und Lucien Goldmann. 1967 promoviert sie mit der Arbeit *Le texte du roman. Approche sémiologique d'une structure discursive transformationnel*, 1974 folgt ihre Habilitation *La révolution du langage poétique. L'avantgarde à la fin du XIXe siècle: Lautréamont en Mallarmé.* Seitdem arbeitet Kristeva am Bereich Sciences de Textes et Documents der Universität Paris VII, Denis Diderot, an der sie heute eine Professur für moderne und zeitgenössische Literatur, Literatur und Psychoanalyse sowie Semiologie innehat. Seit 1974 lehrt sie auch an der Columbia University in New York und seit 1992 an der Universität Toronto. Ab 1966 schließt sie sich der Groupe d' études théoriques an, die sich um die Zeitschrift ↗ *Tel Quel*, eine der einflussreichsten intellektuellen Zeitschriften in Frankreich, gruppiert. Von 1970 bis zur Auflösung 1983 gehört Kristeva zur Redaktion, deren Interesse den Autoren der europäischen Avantgarde gilt. In *Tel Quel* und der gleichnamigen Buchreihe publizierten ↗ Autoren wie Roland Barthes, Gérard Genette, ↗ Jacques Derrida, Tzvetan Todorov oder Philippe Sollers, den Kristeva später heiratet. Seit 1979 arbeitet Kristeva auch als Psychoanalytikerin. Die Kombination von psychoanalytischer Praxis und wissenschaftlicher Forschung spiegelt sich in ihrem Werk wider, insbesondere wenn sie später dazu übergeht, ihre literaturwissenschaftlichen Arbeiten mit den Erfahrungen aus ihrer psychoanalytischen Praxis zu verbinden.

Als bulgarische Emigrantin setzt Kristeva sich in den männerdominierten Kreisen französischer Intellektueller durch. Ihre wissenschaftliche Arbeit bewegt sich im Spannungsfeld von Strukturalismus, Marxismus und Psychoanalyse. Dabei liegt ihr vorrangiges Interesse auf der Genese und Konnektivität von Subjekt und Sprache beziehungsweise ↗ Diskurs. Ihre Fragen richten sich auf die mit dem Spracherwerb verbundene Entwicklung von Subjektivität und auf die Positionierung des Subjekts vor allem in literarischen Texten. Wesentlich für diese Betrachtung ist die von ihr hervorgehobene Heterogenität der Signifikationsmodi des Semiotischen und des Symbolischen. Das Semiotische steht für die präödipale Mutter-Kind-Beziehung, für die sich Kristeva bei Platon den Begriff der *chora* (gr., leerer Raum) entlehnt. Dieser leere Raum bietet jenes Kontinuum, innerhalb dessen sich die Primärtriebe und die körperlichen Energien in rhythmischen und pulsierenden Formen artikulieren können (↗ Körper). Die undifferenzierten Wahrnehmungen werden erst allmählich geordnet und es bilden sich Muster und Gewohnheiten heraus. Innerhalb der *chora* sind Innen und Außen, Subjekt und Objekt noch nicht voneinander getrennt. Erst im Prozess der Subjektgenese wird dieser Bereich des Semiotischen durch den Eintritt in die symbolische Ordnung abgelöst. Der Übergang vom Semiotischen zum Symbolischen ist durch zwei thetische Setzungen beschrieben: durch das Spiegelstadium und die Realisation der Geschlechterdifferenz. Das Symbolische gilt als männlich strukturierter Raum von Bedeutung und Repräsentation. Als reglementierter und strukturierter Bereich verkörpert er die phallische Ordnung, die durch die Gleichzeitigkeit von Spracherwerb und Wahrnehmung der sexuellen Differenz etabliert wird. Erst durch diese thetischen Setzungen formiert sich aus der *chora* das individuierte Ich und vollzieht die Trennung zwischen Subjekt und Objekt. Das als *chora* bezeichnete räumliche und zeitliche Kontinuum ist dabei alles andere als eine konfliktfreie idyllische Mutter-Kind-Phase. Dieser Prozess der Individuation oszilliert zwischen Verschmelzungs- und Verwerfungswünschen und -ängsten. Für Kristeva ist der Eintritt in die symbolische Ordnung eine Befreiung aus dieser ambivalenten Situation. Die Subjektgenese, an deren Ende das abgegrenzte Ich steht, ist nur durch die Abspaltung von der archaischen Mutter möglich. Wenngleich das Symbolische destruierend auf das Semiotische einwirkt, ist der Prozess der Setzung der phallischen und logozentristischen Ordnung nie abgeschlossen. Das Semiotische unterminiert die Etablierung der symbolischen Ordnung.

An dieser Stelle spielt die Abjektion (↗ Abjekt) eine bedeutende Rolle, wie Kristeva in ihrem Essay *Pouvoirs de l'horreur. Essai sur l'abjection* ausführt. Dem Abjekt kommt hier kein fassbarer Status zu. Am Beginn der Individuation ist das Abjekt jenes Abzuscheidende, das noch nicht Objekt ist, beziehungsweise vom Ich klar unterschieden werden kann. In erster Linie ist es vor allem die *chora*, deren Verwerfung die Subjektgenese initiiert. Ein weiteres Beispiel einer Abjektion wäre zum Beispiel das Ausspucken von Nahrung durch das Kleinkind. Durch seine fortschreitende Entwicklung realisiert das noch nicht sprechende Kleinkind seine eigene sich abgrenzende Individualität. In der Überwindung seiner nur aufnehmenden Passivität ist das Ausspucken der Nahrungsmittel eine körperliche Aktion, in der sich die eigene Abgrenzung manifestiert. Das Abjekte ist dabei sowohl mit Ängsten, Abscheu und Ekel verbunden, kann aber auch lustvoll erlebt werden, ab einem Moment, in dem die Abjektion kontrollierbar erscheint, etwa im Moment der kontrollierbaren Ausscheidung. In der fortschreitenden Entwicklung manifestieren sich an diesen semiotischen Grenzen symbolische Differenzen, weshalb in der Folge unter Abjekten auch Phänomene zu verorten sind, die die soziosymbolische Ordnung unterminieren wie zum Beispiel Mord, Verrat, Heuchelei, Vergewaltigung und Lüge.

Kristeva untersucht das Verhältnis zwischen dem Semiotischen und dem Symbolischen vor allem an Texten der klassischen Moderne, der Avantgarde. Insbesondere in ihrer *Revolution der poetischen Sprache* veranschaulicht sie, dass die modernen avantgardistischen Texte nicht mehr das Ziel verfolgen einen Sinn- und Bedeutungszusammenhang in ihren Texten herzustellen. Vielmehr rücken die Texte die Sprache, ihre Struktur und den Prozess ihrer Produktion in den Mittelpunkt. Die avantgardistischen Texte brechen mit der konventionellen, den Sinnzusammenhang herstellenden Grammatik. Aus diesen Brüchen dringt hervor, was sonst in der auf Grammatik basierenden Kommunikation überdeckt wird. Für Kristeva befördert der Bruch mit Grammatik und Logik jenen Nicht-Sinn zutage, auf den jeder Singgebungsprozess angewiesen ist. Besonderes Gewicht legt Kristeva dabei auf die poetische Sprache. Sie ist eher dem Semiotischen zugewandt, da sie die rhetorisch-rhythmischen Bewegungen der vorsprachlichen semiotischen Signifikation evoziert. Die avantgardistischen Texte arbeiten gegen den symbolisch gesetzten Sinnzusammenhang und seine Transzendierung des Körperlichen an.

Kristeva gehört zu den wichtigsten und einflussreichsten Text- und Zeichentheoretikerinnen. In der feministischen Rezeption sind ihre Ansätze umstritten. Die Kritik richtete sich zumeist gegen ihre Konzeptionalisierung der semiotischen Weiblichkeit. Zwar sieht Kristeva diese Weiblichkeit als rein zeichentheoretische Position, was ihr jedoch den Vorwurf politischer und historischer Naivität einbrachte. Vorgeworfen wurde ihr auch eine nicht hinterfragte Rezeption des Phallusprimats der Psychoanalyse. Trotz der Kritik sind ihre Ansätze in der jüngeren Geschlechterforschung, insbesondere von ↗ Judith Butler, konstruktiv rezipiert worden.

Ausgewählte Werke: *Die Revolution der poetischen Sprache*, Frankfurt am Main 1980. – *Pouvoir de l'horreur. Essai sur l'abjection*, Paris 1983.

Literatur: Moi, Toril (Hrsg.): *The Kristeva Reader*, New York 1986.

EW

L

Lacan, Jacques (* 1901 Paris, † 1981 Paris) Französischer Psychiater und Psychoanalytiker, der das Werk Sigmund Freuds gegen die Verkürzung vor allem durch die US-amerikanische Auffassung als Ich-Psychologie wiederentdeckte und durch minutiöse Relektüre hervorhob, dass die Schriften des Wiener Begründers der Psychoanalyse keineswegs ›veraltet‹ sind. Lacan wuchs in einer bürgerlich-katholischen Familie auf, studierte Medizin und demonstrierte in seiner Dissertation von 1932 an einem ausführlichen Fallbeispiel, dass Paranoia entgegen der psychiatrischen Lehrmeinung biografisch entschlüsselbare Wurzeln hat. Erstmals als Analytiker in Erscheinung trat Lacan 1936 auf dem 14. Kongress der Internationalen Psychoanalytischen Vereinigung (IPA), wo er seinen Vortrag über das »Spiegelstadium als Bildner der Ichfunktion« (Lacan 1973, S. 61–70) hielt. Ausgehend von der humanspezifischen Vorzeitigkeit der Geburt und der hierdurch bewirkten Prävalenz der kognitiven, insbesondere der visuellen Funktion erklärt Lacan, dass das Bild von »meinesgleichen« beziehungsweise das Spiegelbild formend in die Bildung des menschlichen Ich eingreift. Entgegen der Auffassung der traditionellen Philosophie, die (unreflektiert) auch der Mainstream-Analyse zugrunde liegt, entspricht das Ich nicht einer autonomen Instanz der Selbstreflexion im Sinne des cartesischen Paradigmas der neuzeitlichen Philosophie, *cogito ergo sum*, sondern einem libidinös besetzten Objekt. Insofern als das Ich grundsätzlich nur als »entfremdetes« ist, kehrt Lacan Descartes um: »Ich denke, wo ich nicht bin, also bin ich, wo ich nicht denke« (Lacan 1975, S. 43).

In Ergänzung zum hieraus entwickelten Begriff des »Imaginären« hebt Lacan – insbesondere in seiner programmatischen Rede von Rom über »Funktion und Feld des Sprechens und der Sprache« (Lacan 1973, S. 71–170) – 1953 hervor, dass die Psychoanalyse nach Freuds Tod die Theorie des Sprechens und der Sprache nicht nur nicht weiterentwickelt, sondern nicht einmal als das eigentliche Medium der analytischen Kur erkannt hat. Mit dieser Auffassung, die Lacan in jenen 26 Seminaren konkretisiert, die er von 1954 bis 1980 in Paris hält, geht er auf immer größere Distanz zur psychoanalytischen Orthodoxie der IPA. Als Lacan 1953 zusammen mit anderen Analytikern aus der Société Psychanalytique de Paris (SPP) austritt, verliert er unwissentlich die IPA-Mitgliedschaft. Die von ihm unmittelbar nach dem Austritt mit gegründete Société Française de Psychanalyse (SFP) bemüht sich bis 1963 vergeblich um Aufnahme in die IPA: Weil Lacan die dogmatisch vorgeschriebene 50-Minuten-Dauer der Kur-Sitzung variabel hält und sie so als Instrument der Deutung instrumentalisiert, stellt die IPA 1963 die Aufnahmebedingung, Lacan von Lehranalyse und Lehre auszuschließen. Die SFP kommt der Forderung nach, worauf Lacan 1964 die École Freudienne de Paris (EFP) gründet.

In diesem Forum entwickelt Lacan von 1964 bis 1980 seinen zentralen theoretischen und klinischen Beitrag durch den Nachweis, dass die *Traumdeutung*, die *Psychopathologie des Alltagslebens*, die Arbeit über den *Witz und seine Beziehung zum Unbewußten* ebenso wie die großen Falldarstellungen auf einem Sprachmodell basieren, das die Intuition Freuds von Anfang an leitete. Im Rückgriff auf den Genfer Linguisten Ferdinand de Saussure (und inspiriert durch seine Zeitgenossen Roman Jakobson und Emile Benveniste) systematisierte Lacan die implizite Sprachtheorie Freuds im Sinne einer »Logik des Signifikanten« (Lacan 1975, S. 15–55). Das basale Theorem »Das Unbewusste ist strukturiert wie eine Sprache« (Lacan 1978, S. 156) gibt dem Freud'schen Grundbegriff einen konkreten Sinn, entgegen der populären Auffassung des Unbewussten als Sitz der Instinkte oder eines der Kommunikation entzogenen Bereichs (Alfred Lorenzer). Das Unbewusste entspricht so einer dialektischen Vermittlung von Individual- und Massenpsychologie, die in ihrer Tragweite erst verständlich wird, wenn Freuds Ödipus- und Kastrationskomplex vor dem Hintergrund von Lévi-Strauss' *Elementare[n] Strukturen der Verwandtschaft* einerseits und Freuds Mythos vom Mord am Urvater andererseits (Freud 1912/13) ebenfalls als sprachliche Strukturen gelesen werden. Das in Freuds Ausführungen noch konkretistisch anmutende Verbot der Mutter im Ödipuskomplex und die archaische väterliche Kastrationsdrohung als Verstümmelung des Genitals werden in Lacans Relektüre als sprachliche Struktur gelesen. Vor diesem Hintergrund denkt Lacan den Menschen als *parlêtre*, als sprachlich verfasstes Sein. Mit Seitenblick auf Heidegger, zu dem Lacan persönlichen Kontakt pflegte, ist dieses »sprechende Sein« kein »Sein zum Tode«, sondern ein »Sein-zur-symbolischen-Kastration« – insofern als die symbolische Kastration das exzentrische Zentrum der in der Sprache wurzelnden Spaltung des Subjekts ausmacht. Es handelt sich hierbei um eine sprachtheoretisch gewendete Übersetzung der bei Freud nur angedeuteten Auffassung, dass die Geschlechtlichkeit ein von der Anatomie unabhängiges psychisches (=sprachliches) Konstrukt ist, und dass die Begegnung des Menschen mit der Sexualität grundsätzlich traumatisch ist und Spuren hinterlässt, die auch beim »normal neurotischen Individuum« als existenzielle Strukturen klinisch kategorisierbar sind. Somit geht es bei den vier großen Freud'schen klinischen Strukturen – Hysterie, Zwangsneurose, Perversion und Paranoia – jeweils darum, wie das Subjekt sich zu dieser als symbolischer Mangel konzipierten Kastration verhält beziehungsweise wie es sein »sexuiertes Sein« als Begehren (= Übersetzung des Freud'schen ›Wunsches‹) konzipiert: Die Hysterischen konzipieren ihr Begehren in Form eines unerfüllbaren Begehrens (wofür Lacan oft das Paradigma vom »Traum der witzigen Metzgerfrau« zitiert, 1900, S. 152 ff.), wohingegen der Zwangsneurotiker in paradoxer Form ein Begehren danach hat, nicht zu begehren (um so der Begegnung mit der Kastration auszuweichen). Der Perverse »verleugnet«, wie schon Freud ausführte (1927, S. 316), die Kastration, die er vermittels des Fetischs zugleich anerkennt und nicht anerkennt. Die Psychose schließlich basiert auf einem Defekt der ›symbolischen Vaterfunktion‹ im Ödipuskomplex: Ohne den so genannten »Namen-des-Vaters«, dem abwesenden Zentrum der symbolischen (gesellschaftlichen) Ordnung, »verwirft« (Freud 1918, S. 117) der Psychotiker, gemäß einem von Freud in der Fallgeschichte des »Wolfsmannes« verwendeten Begriff, die Kastration. Sie ist in seinem psychischen Leben nicht repräsentiert und kehrt folglich »von außen wieder«: qua Halluzination.

Gestützt auf Lévi-Strauss' Begriff des »Mythems«, der jeweils paradoxen Wurzel einer überlieferten Erzählung über das logisch Undarstellbare eines jeden Ursprungs, entwickelt Lacan ab Mitte der 1960er-Jahre seine so genannten »Matheme«. Lacan entwirft immer komplexere »Formeln« und »Algorithmen«, die entgegen dem mathematischen Grundprinzip nicht zur widerspruchsfreien Äquivalenz zwischen der linken und der rechten Seite einer Gleichung (A = A) führen, sondern zu einer logischen Einkreisung jenes Grundparadoxes, gemäß dem das Freud'sche Unbewusste ein ↗ Wissen ist, das sich nicht selbst weiß beziehungsweise repräsentiert. Wie im Unvollständigkeitssatz Kurt Gödels, bei dem eine widerspruchsfreie Kette logischer Schlüsse am Ende zu einer widersprüchlichen Gleichung führt, ›formalisiert‹ Lacan den Ort des Sprechens als jenen »großen Anderen«, der alle Signifikanten enthält – bis auf jenen einen, der ihre Vollständigkeit repräsentieren könnte: der Phallus im Sinne der symbolischen Kastration. Folglich ist der Phallus »der Signifikant, der bestimmt ist, die Signifikatswirkungen in [jener] *Gesamtheit* zu repräsentieren« (Lacan 1975, S. 126), die sich nach Gödel nicht selbst zu repräsentieren vermag und wofür es also des Signifikanten Phallus bedarf, der auf kein Signifikat verweist außer dieser »Gesamtheit« der Signifikanten und den Lacan als »-φ« schreibt.

Diese Theorie verfeinert Lacan zur Theorie des Borromäischen Knotens, in dem er sich gegen Ende seines Lebens zunehmend selbst verheddert. Bis zu seinem Tod am 9. September 1980 wächst sein 14-tägiges Seminar weiter an und zählt phasenweise mehr Hörer, als die IPA Mitglieder hat. Seine wichtigsten Aufsätze erschienenen 1966 in den *Écrits*; nach seinem Tod bearbeitet und publiziert sein Schwiegersohn Jacques-Alain Miller die Seminare, von denen gegenwärtig erst knapp die Hälfte erschienen ist. Während in Frankreich die sprachliche Struktur des Unbewussten zum Abiturwissen gehört, »hat der deutsche Abiturient Glück, wenn er in den ersten vier Semestern eines geisteswissenschaftlichen Studiums lernt, das ‚Unbewusste' vom ‚Unterbewusstsein' zu unterscheiden« (*Die Tageszeitung*, 8.2.1992). Für den nur deutschsprachigen Leser erschwert sich der Zugang zudem durch die nicht immer optimale Übersetzung und das Problem, dass Lacans Sprache, wie die des Traums, verdichtet und voll von Verweisen und Anspielungen ist.

Ausgewählte Werke: *Écrits,* Paris 1966. – *Schriften I*, Olten 1973. – *Schriften II*, Olten 1975. – *Die vier Grundbegriffe der Psychoanalyse*, Olten 1978.

Literatur: Freud, Sigmund: *Die Traumdeutung*, Gesammelte Werke II/III (1900), Frankfurt am Main 1941. – Freud, Sigmund: *Totem und Tabu*, Gesammelte Werke IX, (1912/13), Frankfurt am Main 1941. – Freud, Sigmund: *Aus der Geschichte einer infantilen Neurose*, Gesammelte Werke XII (1918), Frankfurt am Main 1941, S. 27–157 – Freud, Sigmund: *Fetischismus*, Gesammelte Werke XIV (1927), Frankfurt am Main 1941, S. 309–317.

MR

Lyotard, Jean-François (* 1924 Versailles † 1998 Paris) Der französische Philosoph und Ästhetiker gilt als wichtigster Vertreter des philosophischen Postmodernismus (↗Postmoderne/Postmodernismus). In der Programmschrift *Das postmoderne Wissen* (1979) und dem vor allem sprachphilosophisch ausgerichteten Hauptwerk *Der Widerstreit* (1983) formuliert Lyotard die Diagnose vom Ende der so genannten ↗ großen Erzählungen (auch: Metaerzählungen), die in der Postmoderne ihre Glaubwürdigkeit einbüßen: An die Stelle dieser sinnstiftenden, auf Universalisierung angelegten Metaerzählungen, wie sie für Neuzeit und Moderne prägend sind, tritt die Pluralität von Denk- und Lebensformen. Lyotards Interesse gilt vorrangig der Frage, wie man mit dieser Vielfalt von möglichen Entwürfen (mitunter spricht er auch von »kleinen Erzählungen«) leben und umgehen kann, ohne ihnen in ihrer Eigenheit Unrecht zu tun.

Lyotard wird 1924 in Versailles geboren. Nach dem *baccalauréat* am renommierten Lycée Louis-le-Grand beginnt er das Studium der Philosophie an der Sorbonne (Université Paris I). Seine erste akademische Publikation, die *mémoire de maîtrise*, schreibt er – damit einige Grundzüge der späteren Arbeiten vorwegnehmend – über Indifferenz als ethische Kategorie und untersucht in diesem Zusammenhang die antiken einerseits auf Epikur und andererseits auf die Stoa zurückgehenden Begriffe von *ataraxia* (gr., Unerschütterlichkeit) und *apatheia* (gr., Leidenschaftslosigkeit). 1950 legt er die *agrégation* ab, die dem deutschen Staatsexamen für das Gymnasiallehramt vergleichbar ist, und arbeitet an verschiedenen Lycées, erst im Departement Saône-et-Loire, dann von 1950 bis 1952 in Constantine (Algerien, damals noch französische Kolonie) und schließlich – bis 1959 – an einem Militärgymnasium in La Flèche.

In der politischen Gruppierung *Socialisme ou Barbarie* arbeitet Lyotard ab 1954 und publiziert in der gleichnamigen Zeitschrift unter dem sprechenden Pseudonym François Laborde (*François l'aborde:* ›François spricht es an‹) Artikel zur Algerienfrage. In diesen Beiträgen, entstanden vor dem Hintergrund seiner Arbeit in Constantine, tritt er für die algerische Unabhängigkeit ein. Die Artikel werden 1989 in dem Sammelband *La guerre des Algériens* wieder aufgelegt; im neu geschriebenen Vorwort charakterisiert Lyotard den Algerienkrieg als eine frühe Erfahrung dessen, was er später als ↗ Widerstreit kennzeichnen wird. 1964 verlässt er nach Meinungsverschiedenheiten *Socialisme ou Barbarie* und schließt sich der Splittergruppe *Pouvoir ouvrier* an, aus der er dann aber 1966 wieder austritt.

Ab 1960 ist Lyotard wissenschaftlicher Assistent *(maître-assistant)*, erst an der Sorbonne und dann ab 1966 an der Universität Nanterre (Paris X). In den Jahren von 1968 bis 1970 arbeitet er am Centre national de la recherche scientifique (CNRS), bis er schließlich an die Universität Vincennes (Paris VIII) berufen wird, an der er erst als *maître de conférences* und ab 1975 als Professor lehrt. Von 1984 bis 1986 ist Lyotard als Nachfolger von ↗ Jacques Derrida Präsident des ↗ Collège international de philosophie (CIPH). 1987 wird er emeritiert, setzt aber seine Lehrtätigkeit im Ausland, vor allem an amerikanischen Universitäten, fort. Im Frühjahr 1998 stirbt er in Paris an den Folgen einer Leukämie.

Lyotards erste Publikation ist eine 1954 zuerst erschienene und bis heute immer wieder aufgelegte Einführung in die Phänomenologie, die sich schwerpunktmäßig mit Husserl und Merleau-Ponty auseinandersetzt. Diese frühe Schrift ist zwar im Vergleich zu den späteren Werken stilistisch und inhaltlich noch recht konventionell, enthält aber durchaus Motive, die in späteren Werken deutlicher ausgearbeitet werden. So insistiert Lyotard hier bereits energisch auf das Eigenrecht dessen, was, wie er später formulieren wird, durch die großen Erzählungen marginalisiert oder ausgeschlossen wird: »Es gibt immer etwas Präreflexives, ein Ungedachtes, ein Vorprädikatives, auf das sich die Reflexion, die Wissenschaft stützt, und das sie immer unterschlägt, wenn sie sich über sich selbst Rechenschaft ablegen will.« (1993, S. 10)

Sieht man von der frühen phänomenologischen Orientierung ab, kann man, orientiert an den Publikationen, grob drei Phasen Lyotard'schen Denkens unterscheiden: die marxistische Phase (1954 bis 1971), die freudianische (1971 bis 1975) und schließlich die postmoderne Phase (ab 1975). Diese Phasen sind nicht als monolithische Blöcke zu verstehen; gerade Lyotards Denken ist durch ›*déplacements*‹ – mal mehr, mal weniger merkliche ›Verschiebungen‹ – charakterisiert. In Deutschland sind die Schriften aus der ersten und zweiten Phase kaum rezipiert worden, was nicht zuletzt auch auf die Textlage zurückzuführen ist: Es liegen bei weitem nicht alle Texte Lyotards aus den 1960er- und 1970er-Jahren in Übersetzung vor, und die existierenden Übersetzungen sind von zum Teil zweifelhafter Qualität.

Standen die Arbeiten der 1960er-Jahre vor allem in Zusammenhang mit Lyotards politischer Arbeit bei *Socialisme ou Barbarie*, so wendet er sich in den 1970ern der Ästhetik zu; unter dem Titel *Discours, Figure* erscheint 1971 seine *thèse de doctorat*, zwei Jahre später flankiert durch die Aufsatzbände *Dérive à partir de Marx et Freud* und *Des dispositifs pulsionnels*. Der Berliner Merve-Verlag publiziert Ende der 1970er eine Auswahl aus dem letztgenannten Band; *Discours, Figure* und *Dérive* liegen nach wie vor nur im französischen Original vor. Diese Schriften entwerfen, im Gestus anarchisch und zum Teil betont unakademisch, eine auf »Intensitäten« (Triebströme) orientierte Ästhetik, welche die letztlich auf Nützlichkeit und Beherrschbarkeit angelegte kapitalistische Warenlogik, die auch die Kunst in ihrem Griff hat, aufbrechen soll. Diese freudianische Phase kulminiert in dem sehr exaltierten Werk *Économie libidinale* (1974), einer Provokation des philosophischen Mainstreams, in dem Lyotard gegen den »weißen Terror der Wahrheit« anschreibt, gegen den er »die rote Grausamkeit der Singularitäten« setzt.

Ab 1975 beginnt Lyotard diskursiv einzulösen (↗ Diskurs), was er zuvor – vor allem in der *Économie libidinale* – im Rückgriff auf die Kunst und durch eine fast expressionistische Sprache auszudrücken versucht hat: Vereinheitlichung im Namen einer Grundidee, einer großen Erzählung, führt zu Ausschluss und Marginalisierung dessen, was sich nicht vereinheitlichen lässt. Gegen die großen Erzählungen gilt es – so Lyotards Lösungsvorschlag in den 1970ern – »kleine Erzählungen« in Umlauf zu bringen; diese Position nennt er auch »Paganismus«. Im Rückgriff auf Nietzsche und die Sophistik fordert er eine »Logik der Singularität«, die das Einzelne ins Recht gegen das Allgemeine setzt; die Auseinandersetzung mit Nietzsche lässt sich in den posthum publizierten Vorlesungen *Die Logik, die wir brauchen*, 1975/76 in Vincennes gehalten, nachvollziehen.

In *Das postmoderne Wissen* (1979), das Lyotard international bekannt macht, gebraucht er schließlich den Ausdruck ›postmodern‹, der von da an untrennbar mit seinem Denken verknüpft ist. Als postmodern bezeichnet er den Zustand der Kultur, in dem die großen Erzählungen – namentlich die Emanzipationserzählung der Aufklärung (Kant) und der spekulative Diskurs von der Selbstentfaltung der Idee (Fichte, Schelling, Hegel) – ihre Überzeugungskraft einbüßen, weil sie die Pluralität gewaltsam vereinheitlichen wollen. Maßstab ist dabei das Kriterium der Effizienz: »Wirkt mit, seid kommensurabel, oder verschwindet!« In Abgrenzung gegen dieses Effizienzdenken, die »Merkantilisierung des Wissens«, tritt Lyotard für ein postmodernes Denken ein, das nicht auf Vereinheitlichung drängt, sondern im Gegenteil die »Sensibilität für die Unterschiede« bewahren will. Im *Widerstreit* (1983) wird diese Forderung auf sprachphilosophischer Basis erneuert: Die Pluralität von Denk- und Lebensformen erzeugt Konflikte. Charakteristisch für diese Konflikte zwischen (mindestens) zwei Parteien ist der Umstand, dass »eine auf beide Argumentationen anwendbare Urteilsregel fehlt«. Es gibt keine »universale Diskursart«, die diese Konflikte auflösen könnte. Diesen Zustand nennt Lyotard »Widerstreit«. Der Philosophie (und mit Einschränkung auch der Kunst und der Politik) kommt nun die Aufgabe zu, »den Widerstreit auszudrücken, indem man ihm entsprechende Idiome verschafft«. Aber anders als noch in den 1970er-Jahren plädiert Lyotard nicht einfach mehr für die Vervielfältigung der »kleinen Erzählungen«, die (zum Beispiel in Form nationalistischer Diskurse) ebenso wie die großen Erzählungen Terror hervorbringen können, sondern mahnt an, die beschränkte Reichweite jedweder Diskursart zur Kenntnis zu nehmen und von Absolutheitsansprüchen abzusehen.

In den Schriften der 1980er- und 90er-Jahre, vor allem Aufsatzsammlungen wie *Grabmal des Intellektuellen* (1984), *Postmoderne für Kinder* (1986), *Das Inhumane* (1989) oder *Postmoderne Moralitäten* (1993), hat Lyotard seine Konzeption des Postmodernismus weiter ausformuliert – vor allem auf dem Gebiet der Ästhetik. In dieser Zeit setzt er sich, anknüpfend an die eigenen phänomenologischen Wurzeln und Kants *Kritik der Urteilskraft*, für eine Aufwertung der ↗ *Aisthesis* (gr., Wahrnehmung) ein und aktualisiert, sehr detailliert in *Die Analytik des Erhabenen* (1991), den bei Kant zentralen und lange in der Ästhetik marginalisierten Begriff des ↗ Erhabenen. Die »ästhetische Reflexion« versteht er dabei als eine Art »transzendentale Prä-Logik«, als eine vorbegriffliche Orientierung. In diese späten Schriften schleicht sich allerdings zunehmend ein pessimistischer Grundton: Nach dem Ende der großen Erzählungen herrscht, wie Lyotard durchaus resignativ konstatiert, ein »System«, das nur noch in den Parametern von Effizienz und Operationalisierbarkeit denkt und für seine Legitimation nicht einmal mehr einer großen Erzählung bedarf: »Die Entwicklung wird von keiner Idee, wie zum Beispiel der Emanzipation der menschlichen Vernunft und Freiheit, magisch angezogen. Sie reproduziert sich, indem sie sich allein nach ihrer inneren Dynamik beschleunigt und ausdehnt. […] Das Interesse der Menschen wird dabei dem des Überlebens der Komplexität untergeordnet.« (1988, S. 20 f.) Gegen ↗ das Inhumane dieses Systems gilt es zwar, so Lyotard, weiter schreibend und philosophierend Widerstand zu leisten. Die Möglichkeiten des Widerstandes werden aber durch die Ausdehnung des »Systems« (etwa die Übertragung von Effizienzkriterien auf alle Bereiche universitärer Arbeit) zunehmend beschnitten.

Die Rezeption von Lyotards Schriften in Deutschland war von Anfang an eher zwiespältig. Manfred Frank (*Was ist Neostrukturalismus?*, Frankfurt am Main 1983) und Jürgen Habermas (*Der philosophische Diskurs der Moderne*, Frankfurt am Main 1985) haben sich sehr kritisch und verkürzend mit dem philosophischen Postmodernismus auseinandergesetzt und Lyotard und anderen Irrationalismus und Subjektfeindlichkeit, mithin ↗ Antihumanismus, vorgeworfen. Erst die Überblicksdarstellung von Wolfgang Welsch (*Unsere postmoderne Moderne*, Weinheim 1987) hat den Boden für eine wohlwollende Aufnahme des Lyotard'schen Denkens bereitet.

Ausgewählte Werke: *Die Phänomenologie* (1954), Hamburg 1993. – *Discours, Figure* (1971), Paris 1971. – *Intensitäten* (1973), Berlin 1978. – *Essays zu einer affirmativen Ästhetik* (1973), Berlin 1982. – *Économie libidinale* (1974), Paris 1974. – *Das Patchwork der Minderheiten* (1976), Berlin 1977. – *Apathie in der Theorie* (1977), Berlin 1979. – *Das postmoderne Wissen. Ein Bericht* (1979), Graz/Wien/Köln 1986. – *Der Widerstreit* (1983), München 1987. – *Grabmal des Intellektuellen* (1984), Graz/Wien 1985. – *Postmoderne für Kinder. Briefe aus den Jahren 1982–1985* (1986), Wien 1987. – *Streifzüge: Gesetz, Form, Ereignis* (1988), Wien 1989. – *Das Inhumane. Plaudereien über die Zeit* (1988), Wien 1989. – *Die Analytik des Erhabenen. Kant-Lektionen* (1991), München 1994. – *Postmoderne Moralitäten* (1993), Wien 1998. – *Das Elend der Philosophie* (2000), Wien 2004. – *Die Logik, die wir brauchen. Nietzsche und die Sophisten*, Bonn 2004.

Literatur: Brügger, Niels/Finn Frandsen/Dominique Pirotte (Hrsgg.): *Lyotard. Les déplacements philosophiques*, Brüssel 1993. – Reese-Schäfer, Walter: *Lyotard zur Einführung*, Hamburg 1988. – Sim, Stuart: *Lyotard and the Inhuman*, Cambridge 2001.

PB

M

Macht ist neben ↗ Wissen und Subjekt ein zentraler Gegenstand im Werk von ↗ Michel Foucault. In seiner Problematisierung geht er davon aus, dass die bisherigen Analysen der Macht für die Frage nach der »Objektivierung von Subjekten« kein geeignetes Werkzeug darstellen. Damit meint er die Betrachtung von Macht »im Rahmen rechtlicher Modelle (Wodurch wird Macht legitimiert?) oder im Rahmen institutioneller Modelle (Was ist der Staat?)« (Foucault 2005, S. 270).

Für Foucault existiert Macht nur als Handlung: Sie wird immer von dem »einen« auf den »anderen« ausgeübt« (ebd., S. 285). Machtausübung ist dabei ein »auf Handeln gerichtetes Handeln« (ebd., S. 286). Dabei kann Macht »nur über ›freie Subjekte‹ ausgeübt werden, insofern sie ›frei‹ sind – und damit seien hier individuelle oder kollektive Subjekte gemeint, die jeweils über mehrere Verhaltens-, Reaktions- und Handlungsmöglichkeiten verfügen« (ebd., S. 287). Daraus ergibt sich zum einen, dass Macht eben nur zwischen »Partnern« existiert, zum anderen werden Widerstände gegen konkrete Formen der Machtausübung zum bevorzugten Gegenstand der Analyse, da sich Machtbeziehungen und die »Widerspenstigkeit der Freiheit« nicht trennen lassen.

Von diesen Machtbeziehungen sind Kommunikationsbeziehungen sowie Macht als objektive Fähigkeit auf Dinge einzuwirken, zu unterscheiden, wobei diese drei Beziehungsarten »in der Wirklichkeit eng miteinander verschränkt sind, sich gegenseitig stützen und einander als Instrument dienen« (ebd., S. 282), wie dies zum Beispiel bei den Disziplinen der Fall ist.

Seine Problematisierung der Macht richtet sich sowohl gegen den modernen westlichen »Staat« als auch gegen die Kritiker des Staates. Hierbei ist die Antirepressionshypothese von zentraler Bedeutung, nach der sich eine Analyse der Macht nicht allein am Begriff der Unterdrückung orientieren darf (zum Beispiel Foucault 1991, S. 8). Macht reize vielmehr auch zur Produktion zum Beispiel von Wissen. Wie ↗ Gilles Deleuze betont, stellt diese Konzeption der Macht nicht zuletzt eine Reihe von Postulaten in Frage, »die für die traditionelle Linke charakteristisch waren« (Deleuze 1992, S. 39).

Als prägend für seine Gegenwart empfand Foucault die ↗ Gouvernementalität, die von der alten Form der Souveränität zu unterscheiden ist. Weitere Formen der Macht sind die ↗ Bio-Macht, die ↗ Disziplinarmacht und die Pastoralmacht.

Literatur: Deleuze, Gilles: *Foucault* (1984), Frankfurt am Main 1992. – Foucault, Michel: »Subjekt und Macht« (1982), in: ders.: *Dits et Ecrits. Schriften*, 4. Band, Frankfurt am Main 2005. – Foucault, Michel: »Vorwort zur deutschen Ausgabe«, in: ders.: *Der Wille zum Wissen* (1976), Frankfurt am Main 1991. – Foucault, Michel: *Dispositive der Macht. Über Sexualität, Wissen und Wahrheit*, Berlin 1978. – Foucault, Michel: *Mikrophysik der Macht. Über Strafjustiz, Psychiatrie und Medizin*, Berlin 1976. – Foucault, Michel: *Analytik der Macht*, Frankfurt am Main 2005.

MN

Man, Paul de (* 1919 Antwerpen † 1983 New Haven) Der Literaturwissenschaftler und -theoretiker Paul de Man wurde in Belgien geboren, lehrte ab 1960 in den USA, von 1970 bis zu seinem Tod an der Yale University. De Man wird der Dekonstruktion zugerechnet (↗ Dekonstruktivismus), er versteht darunter jedoch stärker als der philosophisch ausgerichtete ↗ Jacques Derrida eine Theorie und Praxis der Lektüre insbesondere literarischer Texte. Zugrunde liegt ein Modell der Rhetorik, das die Sprache im unentscheidbaren *double bind* zwischen Bedeutung (Tropen) und Performanz (Überredung) sieht. Daraus folgt eine dekonstruktive Selbstdurchkreuzung der Texte, die nie in Richtung figuraler oder literaler Bedeutungen aufzulösen sind. Wie de Man in seinen durch subtile Aufmerksamkeit fürs Detail geprägten Lektüren immer wieder nachzeichnet, ist diese Durchkreuzung den literarischen Texten allegorisch selbst eingeschrieben. Alle Versuche der Reduktion auf den phänomenalen Aspekt, auf hermeneutisches Verstehen oder diskursive Eindeutigkeit (↗ Diskurs) kritisiert de Man dagegen als Formen der Ideologie. Es gibt bei ihm keine geschlossene Theoriebildung, sondern nur ein umpointierendes Fortschreiben der Theorie in der Praxis der Lektüre. De Mans beträchtliches Ansehen nahm Schaden durch das posthume Auftauchen von teils antisemitisch gefärbten Zeitungsartikeln, die er in jungen Jahren in Belgien verfasst hatte.

Ausgewählte Werke: *Blindness and Insight: Essays in the Rhetoric of Contemporary Criticism* (1971), New York 1971. – *Allegorien des Lesens* (1979), Frankfurt am Main 1988.

Literatur: Bossinade, Johanna: *Poststrukturalistische Literaturtheorie*, Weimar 2000. – Culler, Jonathan: *Dekonstruktion. Derrida und die poststrukturalistische Literaturtheorie*, Reinbek 1988. – Derrida, Jacques: *Wie Meeresrauschen auf dem Grund einer Muschel ... Paul de Mans Krieg*, Wien 2000.

EK

N

Neostrukturalismus Von Manfred Frank in kritischer Absicht geprägter Terminus für den ↗ Poststrukturalismus, der den inneren Zusammenhang dieses Denkens mit dem Strukturalismus deutlicher zum Ausdruck bringe, wohingegen das Präfix ›post-‹ nur die Nachzeitigkeit anzeige.

Literatur: Frank, Manfred: *Was ist Neostrukturalismus?*, Frankfurt am Main 1983.

PB

Nomadische, das/Nomadologie Zentraler Begriff bei ↗ Gilles Deleuze und ↗ Félix Guattari. Das Nomadische wird von ihnen vor allem in *Tausend Plateaus* in Anlehnung an Verhaltens- und Organisationsweisen innerhalb nomadischer Kulturformen entwickelt, erscheint aber auch als Gegenbildung zu Leibniz' Begriff der ›Monade‹, deren Hauptcharakteristika – Einheit und Unteilbarkeit – sich hier ins Gegenteil verkehrt finden: Das Nomadische steht für eine niemals zur Ruhe kommende Struktur der Vielheit und räumlichen Bewegung. Es bezeichnet ein »Modell des Werdens und der Heterogenität, das dem Feststehenden, Ewigen, Immergleichen und Dauerhaften gegenübergestellt wird.« (Deleuze/Guattari 1997, S. 495). Das Attribut ›nomadisch‹ wird von Deleuze und Guattari ebenso auf Wissenschaftsformen (»nomadische Wissenschaft«) wie auf soziale, politische, ökonomische und strategische Organisationsweisen angewandt (vergleiche ebd., S. 495 ff.). Die konkreten Beispiele reichen hierbei von der Baupraxis herumziehender Kathedralenbaumeister des 12. Jahrhunderts (vergleiche ebd., S. 500), über die Lebens- und Kriegsführungspraxis arabischer und asiatischer Nomadenvölker (ebd., S. 522 ff.) bis hin zu speziellen ›a-zentrischen‹ Textstrategien von ↗ Autoren wie beispielsweise Friedrich Nietzsche (vergleiche *Nietzsche – Ein Lesebuch*, S. 120). Eine Gemeinsamkeit der mannigfachen Erscheinungsformen des Nomadischen besteht darin, dass sie dekodierend und deterritorialisierend auf statische, territorial organisierte Systeme wirken, wobei dies sowohl zerstörerischen als auch innovativ-produktiven Charakter haben kann. Das Nomadische wird immer wieder durch territorial-statische Organisationsformen ›angeeignet‹, kann aber niemals dauerhaft integriert werden.

Die Nomadologie untersucht die verschiedenen Wirkungsweisen und Erscheinungsformen des Nomadischen und wird von Deleuze und Guattari mit der ↗ Rhizomatik in einer Reihe genannt (vergleiche Deleuze/Guattari 1977, S. 37).

Literatur: Deleuze, Gilles/Félix Guattari: *Kapitalismus und Schizophrenie. Tausend Plateaus*, Berlin 1997. – Deleuze, Gilles/Félix Guattari: *Rhizom*, Berlin 1977. – Deleuze, Gilles/Félix Guattari: »Nomadisches Denken«, in: Deleuze, Gilles: *Die einsame Insel. Texte und Gespräche 1953–1974*, Frankfurt am Main 2003, S. 366–380. – Deleuze, Gilles/Félix Guattari: *Nietzsche – ein Lesebuch*, Berlin 1979.

JV

O

Objekt [klein] *a* Das Objekt [klein] *a* ist ein zentrales Konzept der strukturalen Psychoanalyse, das von dem französischen Psychoanalytiker ↗ Jacques Lacan auf dem Wege einer Kritik an der konventionellen Sichtweise entwickelt wurde, gemäß der das Subjekt durch natürliche Reifung einen vorgeprägten Zugang zum genitalen Objekt erhält. Dagegen begann Lacan 1958 in seinem Seminar über *Die Bildungen des Unbewussten* zwischen dem symbolischen Aspekt des Phallus als Signifikant der Kastration und dem Objekt als nicht signifizierbarem *Rest* zu differenzieren. Dadurch rückt neben dem Imaginären (»Spiegelstadium«) und dem Symbolischen (das sprachlich strukturierte Unbewusste) erstmals die Kategorie des *Realen* ins Blickfeld als das, »was nicht aufhört, sich nicht zu schreiben«. Mit Bezug auf Sigmund Freud, demzufolge das Objekt das variabelste am Trieb ist, verknüpft Lacan Freuds Formulierung des »ursprünglich verlorenen Objekts« mit Winnicotts »Übergangsobjekt«, um die Dynamik des Begehrens zu konzeptualisieren. Das Objekt *a* ist insofern »Ursache« des Begehrens, als ein Stück des ↗ Körpers sich der Einschreibung ins Signifikante entzieht – wofür Lacan wiederholt das Bild vom verpfändeten »Pfund Fleisch« aus Shakespeares *Kaufmann von Venedig* verwendet. Dieser dem Körper zugehörige und zugleich entzogene *Rest* wird im Seminar über *Die Angst* schließlich mit der Erogeneität der Randzonen zusammengedacht, wodurch Blick, Stimme, Skybalon und Brust zu den Repräsentationsformen des Objekts *a* werden. Slavoj Žižeks Anwendung dieses Konzeptes auf die Populärkultur ist mitunter fruchtbar, birgt jedoch mangels klinischer Bezüge die Gefahr der Verkürzung.

Literatur: Lacan, Jacques: *Le séminaire livre X, L'angoisse*, Paris 2004.

MR

Obszöne, das Ähnlich wie die ↗ Hyperrealität ist das Obszöne für ↗ Jean Baudrillard ein Ausdruck des Verschwindens des Realen. Das Metaphorische wird ohne

Spiel und Dialektik absolut realisiert. Das Obszöne liefert seinen Gegenstand der Absorption und Resorption aus. Der Gegenpol dieses »totalen acting out« ist die Szene. Die Überwindung des Obszönen sei durch Illusion, ↗ Verführung und die Abkehr vom Anspruch auf Identität möglich.

Literatur: Baudrillard, Jean: *Passwörter*, Berlin 2002. – Baudrillard, Jean: *Die fatalen Strategien*, München 1985. – Baudrillard, Jean: »Die Szene und das Obszöne«, in: Kamper, Dietmar/Christoph Wulf (Hrsgg.): *Das Schwinden der Sinne*, Frankfurt am Main 1984, S. 279–297.

FB

P

Paralogie Unter dem Begriff der Paralogie fasst ↗ Jean-François Lyotard in *Das postmoderne Wissen* (1979) (↗ Wissen) die Legitimierungsdiskurse, die »kleinen Erzählungen«, zusammen, in denen er in den 1970er-Jahren eine Alternative zu den ↗ großen Erzählungen sieht: Postmodernes Denken (↗ Postmoderne/Postmodernismus) setzt nicht, wie das moderne, auf Vereinheitlichung, sondern auf Pluralität, die es auszuhalten gilt, und damit auf Nebenwege (gr. *para-*: neben, bei) – auch im ↗ Diskurs der Wissenschaft. Formen der Paralogie sind etwa die »offene Systematik« (1994, S. 175), das »Lokale« (ebd.), die »Anti-Methode«.

Literatur: Lyotard, Jean-François: *Das postmoderne Wissen*, Wien 1994.

PB

'Pataphysik Die so genannte 'Pataphysik ist eine Erfindung des dem Symbolismus zugerechneten französischen Dichters und Dramatikers Alfred Jarry (1873–1907). Ausgehend von dem Skandalerfolg seines stilbildenden Theaterstücks *Ubu Roi* von 1896, entwickelte Jarry auf Literatur und Kunst des 20. Jahrhunderts einen kaum unterschätzbaren Einfluss, der dem Lautréamonts und Mallarmés nicht nachsteht. Das 1949 gegründete Collège de 'Pataphysique, dem namhafte Literaten und Künstler wie Boris Vian, Eugène Ionésco, Pablo Picasso und Raymond Queneau angehörten, belegen dessen Einfluss. Jarry beschreibt die 'Pataphysik hauptsächlich in Gestalt Dr. Faustrolls, einer verdichteten Kunstfigur, die er in seinem 1898 verfassten, jedoch erst 1911 posthum publizierten »neowissenschaftlichen Roman« *Gestes et opinions du Dr. Faustroll, pataphysicien* entwickelt. Darin heißt es, die 'Pataphysik sei die »Wissenschaft der Ausnahmen [...] sie erhebt sich so weit über die Metaphysik wie diese über die Physik.« Die 'Pataphysik ist ein poetisches Prinzip, das im Rahmen jeder möglichen positiven Wissenschaft als Symptom insistiert. Ausgehend von diesem Konzept wird die 'Pataphysik als Kritik positivistischer Wissenschaft von Theoretikern wie ↗ Jean Baudrillard oder ↗ Gilles Deleuze aufgegriffen. Letzerer definiert sie wie folgt: »Die 'Pataphysik (epi meta ta physika) hat präzise und ausdrücklich folgenden Gegenstand: die große Kehre, die Überwindung der Metaphysik [...]. So dass man das Werk Heideggers als eine Entfaltung der 'Pataphysik begreifen kann, und zwar in Übereinstimmung mit den Prinzipien von Sophrotatos dem Armenier und seinem ersten Schüler Alfred Jarry.« (Deleuze 1993, S. 124)

Literatur: Deleuze, Gilles: *Kritik und Klinik*, Frankfurt am Main 1993. – Ferentschik, Klaus: *'Pataphysik. Versuchung des Geistes*, Berlin 2006. – Geier, Manfred: *Doktor Ubu und ich. Pataphysische Begegnungen*, Rheinbach-Merzbach 1983. – Jarry, Alfred: *Werke in 11 Bänden*, Frankfurt am Main 1987/1993. – Jarry, Alfred: *Heldentaten und Lehren des Dr. Faustroll, Pataphysiker*, Berlin 1968. – Lachenal, François/Henri Bouché (Hrsgg.): *Was ist 'Pataphysik?*, Offenbach 1959.

MR

Paratext Als Paratexte definiert der französische Literaturwissenschaftler Gérard Genette das gesamte »Beiwerk zum Buch«, also Texte, die in direkter Beziehung zu einer Publikation – zumeist literarischer Provenienz – zählen. Genette begründet in seiner Monografie *Paratexte* das Forschungsfeld der Paratextualität, indem er die möglichen Paratexte in ihrer Beziehung zum referenzierten Text systematisiert. Paratexte sind für das Verständnis des Textes, auf den sie sich beziehen konstitutiv, was sowohl die Einordnung zu bestimmten Textsorten (durch den Paratext »Roman«) als auch in Werk-Gefüge (durch den Paratext Autor-Name) angeht; sie lenken die Rezeption durch Steuerung der Erwartungshaltungen (etwa durch Verlagsankündigungen) im Vorfeld und beeinflussen sie durch nachträgliche Ergänzungen (z. B. durch Analysen oder Interviews).

Genette unterscheidet zunächst Epitexte von Peritexten. Peritexte gehören zur Publikation des Textes selbst: Titel, Vorwort, Umschlagstexte, Widmungen, Motti u. a. Sie können weiter darin differenziert werden, ob sie vom Verlag oder vom Autor stammen. Epitexte finden sich im im publikatorischen Umfeld des Textes: Interviews mit dem Autor, Verlagsankündigungen, Rezensionen, Analysen, nachgeschobene Selbstkommentare des Autors u.a. Ausgehend von diesen Haupttypen unternimmt Genette vor allem für die Peritexte weitere Eingrenzungen, die die Funktionen und Relationen der Peritexte für den Haupttext näher definieren und in ihrer literaturhistorischen Genese für die – bei Genette zumeist französischen – Prosatexte kennzeichnen.

Die Paratextualitätsforschung, die der Editionsphilologie und der Analyse literarischer Diskurse wesentliche, neue Impulse verliehen hat, ist schon bald nach ihrer Publikation und im Zuge einer Erweiterung des Text-Begriffes auch von anderen Disziplinen aufgegriffen und als Ergänzung zur Analyse ↗ intertextueller und ↗ intermedialer Bezüge adaptiert worden. Die zuletzt intensivste Auseinandersetzung mit dem Konzept fand in den Film- und Medienwissenschaften statt, das mit Hilfe von Paratextualitätsbezügen schlüssige Beschreibungen etwa des Distributionsumfeldes von Filmveröffentlichungen vornehmen konnte.

Literatur: Böhnke, Alexander: *Paratexte des Films. Über die Grenzen des filmischen Universums*, Bielefeld 2007. – Genette, Gérard: *Paratexte. Das Buch vom Beiwerk des Buches,* Frankfurt am Main 1989. – Gwózdz, Andrzej (Hrsg.): *Film als Baustelle. Das Kino und seine Paratexte,* Marburg 2009. – Kreimeier, Klaus/Georg Stanitzek (Hrsg.): *Paratexte in Literatur, Film, Fernsehen*, Berlin 2004.

SH

Patchwork-Identität Die Metapher der Patchwork-Identität beschreibt den Prozess der konstruktiven Selbstverortung. In jedem Individuum bildet sich im Laufe seiner Sozialisation eine Patchwork-Identität heraus, die seine Persönlichkeit repräsentiert. Da ein Individuum in der postmodernen Gesellschaft (↗ Postmoderne/Postmodernismus) immer häufiger unterschiedliche Funktionen erfüllen muss und somit auch eine Vielzahl identitätsstiftender Selbstverortungsprozesse erfährt, kann auch nicht mehr von nur einer einzigen Identität gesprochen werden. Die Identität des Individuums ist vielmehr die Summe vieler unterschiedlicher Sub-Identitäten, wobei diese untereinander oszillieren. Die Patchwork-Identität ist demnach ein hybrides Gebilde, welches die Habitus-Differenzen eines Individuums symbolisiert.

Literatur: Eickelpasch, Rolf/Claudia Rademacher: *Identität*, Bielefeld 2004. – Gergen, Kenneth J.: *Das übersättigte Selbst. Identitätsprobleme im heutigen Leben*, Heidelberg 1996. – Keupp, Heiner u. a.: *Identitätskonstruktionen. Das Patchwork der Identitäten in der Spätmoderne*, Reinbek 2002.

OL

Phonozentrismus Nach ↗ Jacques Derrida die in der phonetisch-alphabetischen Schrift gründende, seit Platon traditionelle abendländische Privilegierung der Stimme und des gesprochenen Wortes gegenüber der Schrift. Während die Stimme als unmittelbarer Ausdruck von Sinn erscheint, gilt die Schrift als ihr bloßes Derivat. Derridas Dekonstruktion (↗ Dekonstruktivismus) einer solchen ↗ Präsenzmetaphysik beschreibt keine Umkehrung der Hierarchie, sondern die Bedingung jeglicher Medialität.

Literatur: Derrida, Jacques: *Grammatologie*, Frankfurt am Main 1974. – Derrida, Jacques: *Die Stimme und das Phänomen*, Frankfurt am Main 1979.

HB

Postanalytische Philosophie Zusammenfassender Name für unterschiedliche Bewegungen, die, aus der Tradition der analytischen Philosophie heraus, deren positivistische und logizistische Verengungen aufbrechen wollen. Dies geschieht etwa im Anschluss an die so genannte *Oxford Ordinary Language Philosophy*, die in Reaktion auf den späten Wittgenstein nach Sprachverwendungen fragt und nicht mehr primär die logische Analyse und Klärung der Sprache fordert. Die diesem Feld entstammende Sprechakttheorie John L. Austins mit ihrer Betonung performativer Aspekte des Sprechens eröffnet Anschlussmöglichkeiten für die poststrukturalistischen Theorien ↗ Jacques Derridas oder ↗ Judith Butlers. Vor diesem Hintergrund sucht der Austin-Schüler ↗ Stanley Cavell die Auseinandersetzung auch mit zuvor verpönten kontinentalen Denkern wie Nietzsche oder Heidegger. Aus radikalisierter neopragmatistischer Perspektive stellt hingegen ↗ Richard Rorty viele der erkenntnistheoretischen Grundannahmen nicht nur der abendländischen Metaphysiktradition, sondern auch der analytischen Philosphie in Frage.

Literatur: Cavell, Stanley: *Der Anspruch der Vernunft. Wittgenstein, Skeptizismus, Moral und Tragödie*, Frankfurt am Main 2006. – Rorty, Richard: *Kontingenz, Ironie und Solidarität*, Frankfurt am Main 1992. – Rorty, Richard: *Der Spiegel der Natur. Eine Kritik der Philosophie*, Frankfurt am Main 2003.

EK

Postfordismus In der klassisch-kapitalistischen Produktionsweise wurde von einem internen Prinzip der Rationalisierung und einer damit verbundenen Kostensenkung ausgegangen, wie es sich in der Fließband-Produktion am sinnfälligsten manifestierte (darum auch die Bezeichnung ›Fordismus‹ nach dem Erfinder des Fließbandes Henry Ford). Ist die Regulation der Produktion hier in höchstem Maße mit einer Kontrolle des Marktes und der Distributionswege verbunden, haben sich seit den 1970er-Jahren eine ganze Reihe von Flexibilisierungsformen herausgebildet, die als ›Postfordismus‹ zusammengefasst werden. Wesentliche Bestandteile der Lean-Production-Philosophie, der Theorie der ›flexiblen Massenproduktion‹, der ›Neuen Produktionskonzepte‹ oder der ›Systemischen Rationalisierung‹ bilden heute normale Konditionen der Produktion und der Ordnung der Arbeit. Die Hauptmaximen des Postfordismus sind: (1) Das Produktionssystem *just in time*, bei dem die Menge und das Angebotsspektrum der zu produzierenden Güter und Dienstleistungen aufgrund der Nachfrage der Kundschaft bestimmt werden. Dies führt zu einer permanenten Evaluation der Firmen, die sich beständig an die Nachfragekonditionen anpassen müssen und darum auf eine Flexibilisierung der Arbeitsbeziehungen hindrängen (temporäre, befristete und Teilzeit-Beschäftigungen). (2) Die Aufhebung mancher Formen der Arbeitsteiligkeit und die Flexibilisierung des Arbeitsprozesses und eine Dynamisierung seiner Organisationsformen, damit der Produktionsfluss als Informationsfluss nun reibungsloser ablaufen kann. Arbeit wird zu einer kommunikativen Aktivität – die Einführung neuer Informationstechnologie beschleunigt diese Tendenz. (3) Das Auslagern *(outsourcing)* aller Produktionsfunktionen, die nicht direkt den zentralen Kern der Firma betreffen. Dies generiert eine neue und beträchtliche Schicht von Selbstständigen, die aber den Fluktuationen der Nachfrage – möglicherweise nur durch eine einzige Mutterfirma – ausgesetzt sind. (4) Die Öffnung der nationalen Märkte (Liberalisierung) und die Errichtung von transnationalen Produktionsnetzen (Globalisierung) sowie die Verbreiterung von Verwertungsketten (insbesondere im Medienbereich durch die Rechteverwertung in Kino, Kabel-TV, digitalem Fernsehen, Video und DVD, Internet, Merchandising et cetera).

Literatur: Ash, Amin (Hrsg.): *Post-Fordism. A Reader*, Oxford/Cambridge 1994. – Brand, Ulrich/Werner Raza (Hrsgg.): *Fit für den Postfordismus? Theoretisch-politische Perspektiven des Regulationsansatzes*, Münster 2002.

HJW

Posthistoire bezeichnet als Reflexionsbegriff die Idee eines gesellschaftlichen Zustandes ›nach dem Ende der Geschichte‹. Denkbar ist ein solcher Zustand zunächst im Rahmen eines finalistischen Geschichtsmodells, in dem der Sinnbezug, der zwischen den historischen Fakten hergestellt wird, auf einen zukünftigen Zielpunkt hin anlegt ist, dessen Erreichen dann den Beginn einer nachgeschichtlichen Epoche bedeutet. In der Praxis wird der Begriff jedoch eher im Zusammenhang einer Gegenwartsdiagnostik verwendet, die interpretierend zurückblickt und aufgrund bestimmter Entwicklungen die Quelle des geschichtlichen Sinns für die Jetztzeit versiegt sieht. Das Kennzeichen der nachgeschichtlichen Ära besteht dabei nicht darin, dass auf der Ebene des Faktischen keine neuen Entwicklungen mehr denkbar wären; ausschlaggebend ist vielmehr, dass ihnen keine grundsätzliche Bedeutung mehr zugemessen wird. Beispiele für einen posthistorischen Zustand als Ziel in der Zukunft sind der religiöse Glaube an ein erlöstes Leben im Jenseits oder die marxistische Geschichtskonzeption des Klassenkampfes, die den Sieg des Proletariats als Aufhebung der kapitalistischen Ausbeutung erstrebte. Ein gegenwartsdiagnostisches Posthistoire-Verständnis vertritt dagegen Arnold Gehlen, wenn er für seine Gegenwart ein Erschöpftsein aller grundsätzlichen kulturellen Entwicklungsmöglichkeiten feststellt, ebenso der Politologe Francis Fukuyama, der nach dem Zusammenbruch der Sowjetunion die liberale westliche Demokratie als geschichtlich bewährten Endzustand der ideologischen Menschheitsentwicklung betrachtet.

Literatur: Fukuyama, Francis: *Das Ende der Geschichte*, Berlin 1992. – Gehlen, Arnold: »Die gesellschaftliche Situation in unserer Zeit«, in: ders.: *Anthropologische und sozialpsychologische Untersuchungen*, Hamburg 1986, S. 127–140. – Gehlen, Arnold: »Über kulturelle Kristallisation«, in: Welsch, Wolfgang (Hrsg.): *Wege aus der Moderne. Schlüsseltexte der Postmoderne-Diskussion*, Weinheim 1988, S. 133–143. – Meyer, Martin: *Ende der Geschichte?*, München/Wien 1993. – Rotermundt, Rainer: *Jedes Ende ist ein Anfang. Auffassungen vom Ende der Geschichte*, Darmstadt 1994.

JB

Posthumanismus Ideologiekritische Strömung innerhalb der Geisteswissenschaften, die zusammenfassend die seit dem Ende des Zweiten Weltkriegs laut gewordenen Zweifel am überkommenen Menschenbild diskutiert. Angriffspunkt der Kritik ist die im Konzept des philosophischen Humanismus ausgesprochene Überzeugung, der Mensch sei angesichts der Unwägbarkeiten von innerer und äußerer Natur auf eine Selbstformierung festgelegt, die das Ziel einer möglichst weitgehenden Freiheit gegenüber den natürlichen Gegebenheiten verfolgen müsse.

In diesem Programm einer Bildung zur Autonomie erblickt die posthumanistische Kritik eine unheilvolle Zwangsvorstellung: Nicht nur isoliere sich der Mensch von der Welt, wenn er, unabhängig von aller konkreten Erfahrung, eine vorfestgelegte Zielsetzung verfolge, sondern überdies bringe er sich auf diese Weise in einen Gegensatz zur Welt – denn Autonomie bedeute Verfügungsmacht und damit Herrschaft, sodass eine humanistische Denkweise über kurz oder lang zur Ursache von Gewalt und Zerstörung werde.

Als Gegenprogramm postulieren die Kritiker keinen bloßen ↗ Antihumanismus, in dem die zugestandenen Verdienste der Autonomie negiert wären. Gefordert wird vielmehr eine Reform des menschlichen Selbstverständnisses: Eine Wende im Sinne des Posthumanismus müsste die Menschen dazu bewegen, die Kategorien ihrer Welt- und Selbstinterpretation nicht aus sich selbst schöpfen zu wollen, sondern sie den Erfahrungen mit der Umwelt zu entnehmen; überdies wäre die gewonnene Erkenntnis nicht als ein für alle Mal gültig zu betrachten, sondern für die Revision anhand neuer Erfahrungen offen zu halten.

Literatur: Fukuyama, Francis: *Das Ende des Menschen*, Stuttgart 2002. – Krüger, Oliver: *Virtualität und Unsterblichkeit – Die Visionen des Posthumanismus*, Freiburg 2004. – Seubold, Günter: *Die Freiheit vom Menschen. Die Humanismusdebatte der Nachkriegszeit*, Bonn 2001.

JB

Postindustrialismus (auch: postindustrielle Gesellschaft) Seit den 1970er-Jahren häufig gebrauchter Reflexionsbegriff zur soziologischen Diagnose und Vorhersage. Gemeinsamer Ausgangspunkt der unterschiedlichen Positionen, die sich des Terminus bedienen, ist das Konzept der herkömmlichen Industriegesellschaft, definiert durch das Arbeitsprinzip der Fabrikproduktion unter Einsatz komplexer Maschinen und nichtorganisch erzeugter Energie. Ist die industrielle Gesellschaft durch die Massenherstellung materieller Güter gekennzeichnet, so sollen im Postindustrialismus vor allem immaterielle Güter produziert werden; in frühen Prognosen wurde damit gerechnet, dass künftig nur noch je zehn Prozent des gesamten Arbeitsvolumens in Landwirtschaft und Industrie geleistet würden, während der Hauptanteil der Wertschöpfung im tertiären Sektor der Wirtschaft angesiedelt sein werde (»Dienstleistungsgesellschaft«). Als Antrieb für diese Entwicklung wird die Entstehung neuer Technologien angeführt: Wie als Markstein des Industriezeitalters die Erfindung der Dampfmaschine betrachtet wird, die große Energiemengen an beliebigen Orten verfügbar machte, so gilt als Grundtatbestand des Postindustrialismus die Erfindung des Computers und die technische Umwälzung in der Verarbeitung und Verfügbarkeit von Informationen (»Wissens-«, »Informationsgesellschaft«) (↗ Wissen).

Abhängig von den wirtschaftlichen Auswirkungen, die man dieser Entwicklung unterstellt, werden in gesamtgesellschaftlicher Hinsicht entweder die Chancen oder die Risiken des Postindustrialismus hervorgehoben. Einer optimistischen Haltung zufolge bedeutet die Umstellung auf intellektualisierte Arbeit aufgrund des höheren Qualifikationsniveaus für breite Schichten der Gesellschaft höhere Einkünfte; der Postindustrialismus würde damit die Tendenz der späten Industriegesellschaft zur Steigerung des allgemeinen Lebensstandards fortführen (»Wohlstands-«, »Freizeitgesellschaft«). Eine weniger optimistische Haltung betont dagegen das Risiko, dass es in den nachgefragten Wissensberufen zu Qualifikationsproblemen komme und die Effektivierung der Arbeit angesichts begrenzter Märkte zu erhöhter Arbeitslosigkeit führen werde.

Für den ideellen Bereich werden aus beiden Szenarien sowohl positive als auch negative Konsequenzen abgeleitet. Pessimistische Positionen gehen davon aus, dass es unter postindustriellen Bedingungen zu Orientierungslosigkeit und Werteverlust kommen müsse – fortschreitender Wohlstand führe zu moralischer Unverbindlichkeit (»Spaßgesellschaft«), fortschreitende Arbeitslosigkeit zu moralischer Verwahrlosung. Auf der anderen Seite wird von der Entstehung neuartiger Orientierungen ausgegangen, die sich von einem der industriellen Kultur zugeschriebenen Konsumismus absetzen (»postmaterielle Werte«), nämlich einer neuen Kultur des Selbstausdrucks, aber auch eines neuen Gleichheitsempfindens, die in einer Wohlstandsgesellschaft möglich, in einer Arbeitslosengesellschaft dagegen notwendig werden.

Kritiker haben eingewandt, das Konzept des Postindustrialismus lasse sich im Sinne einer zeitlich trennscharf abgrenzbaren neuen Epoche nicht sinnvoll gebrauchen. Während diese Einschätzung auf breite Zustimmung trifft, wird andererseits der Wert des Konzepts als Erkenntnismodell für bestimmte Entwicklungstendenzen der Industriegesellschaft betont.

Literatur: Badham, Richard: »The Sociology of Industrial and Post-Industrial Societies«, in: *Current Sociology 32* (1984) H1, V–VI / S. 1–141. – Rose, Margaret A.: *The post-modern and the post-industrial*, Cambridge 1991.

JB

Postkolonialismus (Postcolonial Studies) Fachübergreifende intellektuelle Strömung, die sich mit den kulturellen Auswirkungen des Kolonialismus beschäftigt. Als theoretischer Ausgangspunkt dient in der Regel der Begriff der Unterdrückung, genauer: die Diagnose einer interkulturellen Ungleichverteilung von ↗ Macht. Versteht man Macht als ein zweiseitiges Verhältnis, ergibt sich eine doppelte grundsätzliche Untersuchungsperspektive: Auf der einen Seite steht die Frage nach der Wirkung des Kolonialismus auf die kolonisierten Kulturen, auf der anderen die Frage nach den geistigen Voraussetzungen, aber auch den einschlägigen Rückwirkungen aufseiten der Kolonisatoren. Diskutiert werden diese Einflussverhältnisse entweder mit einem Interesse der bloßen Beschreibung und Reflexion, oder aber mit praktischem Ziel – etwa der Vermittlung zwischen unterschiedlichen Kulturen, der Kritik an kolonialistischen Denkweisen oder der Emanzipation von kolonisierten Gesellschaften. Als Gegenstand der Untersuchung kommt dabei der gesamte Umfang dessen in Frage, was unter den Begriff der Kultur fällt und für die Identität der betreffenden Ethnien oder Gesellschaften von Belang ist; Beispiele sind die Verständigungsmedien (prominent: die Sprache), die Formen des Selbstausdrucks (etwa in Kunst und Literatur), die Vorstellungen im Bereich von Ethik und Religion, die Formierung sozialer Rollen oder die Strukturen von Wirtschaft und Politik. Aufgrund des wertenden oder wertungsnahen Ansatzes ist die Grenze zwischen postcolonial studies und praktischer ›Identitätenpolitik‹ mitunter fließend; innerhalb des Akademischen besteht eine prinzipielle Nähe zu jenen Subdisziplinen der ↗ Cultural Studies, die sich mit primär innergesellschaftlichen Identitätsfragen beschäftigen (↗ Gender Studies, Queer Studies und andere mehr).

Literatur: Ashcroft, Bill/Gareth Griffiths/Helen Tiffin: *The Empire Writes Back. Theory and Practice in Post-Colonial Literatures*, London 1989. – Bhabha, Homi K.: *Nation and Narration*, London/New York 1990. – Gewecke, Frauke: *Wie die neue Welt in die alte kam*, München 1992. – Said, Edward W.: *Orientalism*, London 1978.

JB

Postmoderne/Postmodernismus

Der Ausdruck Postmoderne bezeichnet die kulturgeschichtliche Epoche, die auf die Moderne folgt und sich von dieser abgrenzt. Da schon der Begriff der Moderne höchst unscharf und vieldeutig ist, gilt dies natürlich auch für den auf ihn bezogenen Begriff der Postmoderne. Ja selbst die Art der Beziehung zwischen Moderne und Postmoderne ist vieldeutig, denn die Vorsilbe ›post-‹ ist es auch (vergleiche Welsch 1994, S. 2 f.). ↗ Umberto Eco, einer der wichtigsten, der Postmoderne zuzurechnenden Romanciers, beklagt diese Unschärfe: Der Ausdruck ist, so Eco kritisch, ein »Passepartoutbegriff« (2003, S. 77), mit dem jeder bezeichne, was ihm gerade einfalle.

Entsprechend kurios sind die Zusammenhänge, in denen man diesen Begriff antreffen kann: Das Spektrum reicht dabei »vom postmodernen Patienten über die postmoderne Gefühlskultur bis zu den Saucen der Postmoderne« (Welsch 1994, S. 1). Postmoderne ist also einerseits ein Zeitgeist-Phänomen, andererseits aber auch Gegenstand philosophischer Reflexion. Beide Aspekte sind, vor allem in der kritischen Rezeption, ineinandergeflossen und miteinander vermengt worden – zum Nachteil der philosophischen Reflexion.

Um der Postmoderne aber gerecht zu werden, sollte man eine – wenn auch nur heuristische – Trennschärfe anstreben und das schillernde Zeitgeist-Phänomen und die parallel verlaufenden, ihrem Anspruch nach seriösen Denkbewegungen unterscheiden: Konstitutiv für beide ist das Insistieren auf Vielfalt, während aber die Postmoderne als Zeitgeist-Phänomen eher der Beliebigkeit (»Anything goes!«) das Wort redet, ist es für den Postmodernismus als eine kulturelle und geisteswissenschaftliche Strömung charakteristisch, dass er zwar für radikale Pluralität eintritt, aber auch immer die Bedingungen und Auswirkungen dieser Pluralität mitbedenkt. Die verschiedenen Denk- und Lebensformen haben ein Eigenrecht, das nicht von einer Einheitserfahrung im Hegel'schen Sinne »aufgehoben« werden darf. Weil sich aber all diese Denk- und Lebensformen auch nicht harmonisch ineinander fügen, ist Pluralität nicht nur Leitbild, sondern auch zu bedenkendes Problem für die Philosophie, die Literatur, die Architektur, die Medienwissenschaft und andere Disziplinen.

In der nordamerikanischen Literaturdebatte gewinnt der Begriff eines in diesem Sinne verstandenen Postmodernismus zum ersten Mal genauer Kontur. Leslie Fiedler fordert in seinem 1969 im *Playboy* erschienen, programmatischen Aufsatz *Cross the Border – Close the Gap* (abgedruckt in: Welsch 1994, S. 57–74) für die Literatur Grenzüberschreitungen zwischen E- und U-Kultur. Charakteristisch für postmoderne Literatur ist ihre Mehrfachcodierung: Sie ist zugleich Unterhaltung und intellektuelles Vergnügen und zeichnet sich dabei häufig durch spielerischen Umgang mit den Konventionen, Intertextualität, ↗ Intermedialität oder ↗ Transmedialität aus. Mustergültig lässt sich das etwa in Ecos Romanen oder bei Italo Calvino (*Wenn ein Reisender in einer Winternacht* (1983)) nachvollziehen.

Über die Literatur hinaus hat die Ästhetik der postmodernen Populärkultur den stärksten Anstoß zur disziplinenübergreifenden Auseinandersetzung mit dem Phänomen der Pluralität gegeben, was zum Teil daran liegen mag, dass postmoderne Kunst als solche ihre Gestaltungsprinzipien mitinszeniert und dadurch reflektiert. Neben dem Roman ist vor allem der Film (Peter Greenaway, David Lynch, Quentin Tarantino) als ausgewiesenes Medium der Postmoderne hervorgetreten. Die Popularität postmoderner Kunst wird zum einen durch die oben genannte Grenzüberschreitung zwischen U- und E-Kultur erklärbar, zum anderen dadurch, dass sie dem Fortschrittszwang der modernen Kunst, der paradoxerweise zu immer stärkerer Reduktion der Ausdrucksweisen führt, eine Absage erteilt. Sie inszeniert stattdessen ein Spiel mit Zitaten (↗ Zitat) und Referenzen, Wiederaufnahmen und Reflexionen tradierter Erzähl- und Darstellungsmuster. Auf diese Weise wird der Rezipient zum Dialog mit dem Werk eingeladen, in dem er Gesehenes neu entdecken und reflektieren kann.

In der Architektur macht sich der Postmodernismus verstärkt ab 1975, vor allem durch die Interventionen von Charles Jenks, bemerkbar. Postmoderne Architektur ist, wie postmoderne Literatur, mehrfachkodiert; sie versucht verschiedene Baustile spielerisch miteinander zu verknüpfen und ins Gespräch zu bringen. Bekannte Beispiele für postmoderne Architektur sind etwa die Piazza d'Italia von Charles Moore (New Orleans, 1979) und die Neue Staatsgalerie von James Stirling (Stuttgart, 1984).

Der philosophische Postmodernismus wird vor allem von ↗ Jean-François Lyotard vertreten, dessen Denken wiederum wichtige Impulse etwa von ↗ Jacques Derrida, ↗ Michel Foucault und ↗ Gilles Deleuze empfangen hat. In seiner Programmschrift *Das postmoderne Wissen* von 1979 (↗ Wissen) konstatiert Lyotard das Ende der so genannten ↗ großen Erzählungen. Diese Einheitsdiskurse (↗ Diskurs) haben, so die Diagnose, ihre Glaubwürdigkeit eingebüßt. An ihre Stelle tritt die Pluralität von Denk- und Lebensformen. Über den Umgang mit dieser Pluralität denkt Lyotard in dem Nachfolgewerk *Der Widerstreit* (1983) nach. Der Grundgedanke dieses Werkes lässt sich wie folgt zusammenfassen: Pluralität erzeugt Konflikte, die sich nicht einfach durch Verfahrensregeln, zum Beispiel juristischer Natur, lösen lassen, denn es fehlt an universalen Verfahrensregeln. Diesen Zustand nennt Lyotard ↗ Widerstreit. Der philosophische Postmodernismus fragt nun danach, wie man unter diesen Bedingungen so etwas wie Gerechtigkeit herstellen kann. Da er Pluralität ernst nimmt und sie nicht unter eine Einheitsidee subsumieren will, bietet er auch keine ›einfachen‹ Lösungen für dieses Problem. Zuvorderst geht es ihm um eine »neue Sensibilität für Problemlagen« (Welsch 1997, S. 7).

Der Postmodernismus, zumal der im engeren Sinne philosophische, ist in Deutschland zum Teil euphorisch, zum Teil sehr kritisch rezipiert worden. Insbesondere die kritische Rezeption (vor allem durch Manfred Frank und Jürgen Habermas) hat dabei häufig Charakteristika des Zeitgeist-Phänomens Postmoderne mit den Entwürfen des Postmodernismus identifiziert und letzterem Beliebigkeit, Irrationalismus und Relativismus vorgeworfen. Habermas hat in einer berühmt gewordenen Rede (*Die Moderne – ein unvollendetes Projekt*), die er 1980 anlässlich der Verleihung des Adorno-Preises der Stadt Frankfurt gehalten hat (abgedruckt in: Welsch 1994, S. 177–192), die »authentische Moderne« (S. 177) gegen eine seiner Auffassung nach reaktionäre Postmoderne verteidigt, die in verschiedener Form den vormodernen Konservativismus beerbe. Habermas versteht die Postmoderne als Verabschiedung der Moderne und als Preisgabe des Projekts der Aufklärung; diese Interpretation übersieht die Vieldeutigkeit der Vorsilbe ›post-‹. Lyotard hat beispielsweise, in einer Reaktion auf die Habermas'schen Vorwürfe, betont, dass er die Postmoderne keineswegs als eine Verabschiedung, sondern als eine Überarbeitung der Moderne betrachte (*Die Moderne redigieren* (1988), abgedruckt in Welsch 1994, S. 204–214).

In einer jüngeren Kritik, die an anderer Stelle ansetzt als die Habermas'sche, haben der Physiker Alan Sokal und der Philosoph Jean Bricmont den Versuch unternommen, Terminologien und Theorien von postmodernen Denkern wie ↗ Jean Baudrillard, ↗ Paul Virilio, Gilles Deleuze und deren theoretischen »Vordenkern« wie ↗ Jacques Lacan oder ↗ Julia Kristeva einer Kritik aus der Perspektive der Naturwissenschaften zu unterziehen. In ihrem Buch *Eleganter Unsinn* (1999) bemühen sie sich um den Nachweis, dass die oben genannten Theoretiker Begriffe und Theorien aus den Naturwissenschaften zu Distinktionszwecken missbrauchen. Die Kritik von Sokal und Bricmont verfehlt insofern ihren Gegenstand als dass sie selbst aus einer Einheitsperspektive heraus, der der Scientific Community der Naturwissenschaften, argumentiert und so den Kern postmodernen Denkens, nämlich das Insistieren auf Vielfalt – und das meint eben auch: Aneignung verschiedenster Ausdrucksweisen auch naturwissenschaftlicher Provenienz – gar nicht erfasst.

Den kritischen Einnwürfen zum Trotz haben sich die postmodernistischen Theorien seit einigen Jahren in Deutschland im geisteswissenschaftlichen Diskurs fest etabliert. Ihre akademische Resonanz verdanken sie dabei vor allem dem Neuverständnis der Geisteswissenschaften als historische Kulturwissenschaften.

Literatur: Eco, Umberto: *Nachschrift zum ›Namen der Rose‹*, München 2003. – Steffens, Andreas (Hrsg.): *Nach der Postmoderne*, Düsseldorf/Bensheim 1992. – Sokal, Alain/Jean Bricmont: *Eleganter Unsinn. Wie die Denker der Postmoderne die Wissenschaften mißbrauchen*, München 1999. – Welsch, Wolfgang (Hrsg.): *Wege aus der Moderne. Schlüsseltexte der Postmoderne-Diskussion*, Berlin 1994. – Welsch, Wolfgang: *Unsere postmoderne Moderne*, Berlin 1997.

PB/SH

Poststrukturalismus Unter dem nicht immer sehr trennscharf verwendeten Oberbegriff des Poststrukturalismus werden unterschiedliche Entwicklungen in der kontinentalen, vor allem französischen Theoriebildung seit den 1960er-Jahren zusammengefasst. Gemeinsam ist ihnen der kritische Bezug auf den zeichentheoretisch geprägten Strukturalismus, wie er vom Linguisten Ferdinand de Saussure zu Beginn des 20. Jahrhunderts entwickelt wurde. Die von vornherein in den Rahmen einer allgemeinen Zeichentheorie (Semiologie) gestellte strukturalistische Theorie erlebte nicht nur linguistische Fortentwicklungen (etwa durch Roman Jakobson), sondern wurde zum bestimmenden Paradigma der ethnologischen Theoriebildung bei Claude Lévi-Strauss, der sprachlichen Wende der Psychoanalyse bei ↗ Jacques Lacan, der Filmwissenschaft bei Christian Metz und des Marxismus bei Louis Althusser.

Die poststrukturalistische Kritik des Strukturalismus schließt zunächst an einige der Grundannahmen de Saussures an. Der gegen eine verstehende Hermeneutik, gegen simple historische oder soziologische Ableitungen gerichtete Grundzug, der Differenzbildungen, nicht Identitäten ins Zentrum der Untersuchung stellt, wird beibehalten und verschärft. Kritisiert wird allerdings die Rigidität des Strukturbegriffs, der die Möglichkeit historischer Veränderung, aber auch die Singularität von Ereignissen systematisch aus dem Bereich seiner Erklärungen ausschließt. Die scharfe Trennung von Signifkant und Signifikat, vor allem die Höherschätzung des Letzteren, wird von Denkern wie ↗ Roland Barthes und ↗ Jacques Derrida attackiert und in eine Bevorzugung des Signifikanten umgemünzt.

Nicht bei allen poststrukturalistischen Denkern vollzieht sich die Abwendung vom Strukturalismus als klarer Bruch. Insbesondere bei Barthes lässt sich der gleitende Übergang von Phasen strenger strukturalistischer Systembildungstendenzen (vergleiche seine Bücher *Mythen des Alltags*, 1957; *Die Sprache der Mode*, 1967) in eine vor allem durch freiere Schreibweisen gekennzeichnete poststrukturalistische Spätphase beobachten (vergleiche dazu seine Werke *Roland Barthes par Roland Barthes*, 1975; *Fragmente einer Sprache der Liebe*, 1977). Bei anderen Denkern, etwa Jacques Lacan, herrscht in der Forschung keine Einigkeit in der Zuordnung zu Strukturalismus oder Poststrukturalismus.

↗ Michel Foucault, der zunächst – noch in seinen gegen beide gerichteten Denkbewegungen – vor allem von der Phänomenologie Maurice Merleau-Pontys und Jean-Paul Sartres geprägt ist, aber auch vom strukturalistischen Marxismus Althussers, nähert sich vor allem in seiner Kritik am metaphysischen Subjektbegriff und seiner historischen ↗ Archäologie der ↗ Episteme dem Poststrukturalismus an. Mit seinem Begriff des ↗ Widerstreits (*Der Widerstreit*, 1983) und seiner These zum Abschied von den ↗ großen Erzählungen wurde ↗ Jean-François Lyotard zu einem der einflussreichsten Stichwortgeber des Poststrukturalismus.

Zu den Vertreterinnen einer feministischen Variante des Poststrukturalismus gehört neben ↗ Luce Irigaray und Hélène Cixous die Literaturwissenschaftlerin und Philosophin ↗ Julia Kristeva, die auf der Grundlage vor allem des russischen Formalismus und feministisch umgedeuteter Psychoanalyse einen Bereich des als fortwährende Semiose verstandenen Semiotischen und, damit verbunden, des ↗ Abjekten postuliert, der sich allen symbolischen Strukturierungs- und Hierarchisierungsversuchen widersetzt. Im Anschluss an ↗ Julia Kristeva, vor allem aber an die von Derrida umgedeutete Sprechakttheorie, wird dann ↗ Judith Butler zur Protagonistin einer folgenreichen poststrukturalistischen Wende des Feminismus. Ihre um den Begriff des Gender (↗ Gender Studies) konzentrierte, breit rezipierte Theorie verabschiedet die essenzialistischen Feminismen, die in den 1970er- und 80er-Jahren die politische Szene dominierten.

Ebenfalls in den Rahmen einer im weiteren Sinne poststrukturalistischen Differenzphilosophie gehört der Philosoph ↗ Gilles Deleuze, der in einem weit gefächerten Werk Wirkungen in den unterschiedlichsten Gebieten entfaltet hat. Von großem Einfluss auf die studentische Szene der 1970er- und 80er-Jahre waren die mit dem Psychoanalytiker ↗ Félix Guattari verfassten Werke *Anti-Ödipus* (1977) und *Tausend Plateaus* (1980). In den letzten Jahren wird Deleuze über Frankreich hinaus als idiosynkratischer Denker einer gegen alle Identitäts-Verfestigungen gerichteten irreduziblen Mannigfaltigkeit wahrgenommen, der über die Philosophie des Barock (*Die Falte*, 1988) mit ebenso verblüffender Kenntnis geschrieben hat wie über das Kino. (*Kino 1: Das Bewegungs-Bild*, 1983; *Kino 2: Das Zeit-Bild*, 1985)

Als zentraler Vertreter des Poststrukturalismus ist fraglos der Philosoph Jacques Derrida anzusehen. Der von ihm begründete ↗ Dekonstruktivismus wird mitunter geradezu als Synonym für den Poststrukturalismus gebraucht. In der unmittelbaren kritischen Auseinandersetzung mit Ferdinand de Saussure in ↗ *Grammatologie* (1967) ist der kritische Anschluss an den Strukturalismus bei Derrida ganz explizit. Poststrukturalismus als Dekonstruktion bedeutet für Derrida die theoretische Insistenz auf der gegenseitigen Bedingtheit (das heißt »Dekonstruierbarkeit«) binärer Oppositionsbegriffe, aber auch eine Schreibweise, die sich im Vergleich zur hergebrachten Philosophie große Freiheiten nimmt. Dieser oft als Wille zur Unverständlichkeit wahrgenommene Grundzug des Poststrukturalismus ist für die teils heftige Ablehnung, die diese Denkrichtung seit den 1960er-Jahren im philosophischen Milieu erfahren hat, mitverantwortlich.

In Deutschland wurde der Poststrukturalismus etwa von Jürgen Habermas als gefährlicher Obskurantismus und von Manfred Frank als reaktionärer Irrationalismus (↗ Neostrukturalismus) denunziert. Noch nachhaltiger fiel zunächst die Abwehr im angelsächsischen Raum aus. Zugleich trat der Poststrukturalismus seit den 1980er-Jahren an den Literatur-, aber nicht den Philosophiefakultäten der USA einen kaum aufzuhaltenden Siegeszug an. Die so genannten Yale Critics J. Hillis Miller, Geoffrey Hartman, Harold Bloom und ↗ Paul de Man entwickelten literaturwissenschaftliche Spielarten der Dekonstruktion. Um die Versöhnung von marxistischer Theorie in der Tradition der Frankfurter Schule und einem poststrukturalistisch inspirierten Entwurf der ↗ Postmoderne bemühte sich der amerikanische Kulturtheoretiker ↗ Fredric Jameson. (Jameson 1991) Mit der breiten Durchsetzung des Poststrukturalismus im Milieu akademischer Theoriebildung sind die einstigen Grabenkämpfe heute weitgehend überwunden.

Literatur: Bossinade, Johanna: *Poststrukturalistische Literaturtheorie*, Stuttgart 2000. – Culler, Jonathan: *Dekonstruktion. Derrida und die poststrukturalistische Literaturtheorie*, Reinbek 1988. – Jameson, Fredric: *Postmodernism, or, The Cultural Logic of Late Capitalism*, Durham 1991. – Münker, Stefan/Alexander Rösler: *Poststrukturalismus*, Stuttgart 2000. – Zima, Peter V.: *Die Dekonstruktion*, Tübingen/Basel 1994.

EK

Präsenzmetaphysik Nach ↗ Jacques Derrida wird die Geschichte der westlichen Metaphysik lesbar als Geschichte einer Metaphysik der Präsenz. Die Privilegierung des Prinzips ›Präsenz‹ ist dabei keine metaphysische Geste unter andren, sondern kann als ein entscheidendes Organisationsmoment abendländischer Philosophie überhaupt analysiert werden.

Grundlegende subjekt- und zeichentheoretische Setzungen finden ihre gemeinsame Matrix in der Bestimmung des Seins als Präsenz, so zum Beispiel die Selbstpräsenz des Subjekts, des *cogito*, die Präsenz des Sinns, des wahrgenommenen

Dings, der Substanz oder der Essenz. Gemäß der Präsenzmetaphysik erfolgt auch die Einsetzung eines Zentrums, eines transzendentalen Signifikats, das die Stabilität einer Zeichenstruktur und die Einheit von Wort und Sinn (Logozentrismus) über die Zuschreibung einer außersprachlichen und jeglicher Verhandlung enthobenen Präsenz sichern soll. Die Präsenzmetaphysik ist Derrida zufolge eng verschränkt mit der Privilegierung des gesprochenen Worts, das im Gegensatz zur Schrift als selbstpräsent und unmittelbar sinnerfüllt entworfen wird (↗ Phonozentrismus). – Die Auseinandersetzung mit der Präsenzmetaphysik ist Gegenstand insbesondere Derridas früher Schriften (1967–72). In seinen Lektüren von Platon, Rousseau, Husserl, Saussure oder Lévi-Strauss geht es ihm jedoch nicht um den Versuch der Bestimmung von Zugehörigkeit beziehungsweise Abgrenzung einzelner ↗ Diskurse zum Denken der Präsenzmetaphysik. Auch die metaphysik-kritischen Positionen, die für seine eigene Auseinandersetzung von Bedeutung sind (Nietzsche, Freud und vor allem Heideggers Projekt der ›Destruktion‹ der Metaphysik), übersteigen Derrida zufolge die Präsenzmetaphysik und bleiben gleichzeitig in ihr eingeschlossen. Eine einfache Zurückweisung ist nicht möglich; stattdessen plädiert Derrida für eine Erschütterung der Präsenzmetaphysik im Projekt der Dekonstruktion, die mit der ↗ *différance* den räumlichen und zeitlichen Aufschub der Präsenz beschreibt und mit Konzepten wie der Ur-Schrift und ↗ Ur-Spur gerade das herausstellt, was in der Präsenzmetaphysik ausgeblendet werden soll.

Literatur: Derrida, Jacques: *Grammatologie*, Frankfurt am Main 1974. – Derrida, Jacques: *Die Schrift und die Differenz*, Frankfurt am Main 1972. – Derrida, Jacques: *Die Stimme und das Phänomen*, Frankfurt am Main 1979.

HB

R

Rhizom/Rhizomatik Zentraler Begriff bei ↗ Gilles Deleuze und ↗ Félix Guattari. Der Terminus ›Rhizom‹ wird von Deleuze und Guattari aus der Botanik entlehnt, wo er zur Bezeichnung eines meist unterirdisch oder dicht über dem Boden wachsenden, vielfach verzweigten Sprossachsensystems gebraucht wird. In ihrer gleichnamigen Publikation aus dem Jahr 1976, die vier Jahre später als Einleitungskapitel in *Tausend Plateaus* aufgenommen wurde, wird das Rhizom als Gegenmodell zu einem traditionellen – durch das Bild des Baumes verkörperten – Denkens (beziehungsweise der Wissensorganisation) entwickelt. Rhizom und Baum sind nach Deleuze und Guattari beides »Modi des Kalküls und beide[s] Regulationstypen« (Deleuze/Guattari 1977, S. 29), die jeweilige Strukturform, beziehungsweise Funktionsweise, die sie repräsentieren, ist jedoch grundverschieden. Während die Baum-Metapher eine hierarchisch organisierte Ordnung evoziert, die sich linear entfaltet und trotz ihrer vielfältigen Verzweigung immer auf eine ursprüngliche Einheit zurückverweist, scheint das unkontrolliert in alle Richtungen wuchernde, immer neue und unvorhersehbare Verknüpfungen eingehende Rhizom die Möglichkeit zu bieten, eine radikale Heterogenität und Mannigfaltigkeit zu bezeichnen. Ein Beispiel für die Beschränktheit des traditionellen Modells liefert für die ↗ Autoren beispielsweise Noam Chomskys linguistischer Baum, der an einem »Punkt S« beginnt und sich von dort aus »dichotomisch« ausbreitet (vergleiche Deleuze/Guattari 1977, S. 11 f.). Bemerkenswerterweise besteht für Deleuze und Guattari der Mangel derartiger Strukturmodelle gerade nicht in ihrer zu großen Abstraktheit: »[G]anz im Gegenteil: sie sind es nicht genug; sie erreichen nicht die *abstrakte Maschine*, welche die Konnexion einer Sprache mit semantischen und pragmatischen Aussageinhalten herstellt, mit kollektiven Aussageverkettungen, mit einer ganzen Mikropolitik des gesellschaftlichen Feldes.« (Deleuze/Guattari 1977, S. 12). Die Herstellung einer solchen »abstrakten Maschine« verlangt nach einer »rhizomatischen Methode«, welche »unaufhörlich semiotische Kettenteile, Machtorganisationen (↗ Macht), Ereignisse in Kunst, Wissenschaft und gesellschaftlichen Kämpfen« verknüpft und damit nicht länger die repressive »Einteilung der Phänomene nach Kriterien dinghafter Objektivierbarkeit« (Ott, S. 35) verfolgt. Ein Rhizom ist hierbei niemals als ein abgeschlossenes Strukturmodell zu verstehen; es ist kein statischer Bauplan einer Welt im »Ist-Zustand«. Die Autoren verwenden den Terminus vielmehr grundsätzlich in aktivischer Bedeutung: Ein Rhizom *ist* nicht – ein Rhizom *macht*. Es »beschreibt« immer eine Bewegung des Werdens, der andauernden »Produktion«. Als zentrale Charakteristika rhizomatischer Strukturen respektive Funktionsweisen gelten für Deleuze und Guattari besonders »Konnexion«, »Heterogenität« und »Vielheit«: »Jeder beliebige Punkt eines Rhizoms kann und muss mit jedem anderen verbunden werden.« (Deleuze/Guattari 1977, S. 11). Ein Rhizom ist an jeder beliebigen Stelle (unter)brechbar, es wuchert entlang seiner eigenen oder anderer Linien weiter (vergleiche ebd., S. 16). Solche anhaltenden Konnexionen – oder auch »konnektive Produktionssynthesen« – kennen keine Unterscheidung zwischen »Zeichensystemen und ihren Objekten« (ebd., S. 12). Semiologische, epistemologische oder psychologische Bereiche sind hierbei ebenso Teil rhizomatischer »Verkettungen« wie gesellschaftlich-ökonomische. Eine auf diese Weise gedachte »Vielheit« entzieht sich somit jedem Versuch der abschließenden Klassifikation und Aufspaltung in isolierte Teilbereiche: »Es gibt keine Dreiteilung mehr zwischen einem Feld der Realität: der Welt, einem Feld der Repräsentation: dem Buch und einem Feld der Subjektivität: dem Autor. Eine Verkettung stellt Verbindungen zwischen Vielheiten aus all diesen Ordnungen her [...].« (Deleuze/Guattari 1977, S. 36 f.). Die »Rhizomatik« wird von Deleuze und Guattari in einer Reihe mit Begriffen wie ↗ Nomadologie genannt (vergleiche Deleuze/Guattari 1977, S. 37: »Rhizomatik = Nomadologie«). In medientheoretischen Kontexten wurde das Rhizom vielfach als Metapher zur Bezeichnung von Hypertext-Netzwerken und des Internets herangezogen.

Literatur: Deleuze, Gilles/Félix Guattari: *Tausend Plateaus. Kapitalismus und Schizophrenie II*, Berlin 1992. – Deleuze, Gilles/Félix Guattari: *Rhizom*, Berlin 1977. – Jäger, Christian: *Gilles*

Deleuze. Eine Einführung, München 1997. – Lehmann, Hans-Thies: »Rhizom und Maschine. Zu den Schriften von Gilles Deleuze und Félix Guattari«, in: *Merkur. Zeitschrift für europäisches Denken*, Nr. 5 (1984), S. 543–550. – Ott, Michaela: *Gilles Deleuze zur Einführung*, Hamburg 2005.

JV

Rorty, Richard (* 1931 New York † 2007 Palo Alto) Der amerikanische Philosoph Richard Rorty, bedeutender Vertreter der so genannten postanalytischen Philosophie, studiert von 1946 bis 1956 an den Universitäten Chicago und Yale, wo er über die Philosophie von Alfred Whitehead promoviert. Von 1956 lehrt Rorty am Wellesley College in Massachusetts, ab 1961 an der Princeton University. In den 1950er- und 60er-Jahren ist er ein eminenter Vertreter der analytischen Philosophie, er publiziert vor allem zur Philosophie des Geistes. 1967 gibt Rorty den einflussreichen Sammelband *The Linguistic Turn* heraus. In dessen Einleitung kritisiert er, seine spätere Umorientierung vorwegnehmend, die seinerzeit gängigen Entwürfe der analytischen Sprachphilosophie – namentlich die Philosophie der idealen Sprache und die *Ordinary-language*-Philosophie –, die beide die Sprache am Kriterium strenger Wissenschaftlichkeit messen. Diesem Anspruch kann und soll, so Rorty, Sprache aber gar nicht genügen.

In den 1970er-Jahren entfremdet Rorty sich zunehmend von der analytischen Philosophie und setzt sich intensiv mit dem amerikanischen Pragmatismus (William James, John Dewey) und europäischen Philosophen (Martin Heidegger, Friedrich Nietzsche, ↗ Jacques Derrida) auseinander. Die Entfremdung kulminiert schließlich darin, dass Rorty Princeton verlässt, um ab 1982 an der Universität Virginia zu lehren – auf einem Lehrstuhl für *Humanities* (Geisteswissenschaften). Dokumentiert ist diese Absetzbewegung in der Aufsatzsammlung *Consequences of Pragmatism* (1982) und dem Buch *Der Spiegel der Natur* (1979), das im Allgemeinen als Rortys Hauptwerk gilt. In diesem Buch verabschiedet Rorty Erkenntnistheorie als philosophische Disziplin und fordert stattdessen eine Philosophie, die nicht nach Letztbegründung strebt, sondern »das abendländische Gespräch« in Gang hält, das heißt einen Beitrag leistet zur Verständigung der Menschen darüber, wie sie miteinander leben wollen. Seine Konzeption von Philosophie nennt er später auch »conversational philosophy« und grenzt sie gegen die analytische Philosophie ab.

Stärker konturiert hat Rorty seine Auffassung von Philosophie in seinen späteren Publikationen, vor allem dem zweiten großen Buch *Kontingenz, Ironie und Solidarität* (1989), in dem er sich ausführlich mit Nietzsche, Heidegger und Derrida auseinandersetzt. In dieser Zeit verfasst Rorty auch viel beachtete Beiträge zur Postmoderne-Diskussion (↗Postmoderne/Postmodernismus); gegen ↗ Jean-François Lyotard betont er den Gedanken des Konsenses. Angesichts seiner zunehmend pragmatistischen Orientierung ist es nur konsequent, dass Rorty sich aktiv in gesellschaftspolitische Diskussionen einbringt, so etwa 1998, dem Jahr seines Wechsels an die Universität Stanford, mit einem Buch über Formen eines zeitgemäßen Patriotismus. Philosophie versteht er dabei, wie es der programmatische Titel seines letzten Aufsatzbandes klar benennt, als »cultural politics«. In seinen letzten Lebensjahren bezieht Rorty deutlich Stellung gegen die Politik der Bush-Regierung und zeigt sich besorgt über den Zustand der amerikanischen Demokratie.

Ausgewählte Werke: *Der Spiegel der Natur. Eine Kritik der Philosophie* (1979), Frankfurt am Main 1981. – *Consequences of Pragmatism. Essays 1972–1980* (1982), Minneapolis 1982. – *Solidarität oder Objektivität? Drei philosophische Essays* (1988), Stuttgart 1988. – *Kontingenz, Ironie und Solidarität* (1989), Frankfurt am Main 1992. – *Essays on Heidegger and others* (1991), Cambridge 1991. – *Eine Kultur ohne Zentrum. Vier philosophische Essays* (1993), Stuttgart 1993. – *Stolz auf unser Land. Die amerikanische Linke und der Patriotismus* (1998), Frankfurt am Main 1999. – *Wahrheit und Fortschritt. Moralische Vernunft in der Praxis* (1998), Frankfurt am Main 2003. – *Philosophy as Cultural Politics* (2007), Cambridge 2007.

Literatur: Horster, Detlef: *Rorty zur Einführung*, Hamburg 1991. – Reese-Schäfer, Walter: *Richard Rorty*, Frankfurt am Main 1991. – Schäfer, Thomas/Udo Tietz/Rüdiger Zill (Hrsgg.): *Hinter den Spiegeln. Beiträge zur Philosophie Richard Rortys*, Frankfurt am Main 2001.

PB

S

Selbsttechnik *(technique de soi, technologie de soi)* Dieser Begriff entstammt dem zweiten Band der Geschichte der Sexualität von ↗ Michel Foucault, *Der Gebrauch der Lüste*, welchen er der griechischen Antike gewidmet hat. In diesem Buch bezeichnet er die Diätetik, Ökonomik und Erotik als »drei große Selbstführungskünste« oder auch »drei große Selbsttechniken« (Foucault 1986, S. 315) für die vorchristliche griechische Klassik. Die spezifische Verteilung/Ordnung der Lüste im antiken Griechenland habe weder auf Kodifizierung gezielt (wie später im Christentum), noch auf eine *ars erotica* (wie in China), sondern »auf die Einrichtung einer Lebenstechnik« (ebd., S. 182).

Wo Foucault einleitend in *Der Gebrauch der Lüste* von »Existenzkünsten«, »Selbsttechniken« sowie »einer allgemeinen Geschichte der ›Selbsttechniken‹« spricht (ebd., S. 18 f.), erscheinen die »Selbsttechniken« stets in Anführungszeichen. Ohne Anführungszeichen verwendet das Buch hingegen den Ausdruck »Selbstpraktik«: Er wolle, so Foucault am Ende des ersten Einleitungs-Abschnitts in *Der Gebrauch der Lüste* programmatisch, »statt einer von Verboten ausgehenden Geschichte der Moralsysteme eine von den Selbstpraktiken ausgehende Geschichte der ethischen Problematisierungen schreiben« (ebd., S. 21).

Vor allem die US-amerikanische Foucault-Rezeption hat den Zusammenhang von Freiheitsethik und Liebe verallgemeinert, den Foucault für die griechische Antike diagnostiziert. »Selbsttechnik« wurde dabei aufgenommen, »Selbstpraktik« wurde übersehen. *Technologies of the Self* lautete der Titel eines auf ein Seminar in den USA zurückgehenden Aufsatzbandes, in dem neben anderen Foucault selbst einen Aufsatz, *Technologies of the Self*, beisteuert.

Mit der allgemeinen Diskussion über »Ethik« und unterwerfende »Subjektivierung« ist zudem ein Bedeutungswandel der »Selbsttechniken« einhergegangen. Von der historischen Referenz auf die Antike abgelöst hat sich der Doppelsinn des griechischen *techne* (Kunst, Technik) vereindeutigt – in Richtung Technik/Technologie. Dass die »Selbsttechniken« längst ein Selbstläufer-Begriff geworden ist, gilt auch für die deutschsprachige Diskussion. Fraglich ist nicht zuletzt, ob das französische *soi* tatsächlich substantivisch mit ›das Selbst‹ übersetzt werden sollte (was das Vorhandensein einer kompakten Entität nahelegt) oder nicht doch reflexiv im Sinne der Praktiken, einer bloßen Praxis des *se conduire* (frz., sich verhalten).

Literatur: Foucault, Michel: *Der Gebrauch der Lüste. Sexualität und Wahrheit 2*, Frankfurt am Main 1986. – Martin, Luther H. u. a. (Hrsgg.): *Technologies of the Self*, London 1988. – Gehring, Petra: »Spiel der Identitäten? Zu Michel Foucaults *L'usage des plaisirs*«, in: Renn, Joachim/Jürgen Straub (Hrsgg.): *Transitorische Identität. Der Prozeßcharakter des modernen Selbst*, Frankfurt am Main 2002, S. 374–391.

PG

Signifikat/Signifikant Die von dem Schweizer Sprachwissenschaftler Ferdinand de Saussure geprägten Begriffe bezeichnen die beiden Grundelemente des sprachlichen Zeichens, die Ausdrucks- und die Inhaltsseite, wobei der Signifikant für das Lautbild steht, das auf die damit verbundene Vorstellung, das Signifikat, verweist. Der Signifikant wird folglich als »das Bezeichnende« (frz. *Signifiant*) und das Signifikat als »das Bezeichnete« (frz. *signifié*) verstanden.

Die Verbindung zwischen beiden ist im Grunde willkürlich/beliebig (»arbiträr«) und entsteht durch gesellschaftliche Übereinkunft bzw. Konventionen: Ein Signifikant ist in seiner Bedeutung nicht durch das Signifikat festgelegt, sondern durch die Abgrenzung des Signifikanten gegen andere Signifikanten. Das Saussure'sche Zeichen ist rein psychischer Natur: »Das sprachliche Zeichen verbindet nicht eine Sache und einen Namen miteinander, sondern eine Vorstellung von einer Sache (*concept*) und ein Lautbild (*image acoustique*).« (Saussure, S. 98) Das *concept* ist nicht zum Beispiel ein bestimmter Stuhl, sondern der Begriff, der für eine Abstraktion aus sämtlichen wirklichen Stühlen steht. Nach Saussure sind Inhalt und Ausdruck in der Sprache durch Assoziation so unlösbar miteinander verbunden wie die Vorder- und Rückseite eines Papiers. Die bei Saussure angelegte Höherschätzung des Signifikats wird von dem Psychoanalytiker ↗ Jacques Lacan in der Artikulation des Unbewussten dahingehend umgedeutet, dass dem Signifikanten, also dem bezeichnenden Element, der Vorrang vor demjenigen Element eingeräumt wird, das mit seiner Hilfe markiert wird. Denker wie ↗ Barthes und ↗ Derrida kritisieren die scharfe Trennung zwischen Signifikat und Signifikant und gelangen ebenfalls zu einer Höherschätzung des Signifikanten.

Literatur: Barthes, Roland: *Elemente der Semiologie.* Frankfurt am Main 1974. – Derrida, Jacques: *Semiologie und Grammatologie. Gespräch mit Julia Kristeva.* In: Engelmann, P. (Hrsg.): *Postmoderne und Dekonstruktion. Texte französischer Philosophen der Gegenwart.* Stuttgart 1990. S. 140–164. – Saussure, Ferdinand de: *Grundfragen der allgemeinen Sprachwissenschaft.* Berlin 1967.

PS

Simulacrum (lat., Bild, Traumbild, Trugbild, Phantom) Das *Simulacrum* ist ein Zeichen ohne Referenz, ein leerer Signifikant, der auf nichts als sich selbst verweist. Ursprünglich das Traumbild in der antiken Literatur und Bildtheorie, führt ↗ Jacques Derrida das Simulacrum in die poststrukturalistische Theorie des sprachlichen Zeichens ein: Das Verschwinden von Bedeutung im Netz der Signifikanten hinterlässt nach seiner These eine Spur – »ein Simulacrum des Anwesens« (↗ Ur-Spur). ↗ Jean Baudrillard greift Derridas Gedanken in seiner Simulationstheorie (↗ Simulation) auf, überträgt ihn vom phonetischen auf das audiovisuelle, mediale Zeichen, das ähnlich wie die referenzlosen sprachlichen Zeichen bei Derrida nichts Außermediales mehr bezeichnet. Das Trugbild, das derartige Gebilde erzeugt, konstruiert nun laut Baudrillard das ↗ Wissen über die Realität in der Mediengesellschaft. Das medial geprägte Bild von Vergangenheit und Gegenwart ersetzt damit das Wissen über die Realität. In letzter Konsequenz etablierten die Simulacra eine ↗ Hyperrealität, aus der schließlich reale Ereignisse hervorgehen.

Literatur: Baudrillard, Jean: *Die Agonie des Realen*, Berlin 1978. – Baudrillard, Jean: *Simulacres et simulation*, Paris 1981. – Derrida, Jacques: »Die différance«, in: *Randgänge der Philosophie*, Wien 1988, S. 29–52.

SH

Simulation/Simulationstheorie (lat. *simulare:* nachbilden) ↗ Jean Baudrillard entwickelt vor allem in seinen Schriften der 1970er-Jahre eine Theorie der Simulation, in welcher er konstatiert, dass nichts Reales mehr außerhalb medialer Zeichensysteme existiere. Mediale Zeichen verweisen nicht mehr auf einen Referenten, sondern ausschließlich auf andere Zeichen und werden damit zu ↗ Simulacra. Die Wahrnehmung der Welt außerhalb der Medien wird dadurch extrem verunsichert, ›Realität‹ existiert lediglich noch als Reflex auf bereits zuvor existierende Medialität. Vor allem mit der Entwicklung und Verbreitung elektronischer Massenmedien, wie dem Fernsehen und mehr noch dem Computer, wirkt die Simulation als Motor gesellschaftlichen Wandels und generiert eine »Ära der Simulation«.

In *Der symbolische Tausch und der Tod* findet die Grundlegung dieser Simulationstheorie auf der Basis einer Kritik der Marx'schen politischen Ökonomie statt. In späteren Aufsätzen wie *Die Präzession der Simulacra* (in Baudrillard 1978a) und *Politik und Simulation* (in Baudrillard 1978b) überträgt Baudrillard diese Thesen auf Phänomene medialer und gesellschaftlicher Entwicklung und untersucht konkrete simulatorische Erscheinungen in Medienprodukten wie Fernseh-Realityshows oder Spielfilmen (in Baudrillard 1978b und vor allem Baudrillard 2004).

Baudrillard beobachtet den Simulationsprozess kritisch und versucht Subversionsbemühungen vor allem in der »missbräuchlichen« Verwendung von Zeichen auszumachen. Ein Beispiel hierfür seien die Graffitis, die in ihren *tags* sinnlose, das heißt: referenzlose, Aussagen formulieren und damit »allen Zeichen der Medien und der Werbung, die auf den Wänden unserer Städte die Illusion derselben Beschwörung erwecken könnten, zuwider [laufen].« (Baudrillard 1978b, S. 27.) Die Simulationstheorie ist das zentrale und nachhaltigste Konzept Baudrillards, weil er darin nicht nur die zeichentheoretische ↗ *différance*-Theorie ↗ Jacques Derridas aufnimmt, sondern gleichzeitig medienphilosophische Überlegungen Walter Benjamins und Marshall McLuhans sowie Grundannahmen des radikalen Konstruktivismus und der ↗ Posthistoire auf eine Theorie gesellschaftlichen Wandels in der ↗ Postmoderne überträgt.

Literatur: Baudrillard, Jean: *Der symbolische Tausch und der Tod*, München 1991. – Baudrillard, Jean: *Agonie des Realen*, Berlin 1978a. – Baudrillard, Jean: *Kool Killer oder Der Aufstand der Zeichen*, Berlin 1978b. – Baudrillard, Jean: *Simulacra and Simulation*, Ann Arbor 2004.

SH

T

Tel Quel Zusammenschluss von sich selbst als Avantgarde verstehenden Schriftstellern und Theoretikern, die sich um die gleichnamige, von Philippe Sollers herausgegebene Zeitschrift (1960–1982) – ein Gegenprojekt zu Jean-Paul Sartres Journal *Les Temps Modernes* – gruppieren. Die (ständiger Fluktuation unterworfene) Gruppe Tel Quel war in den zwei Jahrzehnten, in denen die Zeitschrift erschien, an nahezu allen Debatten beteiligt, die das intellektuelle Frankreich bewegte (etwa um den *nouveau roman* oder die *nouveaux philosophes*), und spielte insbesondere im Zusammenhang mit dem Aufkommen des ↗ Poststrukturalismus eine wichtige Rolle: Zentrale Aufsätze etwa von ↗ Jaques Derrida, ↗ Michel Foucault oder ↗ Julia Kristeva erschienen zuerst in der Zeitschrift *Tel Quel*. Wichtiges Dokument der Gruppe, zu der neben den schon Genannten auch ↗ Roland Barthes, Gérard Genette, Tzvetan Todorov oder Jean-Louis Houdebine gehörten, ist der auch heute noch nachgedruckte Sammelband *Théorie d'ensemble* (1968), der programmatische Aufsätze enthält.

Literatur: Ffrench, Patrick: *The Time of Theory. A History of Tel Quel (1960–1983)*, Oxford 1995. – Forest, Philippe: *Histoire de Tel Quel 1960–1982*, Paris 1995. – Tel Quel (Hrsg.): *Théorie d'ensemble*, Paris 1968. – Tel Quel (Hrsg.): *Die Demaskierung der bürgerlichen Kulturideologie*, München 1971.

PB

Territorialisierung / Deterritorialisierung / Reterritorialisierung Häufig gebrauchte Termini bei ↗ Gilles Deleuze, besonders in den gemeinsam mit ↗ Félix Guattari verfassten Texten. Der Begriff Territorialisierung beschreibt für Deleuze und Guattari zunächst allgemein einen Vorgang der strukturierenden »Besetzung« von Räumen. Eine zuvor nicht territorial organisierte, offene Struktur (Immanenzebene) wird hierbei durch eine externe Kraft organisiert, kodiert, zentriert. Bei den betreffenden Räumen kann es sich dabei sowohl um geografische/politische »Territorien« handeln, als auch um psychisch-libidinöse oder philosophisch-epistemologische. Der Vorgang der Deterritorialisierung bezeichnet eine dem entgegengesetzte Bewegung der Auflösung und Dekodierung: Eine zuvor territorialisierte Struktur wird wieder in einen Zustand der Offenheit und unbeschränkten Vielheit überführt.

Territorialisierung und Deterritorialisierung werden von Deleuze und Guattari hierbei weniger als sich ausschließende, gegenteilige Vorgänge verstanden, sondern vielmehr als notwendige Korrelations-Effekte innerhalb eines unabschließbaren Vorgangs des Werdens. Eine Territorialisierung ist demnach immer bereits auch Reterritorialisierung, da sie in einem ständigen Wechselspiel auf deterritorialisierende Impulse reagiert. Ein Beispiel für eine deterritorialisierend wirkende Kraft respektive Organisationsform ist das ↗ Nomadische.

In soziologischen Kontexten ist der Begriff Deterritorialisierung von ↗ Autoren wie Néstor García Canclini aufgenommen worden, um den Verlust einer (vermeintlich) »natürlichen« Beziehung von Kultur und geografischen/sozialen Territorien beispielsweise als Folge von Migration oder auch Tourismus zu beschreiben (vergleiche Canclini 1995: *Hybrid Cultures*). Unter Reterritorialisierung wäre in diesem Zusammenhang ein Vorgang zu verstehen, der einem geografischen Raum eine neue soziale Dimension verleiht.

Literatur: Canclini, Néstor García: *Strategies for Entering and Leaving Modernity*, Minneapolis 1995. – Deleuze, Gilles/Félix Guattari: *Tausend Plateaus*, Berlin 1992. – Deleuze, Gilles/ Félix Guattari: *Was ist Philosophie?* Frankfurt am Main 1996. – Hagenbüchle, Roland: *Von der Multi-Kulturalität zur Inter-Kulturalität*, Würzburg 2002.

JV

Transgression (lat., Überschreitung, Grenzüberschreitung, Übertretung) *Transgression* ist ein von dem französischen Philosophen und Schriftsteller Georges Bataille eingeführter und vor allem poetisch umschriebener Schlüsselbegriff, der die Grenzüberschreitung als Willlensakt des Menschen im Sinne einer Tabuverletzung bezeichnet. Das Bedürfnis nach der Transgression wird nach Bataille von dem Tabu beziehungsweise Verbot selbst ausgelöst, wobei er damit meist einen sexualisierten Kontext verbindet: Die tabuisierte Handlung sei durch das Verbot selbst sexualisiert. Transgression sei genuin »menschlich«, da nur die menschliche Gesellschaft Tabus kenne, die ihr Zusammenleben regeln. Mit der Transgression sind vor allem Momente der Angst und des Ekels verbunden. Für Bataille unterläuft die Transgression nicht einfach das Tabu, sondern steht in einem komplexen Abhängigkeitsverhältnis, woraus ein ritualisiertes »Spiel« entstehen kann, vor allem im Rahmen der Erotik.

In seinem Buch *Der heilige Eros* (gekürzt)/*Die Erotik* (1957) entwickelt Bataille am umfassendsten den wechselseitigen Zusammenhang und das Bedingungsverhältnis von Sexualität, Tod und gesellschaftlichen Sanktionen. ↗ Michel Foucault bindet Batailles Transgressions-Begriff in dem Aufsatz *Zum Begriff der Übertretung* (1963) zurück an die Philosophie Nietzsches und de Sades, indem er in der sexuellen Souveränität und Transgression die Idee vom »Tod Gottes« entdeckt: »Der Tod Gottes schenkt uns nicht einer begrenzten und positiven Welt wieder, sondern einer Welt, die sich in der Grenzerfahrung entfaltet, die sich im Exzeß, der die Grenze übertritt, bildet und auflöst.« Foucault betont auch, dass die Transgression das Verbot letztlich affirmiere und legitimiere. Zudem offenbare sich die Grenze oft erst im Akt der Überschreitung. Foucault sieht im »bejahenden« Ritual der Transgression auch eine Reflexion von Nietzsches Idee der »ewigen Wiederkehr«.

Literatur: Bataille, Georges: *Die Erotik*, München 1994. – Foucault, Michel: *Schriften zur Literatur*, Frankfurt am Main u. a. 1979. – Wiechens, Peter: *Bataille zur Einführung*, Hamburg 1995.

MS

Transmedialität bezeichnet »medienunspezifische Phänomene, die in verschiedensten Medien mit den dem jeweiligen Medium eigenen Mitteln ausgetragen werden können, ohne daß hierbei die Annahme eines kontaktgebenden Ursprungsmediums wichtig oder möglich ist« (Rajewsky, S. 19). Die Bestimmung transmedialer Phänomene ist nur schwer möglich, wie schon die grundlegende Definition andeutet. Die Unmöglichkeit, ein kontaktgebendes Ursprungsmedium anzunehmen, schließt die Unmöglichkeit für mit Medien agierende Akteure (Produzenten und Rezipienten) ein, in diesem Ursprungsmedium in Kontakt zu treten. Während bei intermedialen Phänomenen das Ursprungsmedium erkennbar wird, bleibt dieses bei transmedialen Phänomenen diffus beziehungsweise unsichtbar.

De Toro (2001) beschreibt Transmedialität als ästhetisch bedingte Prozesse und Strategien, die sich als hybride Ausdrucksformen konstituieren. Dabei beschränkt sich Transmedialität in Tradition der ↗ Postmoderne nicht auf massenmediale Phänomene, sondern beschreibt auch die Differenz von unterschiedlichen ↗ Körpern, die im Sinne ↗ Michel Foucaults in einander zugewandten Kraftverhältnissen stehen. Dies schließt auch soziologisch geprägte Medien wie Geld, ↗ Macht oder Einfluss mit ein (Zima, S. 144). Dabei geht es auch um die Hybridisierung von traditionell voneinander getrennten ↗ Diskursen.

Zwar bedeutet Transmedialität auch die Transformation eines bestimmten Medieninhalts aus einem Medium in ein anderes Medium, durch unspezifische Verflechtungen wird eine Eindeutigkeit in der medialen Zuordnung oder Differenzierung aber unmöglich gemacht. Dies liegt daran, dass bei der Transmedialität unterschiedliche mediale und ästhetische Prozesse und Konzepte miteinander konkurrieren und so der Begriff des Mediums auf eine metamediale Ebene gehoben wird, ohne dass, anders als bei der ↗ Intermedialität, mediale Bezüge sichtbar werden. Anders formuliert: Die Identifizierbarkeit und Nachweisbarkeit des Ursprungsmediums beziehungsweise der Ursprungsmedien ist nicht eindeutig. Dies kann auch mit den Bedingungen medieneigener Produktions- und Reproduktionsverfahren zusammenhängen, die die Herstellung medialer Bezüge unmöglich beziehungsweise uneindeutig machen.

Analysiert man zum Beispiel einen multimedialen Event hinsichtlich seiner Ursprungsmedien, können diese zwar beobachtet werden, eine eindeutige mediale Zuordnung zu einem bestimmten, dominierenden Ursprungsmedium ist allerdings ausgeschlossen. Das Transmediale eines Mediums zielt meta-semiotisch auf Wahrnehmung und Nutzung eines Mediums. Während bei einer medialen Präsentation im Hintergrund eine Vielzahl medialer Prozesse ablaufen, verschließen sich vordergründig jene Prozesse dem Rezipienten, aber teilweise auch dem Produzenten. Transmediale Phänomene können sich dabei auf technischer, ästhetischer und inhaltlicher Ebene abspielen.

Bei der Medien-Produktion nutzen Produzenten eine Vielzahl unterschiedlicher Praktiken, Prozesse und Technologien, die im Endprodukt nicht sichtbar werden. Technologische Transkriptionen, zum Beispiel in Form von Umwandlung digitaler Codes in optische oder akustische Zeichen mithilfe bestimmter Peripheriegeräte (Computer, Betriebssystem, Software und Monitor) sind ebenso transmediale Phänomene wie die Projektion der einzelnen Filmbilder über den Filmprojektor auf die Leinwand. Medien simulieren Zeit und Raum, ohne dass ein bestimmter, intermedialer Medienbezug vorhanden sein muss, außer der Perzeptionsfähigkeit der Rezipienten. Eine andere Form technologischer Transmedialität ist die Transformation eines Medieninhalts in ein anderes Trägermedium. Obwohl der Medieninhalt derselbe bleibt, ändert sich seine technologische Aufbereitung, beispielsweise von der fotografischen Abbildung eines Kunstwerks über die Digitalisierung dieser Abbildung. Ebenso werden Filme mehrfach transferiert, und zwar bereits während ihrer Produktion. Genau genommen stellt bereits die Entwicklung des belichteten Filmmaterials einen solchen Transformationsprozess dar, da das Negativ in ein Positiv verwandelt, abgetastet (digitalisiert), geschnitten und wieder auf Filmmaterial übertragen (gemastert) wird. Film kann zudem auf unterschiedlichen Trägermedien distribuiert werden (Celluloid-Kopie, VHS- oder DVD-Kopie, Beta-Kopie fürs Fernsehen, Video-On-Demand und andere mehr). Diese technischen Prozesse bleiben größtenteils unsichtbar, nur die für die menschlichen Sinne sichtbaren Prozesse können wahrgenommen werden. Sichtbar können diese Prozesse in Form medialer Artefakte werden, die zum Beispiel durch eine reduzierte Komprimierung, eine Umcodierung oder durch dynamische Hard- und Softwareprozesse entstehen. Diese Phänomene treten unter anderem auch bei Suchmaschinen oder Korrekturfunktionen in Schreibprogrammen auf.

Webseiten werden gemäß den Browser- und Computereinstellungen der Rezipienten dargestellt, wobei diese Darstellung nur auf Basis der Programmierung möglich ist, die im Hintergrund stattfindet. Der (unsichtbare) Sourcecode wird mithilfe technologischer Ressourcen in einer bestimmten, vorgegebenen Weise sichtbar und blendet sich aus. Nicht zu verwechseln sind solche Phänomene mit Phänomenen der Intramedialität, welche semiotische Bezüge zu einem Einzelwerk innerhalb eines Mediums beziehungsweise auf das eigene Medium beschreibt (zum Beispiel Film-Zitate in einem Film, Theateraufführung in einem Theaterstück).

Einen weiteren Komplex transmedialer Phänomene stellen Bearbeitungen von Medieninhalten dar, die zwar miteinander konkurrieren, aber alle nebeneinander koexistieren können. Beispiele hierfür sind Modernisierungen von Werken, meistens durch den Künstler selbst. Diese Veränderungen können einhergehen mit medialen Verkürzungen und Verlängerungen, beim Film etwa in Form eines Director's Cut. Im Theater werden Dramen häufig in von Regie und Dramaturgie gekürzten Strichfassungen wieder aufgeführt. Drehbücher dienen meist nur als Anhaltspunkt für die tatsächliche Realisation des Filmwerks. Aber auch die inhaltliche und ästhetische Interpretation von Texten vonseiten der Regie beziehungsweise der Produzenten stellen transmediale Phänomene dar, weil hier Informationen in einer bestimmten Form übernommen oder verändert werden. Inwieweit dies mithilfe intermedialer Neuinterpretationen und Produktionsprozesse sowie dem Hinzufügen oder Weglassen bestimmter Medientechnologien geschieht, ist nur sekundär von Bedeutung, da es sich hier wieder um intermediale Phänomene handelt. Dennoch ist vorstellbar, dass sich Neubearbeitungen medialer Inhalte über mehrere Medientechnologien hinweg vollziehen, ohne dass jene künstlerische Darstellungsform im Ursprungsmedium eindeutig festgelegt oder ausgeschlossen wurde, sodass die mediale Bearbeitung hochkomplex organisiert und neu verflochten werden. Diese Vielzahl kleiner Neuerungen verdichtet sich nach Mike Sandbothe (2001) zum Gesamteindruck eines neuen Mediums. Wenn in einer, zum Beispiel textlichen, Vorlage nicht explizit formuliert ist, wie ein bestimmter Inhalt oder eine bestimmte Beschreibung reproduziert werden soll, liegt es im Ermessen der Produzenten, welche Zusätze oder welche Leerstellen hinzu konstruiert werden.

Einen der wichtigsten Aspekte transmedialer Phänomene stellen letztlich die kulturellen Nutzungsformen von Medien sowohl von Produzenten- als auch von Rezipientenseite dar, welche nicht eindeutig auf intermediale Bezüge schließen lassen, allerdings ein kulturelles Gedächtnis notwendig machen, welches erst die Lesbarkeit eines Medieninhalts ermöglicht. Alle Menschen, die Medien konsumieren, benötigen ein bestimmtes Kontingent an semiotischen Zeichen, die ihnen die Rezeption und Interpretation eines neuen Medieninhalts zu einer bestimmten Zeit (Epoche) und in einem bestimmten Kulturraum erlauben. Solche sozialpsychologischen Abläufe in der Medienperzeption können sowohl intra- und intermediale Bezüge als auch Bezüge zu sonstigen Wissenskontingenten aufweisen (↗ Wissen). Solche Bezüge sind jedoch oftmals nicht eindeutig erkennbar, daher variieren auch die kulturellen Lesarten eines Mediums vonseiten der Rezipienten. Dies gilt gleichermaßen für die Produzenten, die entsprechend – gemäß transmedialer Kriterien – inhaltliche Bezüge herstellen und reproduzieren. Notwendige Überarbeitungen medialer Inhalte in Form von Übersetzungen, Umschnitten oder Zensuren aufgrund nationaler politischer oder juristischer Bestimmungen sowie kultureller Besonderheiten sind für die Rezipienten im Endprodukt nicht immer eindeutig erkennbar und können deswegen als transmediale Phänomene betrachtet werden.

Literatur: de Toro, Alfonso: »Überlegungen zu einer transdisziplinären, transkulturellen und transtextuellen Theaterwissenschaft im Kontext einer postmodernen und postkolonialen Kulturtheorie der ‚Hybridität' und ‚Transmedialität'«, in: *Maske und Kothurn*, 45. Jg., Heft 3–4 (2001), S. 23–69. – Rajewsky, Irina O.: *Intermedialität*, Tübingen 2002. – Sandbothe, Mike: *Pragmatische Medienphilosophie. Grundlegung einer neuen Disziplin im Zeitalter des Internet*, Weilerswist 2001. – Zima, Peter V.: *Moderne/Postmoderne. Gesellschaft, Philosophie, Literatur*, Tübingen/Basel 2001.

OL

Transmoderne, transmodern Der Begriff der Transmoderne ist mehrdeutig: Einerseits bezeichnet er eine Lebensphilosophie, die einem Gesamtkonzept aus nachhaltiger Umweltpolitik, Xenophilie, progressiver Frauen- und Familienpolitik, ganzheitlicher Körperauffassung (↗ Körper) und sozial bewusstem Optimismus verpflichtet ist. Es handelt sich um ein eher esoterisch ausgerichtetes Konglomerat von Theorien, die einen Ausweg aus der Moderne suchen und ihn in einer *integral culture* nach dem Zuschnitt des oben genannten Gesamtkonzepts finden (vergleiche Ray 1996).

In den ↗ Cultural Studies wird der Terminus ›transmodern‹ verwendet, um Phänomene zu beschreiben, die prämoderne, moderne und postmoderne Elemente vereinen (↗ Postmoderne/Postmodernismus). John Hartley etwa begreift das Fernsehen als eine Form von *transmodern teaching*, weil es in Organisation und sozialer Umsetzung Elemente der Prämderne, der Moderne und der Postmoderne vereint: Seine Organisationsform entspricht der Moderne, handelt es sich doch um einen fortgeschritten kapitalistischen Industriezweig mit hoch entwickelter Arbeitsteilung und einer kommodifizierten kulturellen Ausdrucksform. Seine Textualität hingegen ist der Idealtyp des postmodernen Stils: eher auf massenmediale Verbreitung als auf Hochkultur ausgerichtet, geprägt von Intertextualität, Stilmischungen und dem Nebeneinander verschiedenster Genres, Register, Sinnkontexte und privater sowie öffentlicher ↗ Diskurse. Sein kultureller Gebrauch ist prämodern: In vielen Strukturen durch das erste ›Massenmedium‹, die mittelalterliche katholische Kirche, vorweggenommen, nutzt es orale und visuelle Modi der Kommunikation innerhalb eines häuslichen Settings. Fernsehen ist also transmodern: Es umfasst, verbindet und transzendiert moderne, prä- und postmoderne Aspekte des gegenwärtigen Alltagslebens; besonders benutzt es orale, häuslich-private Diskurse, um riesigen, unbekannten Zuchauerschaften Möglichkeiten von *citizenship* und kultureller Identität innerhalb einer virtualisierten Gemeinschaft von bislang unerreichter Größe und Vielfalt aufzuzeigen. In bester Cultural-Studies-Tradition wendet sich Hartley gegen die Vorabverurteilung und rein kulturpessimistischen Analysen des Fernsehens; stattdessen zeigt er dessen zentrale Rolle als gesellschaftliche Bildungsinstanz nicht durch klassischen »Schulfunk«, sondern gerade durch auf Privatleben, Adoleszenz und Häuslichkeit geprägte Genres wie *soaps* auf.

Literatur: Hartley, John: *Uses of Television*, London 1999. – Ray, Paul H.: »The Rise of Integral Culture«, in: *Noetic Sciences Review*, Frühling 1996, 37. www.noetic. org/publications/review/issue37/r37_Ray.html.

EV

U

Ur-Spur In seiner 1967 erschienenen ↗ *Grammatologie* entwickelt ↗ Jaques Derrida im Rahmen seiner dekonstruktiven Re-Lektüre des Saussure'schen Zeichenmodells den Begriff der Ur-Spur.

Entgegen dem klassisch-metaphysischen Zeichenkonzept, nach welchem jeder sprachliche Ausdruck (↗ Signifikant) als Vertreter für die Vorstellung einer realen, im Denken repräsentierbaren Sache (Signifikat) fungiert, geht Derrida davon aus, dass die Sinnstiftung, die sich im Rahmen der Sprache vollzieht, einem differenziellen Prozess geschuldet ist (↗ *différance*). Da der Bezug von Signifikant und Signifikat nicht natürlich bedingt, sondern unmotiviert und arbiträr ist, verdankt sich die Bedeutungsbildung innerhalb sprachlicher Prozesse nicht der Kraft inhaltlicher Kernpunkte, sondern dem Wirken eines Oppositionsnetzes. Die Zeichen konstituieren sich aufgrund ihres differenziellen Verhältnisses zueinander, was bedeutet, dass jedes Zeichen von den anderen Zeichen des Sprachsystems markiert ist. Als Aneinanderreihung von Signifikanten ohne festen inhaltlichen Bezugspunkt (Signifikate) erscheint daher jedes Zeichen als Spur eines nicht einzulösenden (Sinn)Ursprungs respektive eines anderen Zeichens. Die Spur – als Symbol der anwesenden Abwesenheit eines solchen inhaltlichen Letzt- beziehungsweise Rückbezuges – erscheint derart als nicht-originärer Ursprung einer jeden sinnstiftenden Sprachhandlung: als Ur-Spur. Jeder einzelne Text, jede Spur, schreibt sich somit in die Generalität des Aufschubverfahrens der Sprache, die Ur-Spur, ein.

Literatur: Derrida, Jacques: *Grammatologie*, Frankfurt am Main 1983. – Derrida, Jacques: »Die différance«, in: ders.: *Randgänge der Philosophie*, Wien 1988, S. 31–57.

AB

V

Verführung (frz. *séduction*) Manipulation einer Person mit dem Ziel, sie von einem vermeintlich gefestigten Standpunkt A zu dem zunächst nicht in Erwägung gezogenen Standpunkt B zu bewegen; oft in sexuellem Kontext gebraucht.

Ausgehend von seinem Modell des »symbolischen Tausches«, auf dem die moderne Gesellschaft basiere, ist für den französischen Soziologen und Philosophen ↗ Jean Baudrillard Verführung ein Schlüsselbegriff: Er sieht darin eine Herausforderung zum »Spiel«. Verführung ist für ihn die Welt der ↗ Simulation, des reinen Scheins: »Bei der Verführung ist es so, als ob das Falsche in der ganzen Kraft des Wahren erstrahlt« (Baudrillard 1983). Wie schon bei Søren Kierkegaard führe die Verführung nie zu dem ersehnten Ziel, sondern entzieht sich im letzten Moment einer »Erfüllung«. Da die Verführung eine Welt des »Falschen« vertrete, sei ihr die Welt der »Wahrheit« entgegengesetzt, die aus einem krampfhaften Drang nach »Enthüllung« resultiere, was allenfalls zu »Scheinwahrheiten« und »platter Obszönität« führe (das ↗ Obszöne).

Eng mit der Idee der Verführung ist bei Baudrillard das »Weibliche« verknüpft, was ihm feministische Kritik einbrachte. Die Situation der Verführung sei somit ein permanentes Duell »männlicher und weiblicher« Prinzipien (im allegorischen Sinne). Insofern setze sich die Verführung »der Welt der Produktion radikal entgegen« (Baudrillard 2000). Verführung »ist keine Form der Antwort, sondern eine Herausforderung, ein Duell, eine geheime Distanz und ein ständiger Antagonismus, worauf auch die Spielregeln basieren« (Baudrillard 1983). Voraussetzung für das Spiel der Verführung sei das Begehren: »Die Verführung ist weniger ein Spiel auf der Klaviatur des Begehrens als ein Spiel mit dem Begehren. Sie negiert es nicht, sie ist auch nicht sein Gegenteil, sondern sie setzt es aufs Spiel.« (Baudrillard 2000) Vielseitiges Anschauungsmaterial zum Spiel der Verführung findet sich in der Welt der Medien.

Literatur: Baudrillard, Jean: *Laßt Euch nicht verführen!*, Berlin 1983. –

Baudrillard, Jean: *Von der Verführung*, München 1992. – Baudrillard, Jean: *Passwörter*, Berlin 2000, S. 23–26.

MS

Virilio, Paul (* 1932 Paris) Französischer Medientheoretiker und -kritiker, Architekt und Städteplaner, ist als Theoretiker der Geschwindigkeit und der Aufdeckung einer Koppelung von optischen Medien und Krieg bekannt geworden. Virilio studierte Architektur und Urbanistik in Paris, machte eine Ausbildung zum Kunstglaser und arbeitete als Maler im Sakralbau. Als Kartograf war er während seiner Militärzeit in Freiburg im Breisgau und im Algerienkrieg. 1963 wird er Präsident und Redakteur des *Architecture Principe-Magazins*. Bis 1969 lehrt er an der École Spéciale d'Architecture in Paris und wird 1973 dort Direktor. In demselben Jahr wird er auch Direktor des Pariser Magazins *L'Espace Critique*. Zwischen 1958 und 1966 erkundete er die Bunker an der französischen Atlantikküste, und 1975 ist er dann Mitorganisator einer Ausstellung zur »Bunker Archéologie« im Centre Pompidou. 1979 gründet er mit Alain Joxe das Centre Interdisciplinaire de Recherche de la Paix et d'Études stratégiques. Des Weiteren ist er Mitarbeiter der Tageszeitung *Libération*. 1987 gewinnt er den Großen Nationalpreis für Architekturkritik. 1989 wird er Direktor für das Studienprogramm am ↗ College International de Philosophie in Paris unter der Leitung von ↗ Jacques Derrida.

Virilio interessiert sich schon früh für die theoretische und gesellschaftliche Seite von Architektur und sucht ständig neue Wege, seine Gedanken zu publizieren. So entwickelt sich aus Virilios Erforschung der Bunkerarchitektur zunächst die ↗ Dromologie, die zu seiner zentralen theoretischen Grundlage wird. Es geht dabei etymologisch um eine Wissenschaft vom »Lauf« oder »Wettlauf«, für Virilio aber um den geheimen Konnex von Krieg, Medien, Urbanität und anderen Phänomenen mit einer zunehmend alle Bereiche des Lebens umfassenden Tendenz der Beschleunigung. Das 1977 erschienene Buch *Vitesse et Politique* ist das erste Programm dieser Dromologie. Geschwindigkeit, so Virilio, ist bis heute der entscheidende Faktor jedweder ↗ Macht. Die industrielle Revolution bei Virilio ist deshalb eine »dromokratische Revolution«. Dabei geht es vor allem um die Entwicklung schnellerer

Maschinen. Staatliche Macht besteht für Virilio vor allem in der Kontrolle von Geschwindigkeiten und zwar zunehmend der von Information. In einem seiner Hauptwerke, *Der negative Horizont* (1984), entwickelt Virilio eine Anthropologie der Geschwindigkeit auf der Basis militärischer Überlegenheit. Herrschaft ist, so formuliert Virilio es als historisches Prinzip, der Effekt einer überlegenen Instrumentalisierung von Transport und Bewegung. In dem Kapitel »Metempsychose des Passagiers« wird zum Beispiel auch das Geschlechterverhältnis dieser Logik unterworfen. So ist der Mann nicht nur bei der Geburt der »Passagier« der Frau, sondern diese ist auch sein erstes Transportmittel, bis sie aus Gründen der Effizienz vom »Reittier« abgelöst wird.

Virilios Historiografie macht drei prägnante Einschnitte, »Revolutionen«, ausfindig: Die erste Revolution besteht in der Industrialisierung des Transportwesens im 19. Jahrhundert. Zeitgleich wird schon früh in einer medialen und universalen »Telepräsenz« mit Medien wie dem Telegrafen oder dem Telefon die Information vom ↗ Körper getrennt. Mit den elektronischen Medien und damit der »zweiten Revolution« ist eine neue Qualität der Beschleunigung erreicht. In der apokalyptischen Logik Virilios vernichtet die wachsende Geschwindigkeit oder »Fluchtgeschwindigkeit« der Welt dabei den Raum. Die Beschleunigung geht bis an die Grenze der Lichtgeschwindigkeit und führt zu einer globalen Simultaneität. Das »global village« des Medientheoretikers Marshall McLuhans, der für Virilio einen großen Einfluss darstellt, bedeutet eine simultane globale Weltzeit, in der Räume und Körper keinen Platz mehr haben. Virilio formuliert dabei eine Kritik an einer kultischen Technikverehrung, hinter der sich ein universaler Nihilismus verbirgt.

Im seinem Buch *Rasender Stillstand* (1990) wird der Titel zum Hauptthema, hierin zeigt sich der Endpunkt dieser Entwicklung für den Menschen. Denn der schnellste Transport, emblematisch in der Figur des »letzten Vehikels«, ist der Stuhl vor dem Computermonitor oder dem Fernseher oder auch der Sessel im Kino. Der Körper bleibt gefesselt und statisch, während die Informationen mit Lichtgeschwindigkeit auf den Sitzenden einströmen. Nach mechanischem Transport und elektromagnetischen Übertragungsmedien ist die Transplantationstechnik die »dritte Revolution« in Virilios Weltgeschichte. In *Die Eroberung des Körpers* (1993) plädiert er für die Bewahrung der körperlichen Integrität und kritisiert scharf die Techniken der Implantation und Genetik, die er als Kolonialisierungsversuche versteht und die damit das Verschwinden des Körpers in eine Welt der ↗ Simulation befördern. Allein körperliche Mobilität garantiert Virilio auch die Mobilität des Geistes und bewahrt letztlich unausgesprochen die menschliche Seele.

In seinem Werk, das am stärksten mit empirischen Daten operiert, *Krieg und Kino. Logistik der Wahrnehmung* (1984), beschäftigt sich Virilio mit dem Thema der visuellen Wahrnehmung und seiner Automatisierung in den Bildmedien. Der Kern von militärischer Technologie ist die Verbesserung von visueller Wahrnehmung bei gleichzeitiger eigener Unsichtbarkeit, der »Ästhetik des Verschwindens«. Das verbindet sie mit den elektronischen Bildmedien. Virilio weist dabei nach, so die zentrale These, wie die Geschichte des Kinos unauflöslich mit der Militärgeschichte verbunden ist. Schon die Fotografie und dann die Chronofotografie als Vorläufer des Films revolutionieren die Wahrnehmung und führen zu einer Fusion des menschlichen Auges mit dem Objektiv. Den Gipfel dieser Entwicklung sieht Virilio mit intelligenten Raketen und Drohnen realisiert, welche die Fernsicht direkt mit der ferngesteuerten Zerstörung koppeln. Der deutsche Medientheoretiker ↗ Friedrich A. Kittler, der sich speziell Virilios Argumentation einer Technikgeschichte aus der Militärgeschichte angenommen hat, führt diese These später in die berühmte Formel des »Missbrauchs von Heeresgerät« über. Ein bekanntes Projekt Virilios sind denn auch die regelmäßigen Zeitungsbeiträge über die Fernsehbilder zum Golfkrieg 1990/1991, die 1991 in dem Buch *Krieg und Fernsehen* zusammengefasst werden. Für Virilio ist dieser Golfkrieg der »erste virtuelle Krieg«. Sein Fazit lautet: »Die Botschaft dieses Medienkrieges besteht weniger in der Information über die Realität der gegenwärtig stattfindenden Kämpfe als vielmehr in der Förderung der Möglichkeit zukünftiger Kriege.«

Virilios Texte können zusammengefasst nur als apokalyptisch bezeichnet werden. Es geht ihm nicht um die präzise Nachzeichnung historischer Verläufe oder um genaue Diagnosen und Extrapolationen für die Zukunft aus gegebenen Daten. Sondern es geht um die Warnung vor allgemeinen Tendenzen der Moderne. Virilios Argumentationsgang und Schreibstil ist dabei assoziativ, spekulativ, anekdotisch und immer generalisierend. Bei aller humanistischen Wertkonservativität – vor allem hinsichtlich des menschlichen Körpers – blitzt in seinen Texten überdies immer wieder die Faszination für seine Gegenstände, die Medien, der Krieg und die modernen Technologien, durch. Dies äußert sich auch in seiner geschliffenen Rhetorik, welche die Texte häufig in die Nähe einer Poetisierung rückt. Virilios unbestrittene Leistung ist es aber, quer zu jeder konventionellen Kulturgeschichte, auf die geheime »dromologische« Koppelung von so unterschiedlichen Feldern wie der Urbanistik, den neuen Medien und der Militärgeschichte aufmerksam gemacht zu haben.

Ausgewählte Werke: *Bunkerarchäologie*, München und Wien 1992 (1975: *Bunker Archéologie*). – *L'Insécurité du territoire*, Paris 1976. – *Fahren, fahren, fahren*, Berlin 1978. – *Geschwindigkeit und Politik. Ein Essay zur Dromologie*, Berlin 1980 (1977: *Vitesse et Politique*). – (zusammen mit Sylvère Lotringer) *Der reine Krieg*, Berlin 1984 (1983: *Pure War*). – *Ästhetik des Verschwindens*, Berlin 1986 (1980: *L'Esthéthique de la disparition*). – *Das öffentliche Bild*, Bern 1987. – *Krieg und Kino. Logistik der Wahrnehmung*, Frankfurt am Main 1989 (1984: *Guerre et cinéma I – Logistique de la perception*). – *Der negative Horizont. Bewegung – Geschwindigkeit – Beschleunigung*, München und Wien 1995 (1984: *L'horizon négatif*). – *Die Sehmaschine*, Berlin 1989 (1988: *La machine de vision*). – *Sehen ohne zu Sehen*, Bern 1989. – *Rasender Stillstand. Essay*, München und Wien 1992 (1990: *L'inertie polaire*). – *Krieg und Fernsehen*, München und Wien 1993 (1991: *L'écran du désert*). – *Fluchtgeschwindigkeit*, München 1996 (1995: *La vitesse de libération*). – *Die Eroberung des Körpers. Vom Übermenschen zum überreizten Menschen*, München und Wien 1994 (1993: *L'art du moteur*). – *Information und Apokalypse. Die Strategie der Täuschung*, München und Wien 2000.

AM

W

Wahrheitsspiel *Spiele der Wahrheit* heißt ein 1991 von François Ewald und Bernhard Waldenfels herausgegebener Sammelband, der für die deutschsprachige philosophische Diskussion zu ↗ Michel Foucault wichtig war. Foucault selbst verwendet diesen Ausdruck 1976 in *Der Wille zum Wissen* (↗ Wissen) und konkretisiert ihn 1984 in der Einleitung zu *Der Gebrauch der Lüste*, um sich von der traditionellen Geschichte dessen, »was es Wahres in den Erkenntnissen geben mag«, abzugrenzen (Foucault 1983, S. 13).

Die Spielmetapher findet sich bei Foucault häufiger, so spricht er unter anderem von »Spielen von Beziehungen«, vom »Spiel der Begriffe« und vom »Spiel der Regeln«, die es im Rahmen einer ↗ Archäologie zu untersuchen gilt (vergleiche Foucault 1973, S. 45, S. 106, 50 f.).

Literatur: Foucault, Michel: *Archäologie des Wissens*, Frankfurt am Main 1973. – Foucault, Michel: *Der Wille zum Wissen: Sexualität und Wahrheit 1*, Frankfurt am Main 1983. – Foucault, Michel: *Der Gebrauch der Lüste: Sexualität und Wahrheit 2*, Frankfurt am Main 1986. – Ewald, François/ Bernhard Waldenfels (Hrsgg.): *Spiele der Wahrheit. Michel Foucaults Denken*, Frankfurt am Main 1991.

PG

Welsch, Wolfgang (* 17. Oktober 1946) studierte von 1966 bis 1974 an den Universitäten München und Würzburg Philosophie, Kunstgeschichte, Psychologie und Archäologie und schloss sein Studium mit der Promotion ab. 1982 habilitierte er sich für das Fach Philosophie. Seit 1998 ist Welsch Professor für Philosophie an der Friedrich-Schiller-Universität Jena. Zuvor lehrte er von 1988 bis 1993 an der Otto-Friedrich-Universität Bamberg und von 1993 bis 1998 an der Otto-von-Guericke-Universität Magdeburg. Seine Fachgebiete sind Epistemologie, Anthropologie, Philosophische Ästhetik (siehe auch ↗ Anästhetik) und Kunsttheorie, Kulturphilosophie und Philosophie der Gegenwart.

1987 veröffentlichte Welsch seine inzwischen zum Standardwerk avancierte Überblicksdarstellung *Unsere postmoderne Moderne*. Er zeichnet die Geschichte des Ausdrucks ›Postmoderne‹ nach und versteht unter ↗ Postmoderne dabei nicht eine historische oder kunstgeschichtliche Epoche, sondern die Verfassung radikaler Pluralität (»Die Postmoderne beginnt dort, wo das Ganze aufhört.« (S. 39). Die Pluralität kennzeichne alle Bereiche, in denen von Postmoderne gesprochen wird, den ästhetischen ebenso wie den soziologischen, technologischen, ökonomischen, wissenschaftlichen und den philosophischen. Welschs Pluralitätskonzept lässt Unterschiede bestehen statt sie zu tilgen. Für den Umgang mit diesen Unterschieden legt er am Ende seines Buches einen ersten Entwurf seines Konzepts der »transversalen Vernunft« vor, das er in seinem 1995 erschienenen Werk *Vernunft. Die zeitgenössische Vernunftkritik und das Konzept der transversalen Vernunft* ausarbeitet.

Welsch setzt gegen die von Kant bis Habermas vorherrschende Vorstellung, bei der Vernunft handele es sich um ein ordentliches Gefüge streng voneinander getrennter Rationalitätstypen, die These, dass Rationalität durch Unordentlichkeit gekennzeichnet ist. Vernunft kann diese Unordentlichkeit präzise beschreiben. Die transversale Vernunft ist dasjenige Vermögen, das die Verbindungen und Übergänge (»transversal«) zwischen Rationalitätstypen reflektieren kann. Sie setzt bei einer Situation der Differenz an, betont aber die Möglichkeit von Übergängen, statt Unterschiede zu tilgen. Sie ist daher als Medium zur Austragung von Klärungs- und Auseinandersetzungsprozessen in Situationen, die von Pluralität gekennzeichnet sind, besonders geeignet und daher die angemessene Vernunftform für die postmoderne Lebensform der Gegenwart.

Ausgewählte Werke: *Unsere postmoderne Moderne,* 5. Aufl. Berlin 1997. – *Ästhetisches Denken.* Stuttgart 1990. – *Vernunft. Die zeitgenössische Vernunftkritik und das Konzept der transversalen Vernunft,* 2. Aufl., Frankfurt am Main 1996.

PS

Widerstreit Der Begriff des Widerstreits bezeichnet bei ↗ Jean-François Lyotard einen Konflikt zwischen (mindestens) zwei Parteien, der dadurch charakterisiert ist, dass »eine auf beide Argumentationen anwendbare Urteilsregel fehlt«. Es gibt keine »universale Diskursart«, die diese Konflikte auflösen könnte. Der Widerstreit ist damit die Nagelprobe des im Postmodernismus (↗ Postmoderne) offensiv vertretenen Pluralismus: Wie soll ein solcher Konflikt gelöst werden, ohne einer der beiden Parteien Schaden zuzufügen? (Ein Rechtsstreit wäre dagegen entscheidbar, weil er im Rahmen einer Diskursart ausgetragen wird (↗ Diskurs); behandelt man einen Widerstreit wie einen Rechtsstreit, stülpt man einer Partei oder sogar beiden eine ›fremde‹ Diskursart über.) Die von Lyotard offerierte Lösung besteht darin, den Parteien jeweils ein eigenes Idiom zu verschaffen oder, sollte dies nicht möglich sein, wenigstens auf ihre ›Sprachlosigkeit‹ aufmerksam zu machen. Diese Aufgabe fällt der Philosophie (und auch der Kunst und der Politik) zu.

Literatur: Lyotard, Jean-François: *Der Widerstreit*, München 1989.

PB

Wissen Es ist kennzeichend für das poststrukturalistische Denken von Gaston Bachelard bis ↗ Michel Foucault oder Pierre Bourdieu, dass es den Fokus von der »Wahrheit« oder der »Wissenschaft« auf den weiteren Begriff »Wissen« *(savoir)* verschiebt (↗ Poststrukturalismus). Dies geschieht in der Tradition der französischen Epistemologie, die nicht einfach Ideengeschichte oder Wissenschaftsforschung sein will, sondern in einem umfassenderen Sinne Entstehung, Formen, »Formation« (Georges Canguilhem) und Wandel des gesellschaftlichen Wissens untersuchen will. Aus Sicht der Epistemologen steckt Wissen insbesondere in der Praxis.

Michel Foucault hat das Wissen mithilfe des Konzepts der »diskursiven Praxis« neu definiert: Im »Raum« eines Wissens lassen sich Aussagen, ↗ Diskurse, Subjekte, Begriffe et cetera ausmachen. Dies zu tun ist Aufgabe der ↗ Archäologie. Mit dem Kunstwort »Macht/Wissen« *(pouvoir-savoir)* hat Foucault den nicht nur engen, sondern sich wechselseitig steigernden Zusammenhang von ↗ Macht und Wissen hervorgehoben. Nietzsches Wendung vom »Willen zur Macht« als »Wille zur Wahrheit« findet sich bei Foucault noch einmal umgewendet – in einen »Willen zum Wissen«. Diese Verschiebung macht einmal mehr deutlich, dass eine Geschichte der Macht die umfassende Positivität eines Wissens zu untersuchen hat, und die »Wahrheit« lediglich eine besonders ausdrücklich kultivierte Teilmenge des Wissens darstellt.

Literatur: Foucault, Michel: *Archäologie des Wissens*, Frankfurt am Main 1973. – Gehring, Petra: »Wissen VII«, in: Joachim Ritter u. a. (Hrsgg.) *Historisches Wörterbuch der Philosophie*, Band 12, Basel 2004, S. 900–902.

PG

Wulf, Christoph (*1944 Berlin). Der Erziehungswissenschaftler Christoph Wulf studierte in Berlin, Marburg und Paris. Von 1975 bis 1980 bekleidete er einen Lehrstuhl für Erziehungswissenschaft an der Universität Siegen und seit 1980 einen Lehrstuhl für Allgemeine und Vergleichende Erziehungswissenschaft an der Freien Universität Berlin. Gemeinsam mit ↗ Dietmar Kamper hat Wulf an der FU das Interdisziplinäre Zentrum für Historische Anthropologie begründet, dessen Publikationen, durchweg Sammelbände zu kulturwissenschaftlichen Themen mit breitem Fokus, zweifelsohne zur Kanonisierung und Popularisierung französischer Theoretiker wie ↗Baudrillard, ↗Irigaray oder ↗Virilio beigetragen haben. Wulfs Publikationen thematisieren mehrheitlich Fragen der Historischen Anthropologie, deren Themenfelder er – gemeinsam mit Kamper – in den angesprochenen Sammelbänden abgesteckt hat: Es ist ihm einerseits um eine Historische Anthropologie des Körpers zu tun, andererseits erforscht er die anthropologische Bedeutung von Ritualen.

Ausgewählte Werke: *Anthropologie. Geschichte – Kultur – Philosophie*, Reinbek 2004. – *Anthropologie kultureller Vielfalt. Interkulturelle Bildung in Zeiten der Globalisierung*, Bielefeld 2006. – (Hrsg. mit Dietmar Kamper): *Die Wiederkehr des Körpers*, Frankfurt am Main 1982. – (Hrsg.) *Vom Menschen. Handbuch Historische Anthropologie*, Weinheim/Basel 1997.

PB

Z

Zitat Unter einem Zitat wird die wörtliche Übernahme einer Textstelle oder ein bekannter Ausspruch, ein »geflügeltes Wort« verstanden. In der poststrukturalistischen Literaturtheorie wird der Begriff des Zitats wesentlich weiter gefasst, bis hin zur Annahme des generellen Zitatcharakters von Äußerungen. So entwickelt ↗ Kristeva die Theorie, dass ein universeller Intertext existiere, der sich immer wieder selbst zitiert und aktualisiert. Zur gleichen Zeit erklärt ↗ Barthes in seinem Essay *Der Tod des Autors* den Text zu einem »Gewebe von Zitaten« (S. 190) und stellt den Leser als den Raum dar, in den sich alle Zitate, aus denen sich eine Schrift zusammensetzt, einschreiben. Damit ist nicht mehr die Autorintention der Schlüssel zum Textverständnis.

Explizit unter der Maßgabe, der ↗ Autor dürfe das eigene Werk nicht interpretieren, beschreibt Umberto ↗ Eco die Entstehungsgeschichte seines Erfolgsromans in *Nachschrift zum ›Namen der Rose‹*. Er berichtet von den ersten Notizen, der Ideensammlung, intensiven Recherchen und dem Inszenieren der erzählten Welt sowie der Erfahrung, die er im Arbeitsprozess selber macht: »Alle Bücher sprechen immer von anderen Büchern, und jede Geschichte erzählt eine längst schon erzählte Geschichte.« (S. 28) Auch die Konfrontation mit Lesarten seines Romans zeigt, dass Leser aufgrund ihrer Leseerfahrungen Sinnzusammenhänge herstellen, die dem Autor nicht bewusst waren und an die er beim Schreiben nicht gedacht hat. Alles ist Zitat. Eco illustriert dies am Beispiel des Liebeserlebnisses des Adson von Melk, das Eco aus religiösen Zitaten montiert hat, deren Quelle er nicht mehr angeben kann. Doch auch der Leser ohne Kenntnis der hochmittelalterlichen Liebeslyrik nimmt diese Textpassage als Zitat wahr.

Literatur: Eco, Umberto: *Nachschrift zum ›Namen der Rose‹,* München 1984. – Barthes, Roland: »Der Tod des Autors« (1968), in: Jannidis, Fotis et al. (Hrsgg.): *Texte zur Theorie der Autorschaft*, Stuttgart 2000, S. 187–197. – Kristeva, Julia: *Semeiotikè. Recherches pour une sémanalyse,* Paris 1969.

PS

Žižek, Slavoj (*1949 Ljubljana, Slowenien) Der slowenische Philosoph, Psychoanalytiker und Kulturkritiker studiert in den achtziger Jahren in Paris bei Jacques-Alain Miller, einem Schüler des französischen Psychoanalytikers Jacques ↗ Lacan. 1990 ist er auch politisch aktiv und kandidiert für die liberaldemokratische Partei Sloweniens, zuvor ist er als Dissident aktiv gewesen. Žižek ist unter anderem Professor für Philosophie an der Universität Ljubljana und an der *European Graduate School*, außerdem hat er mehrere Gastprofessuren im Ausland inne. Seit Anfang 2007 ist er zudem International Director des *Birkbeck Institute for the Humanities* an der University of London.

Den Poststrukturalisten (↗ Poststrukturalismus) kann man ihn zuordnen, weil er sich – ganz ähnlich wie ↗ Jacques Derrida in der Dekonstruktion (↗ Dekonstruktivismus) – an älteren Theorien abarbeitet und durch diese gleichsam ›hindurchgeht‹. Zu seinen theoretischen Bezugspunkten gehören dabei vor allem die Hegel'sche Philosophie in ihrer marxistischen Auslegung und die strukturale Psychoanalyse Lacans. In seinen zahlreichen Publikationen behandelt Žižek ein weites Spektrum von Themen: Anfänglich legt er lacanianische Lesarten der Philosophie vor, die intensiv rezipiert werden, seit er, beginnend mit *The Sublime Object of Ideology* (1989), auf Englisch publiziert. Später verschiebt sich sein Interesse und er nimmt zunehmend kulturelle Themen in den Blick und behandelt Fragen der politischen Theorie.

Auffällig ist, dass Žižek vordergründig absolut disparate Themenfelder zu verknüpfen scheint: So bringt er Lacan mit Hitchcock »ins Gespräch«, erschließt philosophisch den Filmraum (anhand von *Matrix*) oder bietet eine kontroverse Interpretation der Ereignisse vom 11. September 2001 (9/11). Sein unkonventioneller Stil, den ein entsprechendes Auftreten begleitet, hat ihn fraglos zu einem der umstrittensten, aber auch medienwirksamsten Post-Theoretiker des späten 20. Jahrhunderts gemacht. Dazu trägt nicht zuletzt bei, dass Žižek sich gerne selbst in Szene setzt, was bislang drei Filme dokumentieren. Er ist gewissermaßen ein performativer Denker, der den Leser respektive Zuschauer an der rasanten Entwicklung seiner Gedanken teilhaben lässt; die mediale Erscheinung Žižeks ist dabei sehr ambivalent und entsprechend polarisiert er, noch stärker als andere

Poststrukturalisten, sein Publikum: Von Kritikern als »Dampfplauderer« abgetan, gilt er anderen doch als höchst origineller Denker.

Charakteristisch für seinen Beitrag zur Theoriedebatte ist der Umstand, dass er Realität und Politik wieder unmittelbar zu Themen der Philosophie macht und damit die starke Tendenz des Poststrukturalismus, nur noch über Sprache respektive Symbolisches zu sprechen, aufhebt. Dabei gelingt es ihm, konkrete Kulturphänomene und politische Entwicklungen mit abstrakten Theorien des Subjekts und Mechanismen der medialen Einflussnahme auf den Menschen zu verknüpfen. Der Wert dieser Art interdisziplinärer und rücksichtsloser Philosophie mag unterschiedlich eingeschätzt werden: Für die einen ist es eine negative Fortführung politischen Denkens mit philosophischen Mitteln, für andere ein hemmungsloses Philosophieren »mit dem Hammer«, für viele jedoch auch eine Entgrenzung festgefahrener Post-Theoriebildung.

Ausgewählte Werke: *Liebe Dein Symptom wie Dich selbst! Jacques Lacans Psychoanalyse und die Medien*, Berlin 1991. – *Was Sie immer schon über Lacan wissen wollten und Hitchcock nie zu fragen wagten*, Frankfurt am Main 2009. – *Willkommen in der Wüste des Realen*, Wien 2004. – *Die Puppe und der Zwerg: Das Christentum zwischen Perversion und Subversion*, Frankfurt am Main 2007.

Filme: *The Pervert's Guide to Cinema* (2006) – *Žižek!* (2005) – *Slavoj Žižek – Liebe Dein Symptom wie Dich selbst* (1996)

Literatur: Butler, Rex/ Engels, Bettina: *Slavoj Žižek zur Einführung*, Hamburg 2006. – Kim, Hyun Kang: *Slavoj Žižek*, Paderborn 2009.

CH

Autorenverzeichnis

AB	Anno Bechte (Bonn)
AL	Alban Lefranc (Berlin)
AM	Dr. Arno Meteling (Köln)
AG	Annette Gentz (Berlin)
CH	Dr. Christian Hoffstadt (Sinzheim)
EK	Dr. Ekkehard Knörer (Berlin)
EV	Dr. Eva Vieth (Köln)
EW	Dr. Enrico Wolf (Frankfurt am Main)
FB	Falko Blask (Augsburg)
GS	Prof. Dr. Günter Seubold (Bonn)
HB	Hendrik Blumentrath (Berlin)
HJW	Prof. Dr. Hans J. Wulff (Kiel)
HS	Dr. Helge Schalk (Bochum)
JB	Jens Blinne (Bonn)
JBr	Dr. Jörg Brauns (Weimar)
JV	Jan Valk (Köln)
MN	Dr. Michael Nagenborg (Karlsruhe)
MR	Manfred Riepe (Frankfurt am Main)
MRö	Dr. Marc Rölli (Darmstadt)
MS	Dr. Marcus Stiglegger (Mainz)
MW	Prof. Dr. Michael Wetzel (Bonn)
OL	Dr. Oliver Langewitz (Karlsruhe)
PB	Patrick Baum (Bonn)
PG	Prof. Dr. Petra Gehring (Darmstadt)
PS	Petra Steiner (Bonn)
SD	Prof. Dr. Stefanie Diekmann (Berlin/München)
SH	Dr. Stefan Höltgen (Berlin)
SS	Dr. Silvia Stoller (Wien)

A

B

C

D

E

F

G

H

I

J

K

L

M

N

O

P

Q

R

S

T

U

V

W

Z

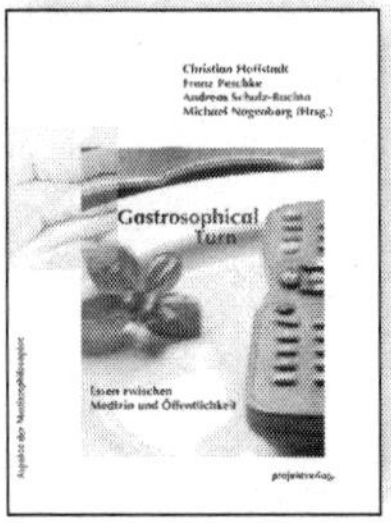

Christian Hoffstadt, Franz Peschke,
Andreas Schulz-Buchta, Michael Nagenborg (Hrsg.)

Gastrosophical Turn

Essen zwischen Medizin und Öffentlichkeit

Aspekte der Medizinphilosophie, Band 7

2009; 432 Seiten; 23,80 EUR [D]

ISSN 1610-1693
ISBN 978-3-89733-202-7

Was Essen ist, scheint klar zu sein: Man steckt sich etwas in den Mund, kaut es oder auch nicht und schluckt es runter. Es kann vornehmlich dazu dienen, zu überleben, kann aber auch reiner Genuss sein. Nahrung wird aus verschiedenen Gründen und auf zahllose Arten aufgenommen, auch aus etlichen Gründen abgelehnt oder verweigert, zudem werden Dinge „geschluckt", die eigentlich nicht zum Essen gedacht sind, etwa Informationen, Medizin, Gift, Worte, die nicht gesagt werden, Gefühle, die man nicht äußert. Wirtschaftliche, medizinische, kulturelle und moralische Interessen durchziehen das Thema „Essen" mit einem Netz von Fäden, das dringend eines Wegweisers bedarf. Aber bekanntlich wird nichts so heiß gegessen, wie es gekocht wird. In diesem Sinn – und nicht im Sinn der vielen Köche, die den Brei verderben – bemühen sich die Autoren des vorliegenden Bandes um mehr Klarheit in dieser Kloßbrühe, nicht ohne das nötige Salz in der Suppe, versteht sich.

Sonya Gzyl

Unentbehrliche Begegnungen

kultur&philosophie – beiträge | analysen | kommentare
Band 1

Herausgegeben von Christian Julmi, Sonya Gzyl,
Michael Nagenborg, Guido Rappe

2010; 214 Seiten; 21,50 EUR [D]

ISBN 978-3-89733-210-2

Zur Moral als einer wichtigen Lebensdimension gehört die Anerkennung der Realität des anderen Menschen. Dies ist der Ausgangspunkt der Autorin, die eine Interpretation der Begegnung mit dem Anderen als grundlegendes moralisches Ereignis entfaltet, in dem der Mensch eine elementare moralische Forderung vernimmt, seine eigene Moralität auf eine spezifische, bedeutsame Weise erlebt und in dem das Streben zur moralischen Entwicklung zu einem wichtigen Teil begründet liegt. Die hier angedeutete Auffassung entwickelt sich in der Interaktion bestimmter eigener Grundgedanken und Annahmen über moralische Phänomene auf der einen Seite mit den Auslegungen einer heterogenen Liste von Denkern auf der anderen. Die These der Begegnung mit dem Anderen als unentbehrliche Grundrelation spiegelt sich auch im Aufbau der Arbeit, in der Entwicklung einer Anschauung durch Auseinandersetzung mit verschiedenen Perspektiven wider.

projektverlag.
Verlag für Wissenschaft & Kultur
PF 10 19 07 · D-44719 Bochum
Telefon 0234.3 25 15 70 · Telefax 0234.3 25 15 71
Vertrieb@projektverlag.de Lektorat@projektverlag.de www.projektverlag.de